国家社科基金
后期资助项目

公众生活方式低碳化的多重社会心理路径及其作用机制研究

Research on Multiple Social Psychological Paths
and Mechanisms for Low-carbonization in Public
Lifestyles

芈凌云　著

ZHEJIANG UNIVERSITY PRESS
浙江大学出版社
·杭州·

图书在版编目（CIP）数据

公众生活方式低碳化的多重社会心理路径及其作用机
制研究 / 芈凌云著. —杭州：浙江大学出版社，
2023.11
ISBN 978-7-308-24094-9

Ⅰ.①公… Ⅱ.①芈… Ⅲ.①节能－影响－生活方式
－社会心理－研究 Ⅳ.①C912.6

中国国家版本馆 CIP 数据核字(2023)第 150649 号

公众生活方式低碳化的多重社会心理路径及其作用机制研究

芈凌云　著

策划编辑　吴伟伟

责任编辑　陈思佳(chensijia_ruc@163.com)

责任校对　李　琰　徐梦恬

封面设计　周　灵

出版发行　浙江大学出版社
（杭州市天目山路 148 号　邮政编码 310007）
（网址：http://www.zjupress.com）

排　　版　浙江大千时代文化传媒有限公司

印　　刷　杭州钱江彩色印务有限公司

开　　本　710mm×1000mm　1/16

印　　张　18

字　　数　320 千

版 印 次　2023 年 11 月第 1 版　2023 年 11 月第 1 次印刷

书　　号　ISBN 978-7-308-24094-9

定　　价　88.00 元

国家社科基金后期资助项目
出版说明

　　后期资助项目是国家社科基金设立的一类重要项目,旨在鼓励广大社科研究者潜心治学,支持基础研究多出优秀成果。它是经过严格评审,从接近完成的科研成果中遴选立项的。为扩大后期资助项目的影响,更好地推动学术发展,促进成果转化,全国哲学社会科学工作办公室按照"统一设计、统一标识、统一版式、形成系列"的总体要求,组织出版国家社科基金后期资助项目成果。

全国哲学社会科学工作办公室

序

全球气候变暖导致的生态和环境危机日趋严重,直接威胁着全球的社会、经济和生态系统,引发国际社会的高度关注,推动低碳和可持续发展已成为当今世界的紧迫议题。中国政府高度重视碳减排工作,颁布了一系列政策和法规,公众的低碳环保意识不断增强,取得了可喜的成效。然而,公众低碳环保意识的增强并没有带来低碳行为的同步增长,公众是否选择低碳生活方式面临着突出的社会心理困境。

那么,究竟是什么原因造成了公众低碳意识和低碳行为之间的"失调"?促进公众生活方式低碳化和诱发公众高碳消费的社会心理因素有哪些?这些因素的作用机制及其差异是什么?这些问题非常值得研究和探讨。

在此背景下,芈凌云博士深入探索了中国公众生活方式低碳化的多重社会心理路径及其作用机制。早在 2006 年,芈凌云博士就开始从事公众生活方式低碳化方面的研究。多年来,她的学术研究工作始终围绕绿色低碳行为,从未间断过。芈凌云博士先后主持国家社会科学基金项目 3 项,在国内外高水平期刊发表论文 50 余篇,于 2012 年出版专著《城市居民低碳化能源消费行为研究》,于 2018 年出版专著《居民能源消费行为低碳化的政策工具选择与优化》。2019 年,芈凌云博士获批了国家社会科学基金后期资助项目"公众生活方式低碳化的多重社会心理路径及其作用机制研究",足以说明她在这方面的研究基础和研究实力。经过 3 年努力,该项目正式结题。现在摆在读者面前的这部专著《公众生活方式低碳化的多重社会心理路径及其作用机制研究》,正是该项目的最终成果。

该专著立足社会心理层面,从促进和阻碍中国公众生活方式低碳化两个角度,首先进行了社会心理因素的提炼、属性归类和作用路径分析,然后从行为前因的视角解析促进公众生活方式低碳化和诱发公众高碳消费行为的社会心理机制,并从行为后效的视角研究不同的社会心理干预措施对不同公众群体低碳节能行为的作用效果,最后,在以上研究基础上从多个层面提出了促进公众生活方式低碳化的激励和约束政策建议。

　　该专著既具有较高的理论价值，又具有重要的实践指导意义。主要有以下几点特色：

　　第一，研究选题具有前瞻性，紧贴国家政策。随着全球气候变化问题日益突出，中国政府明确提出了"双碳"目标并将其纳入生态文明建设整体布局，以应对气候变化和推进可持续发展。该专著旨在深入剖析如何通过社会心理因素来促进公众生活方式低碳化。这一选题与国家政策高度契合，为实现碳减排目标提供了理论和实践支持。

　　第二，研究内容具有新颖性，层次丰富。该专著将公众生活方式低碳化的心理动因研究从个体心理层面拓展到社会心理层面，从低碳行为的促进路径、高碳行为的消减路径、行为后果的反馈路径三维视角对公众生活方式低碳化的作用机制进行了系统解析，为深化我们对公众生活方式低碳化的理解提供了新的视角和理论基础。

　　第三，研究方法具有多样性，定性与定量研究有机融合。该专著按照"现状特征分析—扎根理论定性研究—作用机理实证检验—核心关系元分析—作用效果实地实验—管理机制优化"的研究思路，综合运用扎根理论、问卷调查、结构方程模型、元分析、纵向现场实验等多种研究方法，逐步开展研究，通过对多维度数据的深入剖析，提升了研究结果的科学性和可信度，为政策制定者提供了更为全面的信息支持。

　　第四，政策建议具有可操作性，清晰翔实。在深入研究的基础上，该专著从个人、家庭、社区和社会四个层面探究公众生活方式低碳化的社会心理促进机制，并从激励机制和约束机制两个方面，分层次由微观到宏观、由点到面地提出政策建议，为政府和社会决策者提供了清晰的行动指南。

　　总之，该专著对我们从社会心理层面深刻认识公众生活方式低碳化的深层机制与促进路径有很大的裨益，是研究公众生活方式低碳化方面的一部力作。该专著既具有科研的严谨性又保证了内容的可读性，专业读者能够从中系统了解推动生活方式低碳化的社会心理及其作用路径，也可以学习运用实证、实验、元分析等方法进行分析和研究的范式。非本专业的读者能够从中了解什么是低碳生活方式，以及向低碳生活方式转型的知识和技巧。而对于政府或社区工作者来说，该专著为从哪些方面以及如何促进辖区内公众积极践行低碳生活方式提供了很好的管理建议。当然，在更多样本和不同人群之间的社会心理机制以及差异性方面有待进一步深入分析，期待芈凌云博士的进一步研究。

欣闻芈凌云博士于 2022 年再次获批国家社科基金后期资助项目（"双碳"目标下公众绿色行为多领域协同驱动机制研究），将在助力实现"双碳"目标的前提下对实现公众绿色行为在多领域的协同驱动开展进一步探讨。我相信芈凌云博士带领的团队有望继续取得佳绩。最后，预祝芈凌云博士在学术生涯上取得更大的成功。

是为序。

王建明

浙江财经大学教授、博士生导师

国家社科基金重大项目首席专家

2023 年 11 月 22 日

前　言

　　高碳排放引发的环境问题和健康问题受到全社会的强烈关注。节能减排、低碳发展成为应对全球气候变化、实现习近平总书记提出的构建人类命运共同体的核心内容之一，也是推进我国"2030 年前实现碳达峰、2060 年左右实现碳中和"(简称"双碳")的重要着力点。要实现"双碳"发展目标，既需要生产领域各部门的协同，也需要消费领域公众低碳生活方式的拉动与支撑。我国公众消费行为的碳排放具有"增速快"和"占比高"两大特点，这也昭示着公众的生活方式蕴含着巨大的节能减排潜力。在各级政府的大力倡导和宣传教育下，我国公众的低碳意识已显著增强。然而，实际的低碳消费行为却并没有同步增长，高碳消费现象依然广泛存在。中国公众生活方式低碳化面临突出的社会心理困境，使得公众生活方式导致的碳排放增长占比呈持续增长态势，成为制约中国实现"双碳"目标的一个关键瓶颈。

　　为了解析在中国特有的人际关系导向和高情境文化(high-context culture)的社会背景下，如何消除公众低碳"意识—行为"之间的错位，本书从社会心理层面出发，研究促进公众生活方式低碳化的多重社会心理路径及其作用机制。首先，在厘清现状特征的基础上，运用扎根理论发展的探索性定性研究方法对公众生活方式低碳化的多重社会心理因素及其作用路径进行扎根分析，建立公众生活方式低碳化的多重社会心理路径作用机制理论模型；然后，从促进因素和障碍因素两个方面，分别对公众生活方式低碳化的群体参照心理及其作用机理、公众高碳消费行为的社会心理诱发机制进行实证检验，解析不同社会心理因素对公众碳消费行为的作用路径、方向和强度；在此基础上，运用元分析技术对社会心理干预措施对于公众低碳节能行为作用效果的实验类研究进行综合定量检验，系统评价不同措施影响效果的主效应和调节效应，厘清已有研究的争议，确定核心关系；最后，分别针对私领域的城市家庭和公领域的高校集体宿舍居住者设计并开展了两项随机对照现场实验，通过纵向跟踪实际能源消费量的变化，检验社会比较反馈、社会规范、群体规范等社会心理干预措施对激励公众节能的作用效果。本书有助于从消费侧减排的视角，推动我国碳减排目标的实现。同时，有利于落实党的十九大报告明确提出的"倡导简约适度、绿色低碳的生活方式，反对奢侈浪费和不合理消费"的精神。

本书围绕"公众生活方式低碳化的多重社会心理路径及其作用机制研究"这一主题,按照"现状特征分析—扎根理论定性研究—作用机理实证检验—核心关系元分析—作用效果实地实验—管理机制优化"的研究思路,逐层推进。主要内容包括如下八个方面:

第一,公众生活方式低碳化现状及政策工具效力评估。从公众能源消费碳排放、公众生态环境行为低碳化以及互联网情境下的低碳行为三个方面对公众生活方式低碳化的现状进行分析。将1996—2020年中国已发布的公众生活领域低碳节能的引导政策分为命令控制型、经济激励型、信息型和自愿参与型四类,并以此为基础,运用政策文本量化分析法构建政策效力评估模型,对65项政策文件的政策效力进行量化评估,为后续研究设计和管理机制优化提供现实基础。

第二,公众生活方式低碳化的多重社会心理路径扎根分析。运用扎根理论发展的探索性定性研究方法,构建公众生活方式低碳化的多重社会心理路径理论模型。将影响公众生活方式低碳化的社会心理因素及其路径归纳为4个主范畴和15个子范畴,为后续开展实证研究和实验设计提供理论依据。

第三,公众生活方式低碳化的群体参照心理作用机理实证研究。以扎根理论模型中的社会心理驱动因素为基础,结合参照群体理论,建立公众生活方式低碳化的群体参照心理作用机理模型并提出假设;开发量表,通过问卷调查采集数据,运用结构方程模型和多元统计分析对作用机理模型进行实证检验和修正,并进行多群组对比分析,解析群体参照心理的三种影响力对公众生活方式低碳化的作用路径、方向和强度,为发挥参照群体的作用以促进低碳消费提供理论依据。

第四,公众高碳消费行为的社会心理诱发机制实证研究。以扎根理论模型中的社会心理障碍因素为基础,从反向行为遏制的角度建立公众高碳消费行为的社会心理诱发机制理论模型。基于调查问卷数据,运用结构方程模型检验和修正理论模型,并针对面子意识和人口统计特征的调节效应进行检验,解析诱发公众高碳消费的社会心理因素的作用路径、方向和强度。

第五,社会心理干预对公众低碳节能行为作用效果的元分析。实证研究有利于解析社会心理因素对公众碳消费行为的作用机制,但现场实验研究更有利于用真实能耗数据评估和比较不同社会心理因素的作用效果。本部分在全面收集社会心理干预措施与低碳节能行为关系已有文献基础上,

根据元分析标准进行文献筛选和编码,得到26篇相关实验研究,通过统一
效应量、异质性检验、模型选择和发表偏倚检验等步骤,系统评价社会心理
干预措施对节能行为作用效果的主效应,以及干预方式、干预时机、干预时
长、干预频率的调节效应,为后续开展随机对照现场实验研究提供变量选择
依据。

第六,社会比较反馈对家庭节能行为作用效果的纵向实验研究。能源
消费是消费侧碳排放的直接来源。本部分以家庭节能为目标,以从供电公
司的计量系统采集到的居民家庭真实用电量数据为依据,开展了一项为期
18周的随机对照现场实验,探索比较信息反馈对激励家庭实施节电行为的
作用效果。采取反馈内容和反馈频率两两耦合的析因设计,运用协方差分
析控制居民已有电力消费习惯的影响,跟踪评估在不同干预频率下,自我对
比反馈和社会对比反馈的干预组与对照组相比的节电效果,发现提供社会
对比反馈这种社会心理干预对激励中国城市居民节能的有效性。

第七,社会规范和对比反馈对群体节能行为作用效果的现场实验研究。
相比家庭节能的私人属性,集体住宿者的能源消费具有成本均摊、节能收益
外部化的特征。为了探索社会规范和社会比较反馈对集体住宿者群体节能
行为的作用效果,本部分以高校的大学生群体为例,进行了一项为期12周
的随机对照现场实验。实验采取分别耦合两种宣传教育信息(环保教育信
息和群体规范信息)和两种事后对比式反馈框架(群体对比反馈和自我对比
反馈)加对照组的混合实验设计,使用虚拟变量回归和协方差分析,测试了
四种不同的耦合信息对群体节电的影响效果,揭示出群体规范和群际对比
反馈对激励群体节能行为的有效性。

第八,公众生活方式低碳化的多层次社会心理促进机制研究。在系统
总结前面各项研究主要结论的基础上,分别从个体、家庭、社区、社会四个层
次提出了公众生活方式低碳化的促进机制建议。每个层次包括激励机制和
约束机制两个方面,借鉴一些先进地区的经验和做法,分层次由小到大、由
点到面地提出了一些有针对性的管理机制与改进建议,以期为相关部门优
化促进公众生活方式低碳化的管理机制和政策提供决策参考。

本书的创新之处体现在以下三个方面:

第一,研究视角上的创新。本书从社会心理学、环境行为学以及实验心
理学等多学科交叉的视角,将公众生活方式低碳化的心理动因研究从个体
心理层面拓展到社会心理层面。已有研究大多关注的是个体主观心理因
素、人口特征因素、家庭特征因素等对公众低碳行为的影响,而对社会心理

因素缺乏关注。仅从个体层面关注低碳消费行为的心理动因,难以有效解决我国公众低碳意识与低碳行为之间的失调困境。本书结合中国特有的人际关系导向和高情境文化的社会特征,研究了公众生活方式低碳化的多重社会心理促进路径及其作用机制,拓展了低碳行为研究的视角和领域。

第二,研究内容上的创新。一是不仅正向研究了公众生活方式低碳化的社会心理促进机制,还反向研究了公众高碳消费的社会心理诱发机制。通过两项实证研究,分别解析了公众生活方式低碳化的群体参照心理作用机制和公众高碳消费的社会心理诱发机制,填补了已有研究主要关注低碳行为的促进因素,很少关注高碳行为诱发因素的不足。二是将公众生活方式低碳化的影响因素研究从关注行为的前因作用,延伸到关注行为的后效作用上。将低碳行为发生前的社会心理动机与行为发生之后的反馈相结合,开展综合研究,弥补了现有低碳行为的研究只关注行为发生的前置因素(如动机因素、情境因素、人口统计因素、家庭特征因素等),却很少关注行为发生之后的结果反馈的不足。

第三,研究方法上的创新。本书在扎根理论与元分析的基础上,将基于问卷调查的实证研究法与随机对照现场实验研究法相结合,开展综合研究。其中,应用扎根理论的定性研究建立公众生活方式低碳化的多重社会心理路径理论模型,可以避免传统的基于文献建模对现实问题解释不足的局限;元分析有利于厘清已有研究中的争议,为实验设计提供依据;实证研究以居民自我报告的行为为因变量,通过面向居民的大样本问卷调查采集数据并进行假设检验,可以剖析不同社会心理因素的作用路径、方向和强度,有利于解析行为的生成机制;随机对照现场实验研究以居民家庭或大学生集体宿舍的真实用电量数据为因变量,可以通过纵向跟踪真实节能量的变化来判断不同社会心理干预的有效性,有利于研究行为结果对后续行为的影响效用。上述四种方法有机结合,既保证了实证研究中理论模型的科学性,又保证了实验研究中干预变量设计的合理性;既可以避免传统问卷调查法所存在的自我报告行为的主观性偏差,又可以弥补现场实验中对行为生成过程中心理类变量作用机制解析不足的局限,丰富了资源环境行为研究的方法论。

本书致力于从社会心理层面探索中国公众生活方式低碳化的多重社会心理路径及其作用机制,摆脱公众低碳意识增强,而实际低碳行为滞后的社会心理困境,推动公众生活方式的低碳转型,助力美丽中国建设目标的实现。

本书是国家社科基金后期资助项目"公众生活方式低碳化的社会心理

路径及其作用机制研究"(19FGLB058)的最终成果,感谢中国矿业大学经济管理学院各位领导和老师在课题研究过程中给予的支持与帮助,感谢中国矿业大学人文社科处张长旭老师和贺琳老师的悉心帮助,感谢组织与行为科学系同仁给予的支持,感谢我的研究生许婷、乔丽洁、俞学燕、杨洁、甘晓莉、丁超琼、朱瀚霖、丛金秋、杨阳、贾田雯、李思佳、姜璐璐、朱亚洁、张文风、王雪娇、陈红微、韩佳利等在课题研究和书稿校对中的辛勤付出。感谢我的父母、爱人和儿子在课题研究、专著写作过程中给予的无微不至的关爱与支持。感谢浙江大学出版社各位编辑老师在本书出版工作中付出的大量辛勤劳动。本书在研究和写作过程中参阅了大量国内外文献,在此向这些文献的作者们表达衷心的感谢!

半凌云

2022 年 10 月

目　录

第一章 绪 论

第一节 研究背景

一、高碳排放引发的环境问题与健康问题形势严峻

CO_2 的大量排放使得全球变暖的势头有增无减。2019 年美国国家海洋和大气管理局（National Oceanic and Atmospheric Administration, NOAA）发布的气温数据显示：2018 年是近 140 年以来地球平均温度排名第四高的一年。此时，全球平均气温已经高出 20 世纪平均气温 1.42 华氏度，这也意味着 1977—2019 年的全球气温持续高于 20 世纪气温平均水平。自 20 世纪以来，空气中以 CO_2 为主的排放物不断增多导致地表的平均温度上涨 1 摄氏度以上，全球气候变暖导致的生态和环境危机日益严峻，引起国际社会的强烈关注。

为阻止全球变暖趋势进一步加剧，2015 年 12 月 12 日，在巴黎召开的第 21 届联合国气候变化大会上投票通过了应对气候变化的《巴黎协定》。这是继 1997 年发布《京都议定书》后推出的第二份具有法律约束力的气候协定。《巴黎协定》明确指出，全球共同应对气候问题的主要目标是在 21 世纪结束前，全球平均气温增长幅度不超过 2 摄氏度，且相比于工业化前水平，全球气温增长幅度不超过 1.5 摄氏度。联合国政府间气候变化专门委员会（Intergovernmental Panel on Climate Change，IPCC）发布的报告指出，要实现且维持全球气温增长幅度不超过 1.5 摄氏度的目标，首先要在 2030 年前完成净人为 CO_2 排放量比 2010 年减少 45%，其次要使得全球 CO_2 排放量低于 2017 年的 49% 的工作，且在 2050 年实现零排放（2040 年实现零排放更有利）（IPCC，2013）。由此可见，减少 CO_2 排放已成为应对气候变化问题的全球共识，实现低碳化发展成为大势所趋。

尽管《BP 世界能源统计年鉴 2021》（*BP Statistical Review of World Energy 2021*）指出，2020 年相比于 2019 年，全球 CO_2 排放总量减少了约 6.3%，向实现低碳化的发展目标迈出了一大步，但是，2020 年中国的 CO_2

排放总量达到约 99.0 亿吨,相比 2019 年增长了 0.9 亿吨,中国仍居于全球 CO_2 排放榜首位,其排放量约占世界排放总量的 30.7%(British Petroleum,2021)(见图 1-1)。同时,中国电力传媒集团能源情报研究中心编写的《中国能源大数据报告(2021)》中的数据显示:2020 年,我国一次性能源生产总量达到 40.8 亿吨标准煤,同比增长 2.8%;能源消费总量达到 49.8 亿吨标准煤,比 2019 年增长 2.2%;煤炭依然在能源结构中占主导地位,占比达到 56.8%;全社会用电量增速为 8.5%,为 2012 年以来最高增速。根据 2011—2020 年原煤、原油、天然气和一次电力及其他能源占一次能源生产总量的比重数据(见表 1-1),尽管原煤在中国能源生产结构中所占比重已经呈现逐年下降的趋势,但以煤炭为主的能源结构短期内还难以改变。这种以高碳能源为主的能源结构,使得中国当前面临巨大的 CO_2 减排压力。

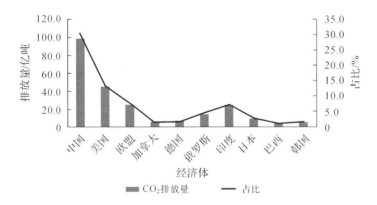

图 1-1   2020 年全球主要经济体的 CO_2 排放

注:数据来源于《BP 世界能源统计年鉴 2021》。

表 1-1   2011—2020 年中国能源生产结构

单位:%

年份	原煤	原油	天然气	一次电力及其他能源
2011	77.8	8.5	4.1	9.6
2012	76.2	8.5	4.1	11.2
2013	75.4	8.4	4.4	11.8
2014	73.5	8.3	4.7	13.5
2015	72.2	8.5	4.8	14.5
2016	69.8	8.3	5.2	16.7
2017	69.6	7.6	5.4	17.4

年份	原煤	原油	天然气	一次电力及其他能源
2018	69.2	7.2	5.4	18.2
2019	68.5	6.9	5.6	19
2020	67.6	6.8	6	19.6

注：数据来源于国家统计局。

高碳排放造成了我国的各类环境污染问题不断增多。截至 2020 年，我国仍然有 135 个地级以上城市的空气质量不达标，占比高达 40.1%。337 个地级以上城市累计发生严重污染 345 天，尤其是以 PM2.5 为首要污染物的污染天数占重度及以上污染天数的 77.7%，空气污染形势严峻（中华人民共和国生态环境部，2021）。在燃煤对大气污染的影响有所减小的同时，机动车尾气排放带来的影响却显著增大（贾真等，2015）。2020 年，全国居民每百户家用汽车拥有量为 37.1 辆，比 2019 年增长 5.2%（中国经济网，2021）。汽车尾气排放量占机动车污染物排放总量的很大比例，其中，尾气中 CO 和 HC 超过 80%，PM 和 NO_x 甚至高于 90%（中华人民共和国生态环境部，2018），是致霾的主要污染源。

在间接污染方面，随着电子商务的发展，快递产生的包装、外卖产生的一次性餐具等都是不可降解的污染垃圾。2015 年，我国仅快递包装带来的碳排放就高达 119 万吨 CO_2（Fan et al.，2017）；2016 年，全国快递消耗约 82.68 亿个塑料袋、约 29.77 亿个内部缓冲物，而快递包装回收率却不足 20%（Duan et al.，2017）。同时，全国每天有超过 2000 万单的外卖，产生约 6500 万个塑料餐盒（董峰余和方孝飞，2017）。

高碳排放在带来严峻环境问题的同时，也带来了严重的健康威胁。世界卫生组织（WTO）已明确将 PM2.5 列为一类致癌物。此外，美国癌症协会的研究也指出，空气中 PM2.5 的浓度每增加 $10\mu g/m^3$，公民死亡率大约会提高 4%（Pope et al.，2002）。一些中国学者的研究也发现，PM2.5 污染不仅会对公民的生命健康安全造成威胁，导致过早死亡，由此引发的经济损失也会高达 61.7 亿元（潘小川等，2012）。2018 年，英国《卫报》和美国 CNN 等多家媒体报道，在欧洲消化医学会的一个学术会议上，有学者的研究证实在人体内首次发现微塑料（Weinstein et al.，2016），而且微塑料会通过入侵人类肠道而毒害消化系统（Pope et al.，2002）。由此可见，高碳排放引发的环境和健康问题已经十分严峻，低碳发展迫在眉睫。

二、促进中国公众生活方式低碳化刻不容缓

作为世界第一大能源消费国和CO_2排放大国,中国政府对CO_2减排问题给予了高度重视,并将其提升至国家战略层面。2015年9月,习近平主席在联合国成立70周年峰会上全面阐述了人类命运共同体的理念,并把"尊崇自然、绿色发展"作为构筑人类命运共同体的核心内容之一,提出保护生态环境、应对气候变化需要世界各国同舟共济、共同努力。因此,中国政府在2015年12月的巴黎联合国气候变化大会上主动向全球承诺,到2030年,中国碳排放强度在2005年的基础上下降60%—65%(中华人民共和国中央人民政府,2015),并在2016年签署《巴黎气候变化协定》时进一步承诺,到2030年左右,碳排放总量达峰并尽早达峰的宏伟目标(中华人民共和国中央人民政府,2016)。

2017年10月,党的十九大报告进一步提出"推进绿色发展,建设美丽中国",并提出"倡导简约适度、绿色低碳的生活方式,反对奢侈浪费和不合理消费"以及"形成节约资源和保护环境的生产方式、生活方式,开展创建节约型机关、绿色家庭、绿色学校、绿色社区和绿色出行等行动"(新华网,2017)。2017年底,为促进消费者参与节能减排,中国建立了全国碳排放权交易市场并鼓励个人碳交易(中华人民共和国国家发展和改革委员会,2017;广东省发展和改革委员会,2017)。2018年颁布并实施的《中华人民共和国环境保护税法》将碳税作为取代现行排污费的新税种(王善勇等,2017;中华人民共和国中央人民政府,2016)。2018年3月,国务院进行新的机构改革,成立自然资源部、生态环境部这两个新部门,体现了对资源节约和生态环境保护的高度重视。

2020年9月22日,习近平主席在第75届联合国大会上做出新的承诺:为了应对气候变化,中国将加大国家自主贡献力度,CO_2排放力争在2030年达到峰值(即"碳达峰"),努力争取在2060年前实现"碳中和"。在同年12月的气候雄心峰会上,习近平主席再次提出,到2030年,中国单位国内生产总值CO_2排放将比2005年减少65%以上(新华网,2021a)。至此,如何持续减少碳排放,实现低碳化发展成为全社会共同关注的焦点之一。在2021年4月16日的中法德领导人气候视频峰会上,习近平主席提出,中国将"碳达峰""碳中和"归入生态文明建设整体布局,全面推行绿色低碳循环经济发展(人民网,2021)。之后,2021年4月22日,习近平主席在"领导人气候峰会"上提到,将启动全国碳市场上线交易(新华网,2021b)。我国正积极落实

目标的实现,推进绿色发展。

在节能减排方面,一直以来我国都将重点放在了工业领域,而对公众生活能源消耗问题的关注较少。在能源消耗总量中,工业等生产领域的能耗占比达到 70% 左右。随着各项节能减排措施的加强实施和政策的强力推进,这些领域的总体碳排放量已经出现了下降的趋势(中华人民共和国国家统计局,2020)。与此同时,由于工业等生产领域的直接节能潜力已经被较大限度开发,单位能耗基数在不断降低,减排的空间在缩小,因此促进生产侧节能减排已经存在很大的难度。然而,近年来仅次于生产侧耗能的公众消费侧消费碳排放占比却在逐年攀升(王会娟和夏炎,2017),由公众消费引起的碳排放增长在碳排放总增长中的比例攀升至 55.6%(谢锐等,2017)。其中,生活能源消费是公众消费碳排放的直接来源。根据《中国能源统计年鉴》的数据计算:2000—2019 年,我国居民生活能源消费年均增长率为7.12%(中华人民共和国国家统计局,2020);2019 年,我国的居民生活能源消费量达到 61709 万吨标准煤,人均能源消费量是 2000 年的 3.7 倍。其中,公众消费行为所产生的直接碳排放是 2000 年的 3.3 倍(李国志,2018)。2000—2019 年中国居民生活能源消费、能源消费总量以及生活能源消费量占比如图 1-2 所示。

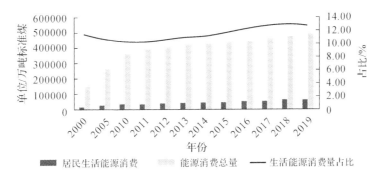

图 1-2 2000—2019 年中国居民生活能源消费、能源消费总量以及生活能源消费量占比
　　　注:数据来源于《中国统计年鉴》。

公众是生活能源的直接消费者和工业品的终端消费者,除了在家电使用、燃煤燃气使用、交通出行等方面的直接能源消费所带来的直接碳排放之外,嵌入在其他产品和服务中如衣、食、住、行等方面的间接碳排放总量巨大,且远远大于直接碳排放量(Feng et al.,2011)。有学者的研究表明,在我国全部碳排放中,公众消费导致的间接碳排放量所占比例达到了 77%—84%(Zhang et al.,2017),并且人均间接碳排放量在短期内呈现难以扭转

的上升趋势(李艳梅和张红丽,2016;史琴琴等,2018;赵玉焕等,2018)。

此外,随着我国城市化进程的逐步加快和居民消费水平的提高,居民能源消费总量和CO_2排放总量仍然处于线性增长趋势(曹孜和陈洪波,2015)。2020年中国的人口城市化率已超过60%(中华人民共和国国家统计局,2021),数据显示,城市居民的人均能源消费量是农村居民的约1.5倍,这意味着1名农村居民转为城市居民,将增加1085.26千克标准煤的能源消费量(张馨等,2011)。如果我国达到西方发达国家的城市化水平(约75%),将增加15亿吨标准煤的能源消费量,约等于2013年能源生产总量的44%(王蕾和魏后凯,2014)。有学者预测,到2030年,我国居民消费碳排放量将达到2610百万吨,年均增速将高达6.08%(见图1-3)(王会娟和夏炎,2017)。居民消费行为产生的碳排放将是我国新一轮碳排放量增长的主要推动力(张琼晶等,2019)。由此可见,中国公众生活领域碳排放量的增长形势十分严峻,推动全民在衣、食、住、行、游等方面加快向节约资源、绿色低碳的生活方式转变,促进公众生活方式低碳化不仅成为中国实现《巴黎协定》承诺的2030年碳减排目标的关键环节之一,也是中国推进生态文明建设和实现经济社会低碳转型,并为全球气候治理做出贡献的重要途径。

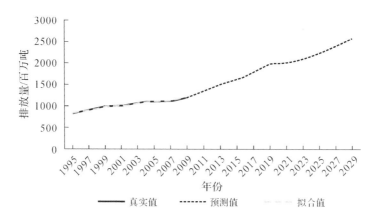

图 1-3　未来居民消费碳排放量变化预测

注:数据来自王会娟和夏炎(2017)。

三、中国公众低碳消费存在突出的社会心理困境

高碳排放导致的环境问题日益凸显,国家对环保问题和低碳环保宣传更加重视,我国公众的低碳环保意识不断增强。然而,中国公众低碳意识的

增强并没有带来低碳行为的同步增长。资料显示：2013 年，有 12.4% 的公众参与公共领域环保行为；2018 年，仅有 72.7% 的公众真正践行了低碳行为（中国环境文化促进会，2018）。2013—2018 年，公众环保意识的年均增长率为 3.17%，而环保行为的年均增长率只有 2.18%（光明网，2015）。随着时间的推移，公众低碳"意识—行为"之间的缺口正在逐步加大。有学者证实：尽管有超过 80% 的消费者愿意购买生态环保产品，但实际付诸购买行为的却不足 32%（刘文兴等，2017）。公众生态消费从意识到行为的转化效果并不理想，具有生态消费意识的消费者中，仅有 34% 的人产生了实际的生态消费行为（Bamberg and Möser，2007）。由此可见，公众的低碳意识与其实际行为之间存在着显著错位，低碳意识向实际行为转化的过程中存在着突出的社会心理困境。

此外，要弥补中国公众在低碳消费上的"意识—行为"缺口，有效促进公众生活方式向低碳化转型，我们不得不重视另一个事实：公众在实际实施的低碳消费行为中，更多实施的是购买高能效设备和低碳技术产品，而不是在日常生活中实施低碳消费行为（芈凌云，2016a）。购买高能效的低碳技术产品，在提高单位能源利用效率的同时，往往会带来能源消费的"回弹效应"（查冬兰等，2013；Yang and Li，2017）。在中国，技术进步引起的能源消费"回弹效应"大大增加了居民的能源消费量（Wang et al.，2014）。中国居民用电的长期"回弹效应"高达 0.70，短期"回弹效应"也达到了 0.47（王兆华和卢密林，2014），这使得低碳购买行为带来的 CO_2 减排效果并不理想。研究发现：居民日常使用行为带来的低碳节能效果比单纯购买低碳产品和技术升级更重要（Petersen，2007）。由此可见，习惯型低碳行为对于节能减排具有重要的意义。要突破中国居民低碳消费意识与实际行为之间失调的困境，促进公众整体的生活方式向低碳化发展，不仅需要考虑公众生活中具有一次性、经济性特征的低碳购买行为，更需要关注公众在日常生活中具有重复性的习惯型低碳使用与回收行为。

四、探索公众生活方式低碳化的社会心理路径是破解社会困境的关键

近年来，国家为了倡导节能高效、绿色低碳的生活方式，颁布了一系列政策法规，以促进居民消费低碳化。例如：2007 年，发布了《全民节能减排手册》；2015 年，发布了《关于加快推进生态文明建设的意见》；2018 年，发布了《完善促进消费体制机制改革实施方案（2018—2020 年）》；等等。尽管如此，《中国能源统计年鉴》公布的结果却并不乐观，中国人均碳

排放量和生活用能量依然逐年递增(中华人民共和国国家统计局,2020)。在中国碳排放总增长量中,公众消费导致的碳排放量增长比例高达55.6%(谢锐,2017)。这不得不引人深思:为何促进公众生活方式低碳化的这些政策措施的实施效果达不到预期?

从学术界来看,关于如何促进公众的生活方式向低碳化转变,学者们已经从多方面开展了相关的研究,如从个体主观心理因素方面(陈凯和梁皓凯,2016;López-Mosquera and Sánchez,2012)、人口特征因素方面(芈凌云和芦金文,2018)、家庭特征因素方面(Han et al.,2015)以及外部情境因素方面(芈凌云等,2016a)等探究了公众生活方式低碳化的前因。然而,这些研究均没能有效解释公众低碳意识增强,而低碳行为并未同步增加的原因所在。这些问题的凸显,归根结底,是因为没有突破公众在是否选择低碳生活方式上面临的社会心理困境。

在复杂的社会情境中,每个人都是嵌入在社会网络中的一员,其生活方式的选择不仅会受到自身低碳意识的影响,还会受到社会网络中的他人、群体和社会规范等的影响。例如,在大力倡导"光盘行动"之时,每年的粮食浪费总量依然触目惊心。国家粮食局的统计数据显示:我国每年浪费的粮食价值约2000亿元,被倒掉的食物相当于2亿多人1年的口粮(人民网,2014),其中不乏过度点餐带来的浪费,尤其是在宴请人际关系中的利益攸关者时,这种现象往往更为突出。对于过度点餐的食物,消费者往往放弃打包,以维护自己的面子和形象(林丽霞,2017)。这种为了面子或维护人际关系而选择的高碳消费行为,其隐含的高碳消费社会心理诱因值得深思。

中国社会具有特殊的人际关系导向和高情境文化特征(Wallace et al.,2009),人际交往中重视事件发生时所依赖的情境而不是内容。在这种背景下,人际关系的建立和维护受到高度重视。个体可能会在某些情境中被动进行高碳消费。如社会关系中的差序格局使得人际关系互动会形成以血缘、地缘、熟人等为联系的圈层结构(费孝通,1998),这使得处于圈层中的个人在做出行为选择时会受到亲人、朋友、老乡、熟人等不同程度的影响(马戎,2007)。中国的关系型社会特征也使得他人评价和社会规范成为个体行为选择的关键影响因素(张新安,2010)。如果人际圈中的大多数人或核心人物是高碳消费的,个体会在从众心理作用下不自觉地选择高碳消费行为。这种为了保持与群体中他人一致而被动做出的高碳消费决策,虽然不是个人主动所为,但也同样损害了集体共同的环境利益。因此,只有从社会心理层面探索促进公众生活方式低碳化的多种社会心理路径及其作用机制,才能有效突破中国公众低碳意识与低碳行为错位的社会心理困境。

第二节　研究对象与概念界定

生活方式是人们各种形式的生活活动和行为模式的总和。随着改革开放后我国社会经济的高速发展,人们的生活水平持续大幅提高,但同时也出现了奢侈浪费、不合理消费的生活方式,一些无节制的生活方式不仅使得生态环境恶化带来的环境问题日趋严重,也成为消费领域碳排放量不断增加的原因所在。因此,引导公众的生活方式向低碳化转变,就成为实现低碳发展、建设低碳社会的关键环节。

低碳,顾名思义,是指减少 CO_2 排放,该词最早应用于环境保护领域时,指的是通过减少 CO_2 的排放来保护环境(魏佳,2017b)。2003 年,英国首相布莱尔在《能源白皮书》中首次提出"低碳经济"这一概念(UK Parliament House of Commons Environmental Audit Committee,2003)。此后,"低碳经济"的概念开始引起各个领域的重视(Lyu et al.,2019)。"低碳经济"不仅意味着供给侧的低碳化,如工业上要降低能耗,减少污染,减少 CO_2 等温室气体排放,更意味着要在消费侧引导公众的生活方式向低碳化转型。充分发挥消费对上游生产的拉动作用,挖掘消费侧节能减排的巨大潜力,公众的低碳生活方式是一个重要依托和组成部分(张一鹏,2009)。可以说,没有公众的低碳生活方式,就无法实现真正的"低碳经济"。

目前,学术界对于低碳生活方式的定义并没有形成统一的认识。刘敏(2009)认为,低碳生活方式是一种以低碳为导向的共生性消费模式,体现在环境友好、资源节约和消费结构低碳化等方面。冯周卓和袁宝龙(2010)则认为,低碳生活方式是指将传统的高消费、高污染向低污染、适度消费转变,它是可持续性消费或绿色消费。张桂琴(2010)认为,所谓低碳生活是指个人简约、简单、简朴的"三简"生活,是以降低个人的碳排放量来实现社会总体碳排放量的降低,最终实现可持续性发展。Howell(2013)指出,采用低碳生活方式意味着改变一个人的生活方式,以减少一个人的碳足迹(即包含生活方式的活动所排放的温室气体量)。

综上所述,低碳生活方式具有以下几个特征:

第一，低碳生活方式是一种保护环境和节约资源的生活方式。在环境友好、资源节约的社会中，人们应与自然和谐相处，倡导适度消费，减少资源浪费。

第二，低碳生活方式是一种消费结构的低碳化。也就是在人们日常生活的衣、食、住、行、游等各个消费领域中，低碳消费品的数量和占比不断增加或不断替代高碳、高能耗产品。

第三，低碳生活方式是一种以低碳为导向的共生消费生活方式。提倡低碳生活是为了化解环境危机，为人类提供生存环境。从根本上来讲，这种以低碳为导向的共生消费模式能够平衡人类的物质、生态和精神消费，促进人类发展出更科学、合理的消费行为和消费结构。

结合众多学者对低碳生活方式的界定和其特征属性，本书将公众生活方式低碳化定义为公众在日常生活的衣、食、住、行、游等生活活动中主动减少 CO_2 排放的行为过程。从消费行为的过程来看，生活方式低碳化既包括购买行为低碳化，也包括日常使用行为的低碳化。其中：购买行为低碳化主要指个体主动购买低碳产品或由原先购买高碳产品转向购买低碳产品的行为过程；使用行为低碳化指个体主动改变耗能产品的使用方式或增加二次利用、回收行为等，以减少 CO_2 排放的行为过程。

第三节　研究目的与意义

一、研究目的

为了深入探索中国公众低碳意识与实际低碳行为错位的深层次社会心理因素及其作用机制，遏制中国生活领域的碳排放量快速增长的势头，本书开展公众生活方式低碳化的多重社会心理路径及其作用机制的研究，旨在回答已有研究尚未解决的几个关键科学问题。

第一，在社会心理层面上促进和阻碍中国公众生活方式低碳化的社会心理因素的提炼、属性归类和作用路径分析。

本书将在系统地整理和分析国内外相关研究的基础上，采用扎根理论发展的探索性定性研究方法，在不预设假设理论的前提下，对公众生活方式低碳化的内涵、外延与结构等进行界定，进而从促进路径、阻碍路径和反馈路径三个方面提炼出影响公众生活方式低碳化的主要社会心理因素，构建出公众生活方式低碳化的多重社会心理路径及其作用关系理论模型，为接下来的实证研究与实验设计提供理论依据。

第二，在中国高情境文化背景下，从行为前因的视角解析促进公众生活方式低碳化的社会心理机制和诱发公众高碳消费的社会心理机制的差异及其作用机制。

本书结合中国社会高情境文化下，个体行为选择容易受到参照群体和社交关系影响的现实，结合扎根理论挖掘的公众生活方式低碳化的社会心理促进路径和障碍路径，分别提取核心变量，从正向促进和反向遏制双因素的视角，开展两项实证研究。通过问卷调查获取数据，综合运用多元统计分析和结构方程模型，分别对理论模型进行实证检验和修正，并分别解析了公众生活方式低碳化的群体参照心理作用机制和公众高碳消费社会心理诱因作用机制，为从社会心理层面促进生活方式的低碳转型提供理论基础。

第三，从行为后效的视角，研究不同的社会心理干预措施对私人领域和公共领域不同公众群体低碳节能行为的作用效果。

本书在开展社会心理干预对公众节能行为元分析的基础之上，筛选核心变量，分别设计两项随机对照现场实验，以检验目标设置、社会规范、社会对比、群体规范、群体对比等不同的社会心理干预措施对私人领域的家庭节能行为和公共领域的大学集体宿舍的大学生群体节能行为的作用效果。通过纵向跟踪实验和来自实时计量系统的电力消费量来衡量干预措施的有效性与可持续性，以弥补传统的问卷调查法中自我报告节能行为的主观性偏差，从行为结果的角度更加科学和客观地评估不同社会心理干预策略对激励低碳节能行为的作用效果。

总的来说，本书从促进与阻碍、前因与后效、机理解析与效果评估的多个视角，结合多种行为科学研究方法，解析了公众生活方式低碳化的多重社会心理路径及其作用机制，为如何通过社会心理干预这种非财务、低成本的干预措施促进公众生活方式低碳转型、建设低碳社会提供理论基础。

二、研究意义

(一)理论意义

第一，从社会心理学、环境行为学以及实验心理学等多学科交叉的视角，对我国公众生活方式低碳化的多重社会心理路径及其作用机制开展研究，将公众生活方式低碳化的心理动因研究从个体心理层面拓展到社会心理层面，突破已有研究主要从个体层面关注低碳行为，对生活方式低碳转型的社会心理机制关注不足的局限。

第二,将促进公众低碳消费的研究从关注行为前因延伸到关注行为后效,通过建立公众生活方式低碳化的多重社会心理路径理论模型,分别从低碳行为的促进路径、高碳行为的消减路径、行为后果的反馈路径三维视角对公众生活方式低碳化的作用机制进行系统解析,为从社会心理层面多途径促进公众的低碳行为、抑制高碳行为提供了明确的理论依据。

第三,以元分析与扎根理论为基础,运用随机对照现场实验研究和基于问卷调查的实证研究展开多方法综合研究。其中:公众生活方式低碳化的多重社会心理路径理论建模采用扎根理论的定性研究的方法,这可以避免传统的基于文献建模对现实问题解释不足的局限;元分析有利于厘清已有研究中的争议,为实验设计提供依据;实证研究以居民自我报告的行为作为因变量,通过搜集来自居民问卷调查的数据并进行假设检验,可以剖析不同社会心理因素的作用路径、方向以及强度,有助于解释行为的生成机制;随机对照现场实验研究以居民家庭和大学生集体宿舍的真实用电量数据为因变量,可以通过纵向跟踪真实节能量的变化来判断不同社会心理干预的有效性与持续性,有利于研究行为结果对后续行为的影响效用,弥补国内关于公众节能行为研究中缺乏现场实验研究的不足。将上述四种方法有机结合,既保证了实证研究中初始概念模型建构的科学性,又保证了实验研究中干预变量设计的合理性;不仅解决了传统问卷调查法中自我报告行为的主观性偏差的问题,还消除了现场实验对行为生成过程欠缺心理类潜变量作用机制分析的局限性,丰富了环境心理与行为研究的方法论。

(二)实践意义

第一,公众生活方式低碳化的群体参照心理及作用机制模型的建立,可以有效揭示我国公众消费行为低碳化过程中的主动行为和引致行为,系统解析三种群体参照心理对两类低碳行为的作用路径、方向和强度,将参照群体影响力的研究从消费者购买决策领域延伸到日常习惯行为上,为在中国关系型社会中发挥参照群体的作用来促进生活方式低碳转型提供了理论依据,也为各级政府部门制定引导和培育公众低碳生活方式的相关政策提供了决策的事实依据。

第二,公众高碳消费行为的社会心理诱发机制模型的建立,系统解析了我国公众低碳意识增强、高碳消费行为却在增加的社会心理诱发机制,为在具有"面子文化"的中国社会制定消减高碳消费行为的政策措施提供了理论依据。

第三，以元分析为基础提取实验研究的干预变量，分别针对私人领域的城市家庭节能和公共领域的大学集体宿舍的群体节能行为开展的两项随机对照现场实验，通过纵向跟踪实验比较在家庭节能收益内部化和大学宿舍节能收益外部化这两种情境下，社会规范、群体规范、社会比较反馈等干预措施带来的真实节能效果。实验研究不仅将低碳节能研究从关注行为前因延伸到关注行为后效，也填补了国内关于公众节能行为研究中以问卷调查为主、缺乏现场实验研究的不足，可以为政府及相关管理部门充分借助信息化平台，发挥非财务的社会心理干预措施在促进公众生活方式低碳转型中的作用提供决策依据。

第四节　研究内容与研究方法

一、研究内容

本书的研究内容共分为十章，每章内容安排如下：

第一章为绪论。首先，从四个方面阐述本书的现实背景，提出研究公众生活方式低碳化的社会心理机制的重要性与紧迫性，在此基础上，明确研究的目的与意义所在，确定本书的具体研究内容、主要研究方法和技术路线。最后，阐明了本书的主要创新点。

第二章为理论基础与文献综述。首先，根据"公众生活方式低碳化的多重社会心理路径"这一研究主题和研究目标，确定以社会学习理论、社会认知理论、社会比较理论、社会认同理论、规范焦点理论以及"价值—信念—规范"理论等社会心理学领域的一些经典理论作为本书的理论基础。进而，对国内外与公众低碳生活方式相关的已有文献进行系统的整理、归纳，分别从个体主观心理因素、个体异质性因素、家庭特征因素和情境因素四个方面对已有文献进行分析与总结，扎实把握国内外研究基础、发展动态与趋势，为后续开展公众生活方式低碳化的理论模型构建、实证检验和实验研究提供文献基础。

第三章为公众生活方式低碳化现状及政策工具效力评估。首先，基于统计数据和相关调查报告，从公众能源消费碳排放、公众生态环境行为低碳化以及公众互联网情境下的低碳行为三个方面对公众生活方式低碳化的现状进行了分析与描述，揭示了公众低碳行为的现有特征和突出问题。然后，全面梳理中国已发布的公众生活领域低碳节能引导政策，将其归纳为命令控制型、经济激励型、信息型和自愿参与型。同时,采用文本定量分析法构建政策效力量化评估模型,对中国政府 1996—2020 年发布的与促进公众生活低碳化相关的 65 项政策文件的政策效力进行量化评估,揭示我国现有政策工具对促进公众生活低碳化的政策效力特征及变化趋势,为后续的研究和政策优化建议提供必要的现实基础。

第四章为公众生活方式低碳化的多重社会心理路径扎根分析。在确定公众生活方式低碳化的研究范畴的基础上,开发出深度访谈提纲。通过与公众的面对面深度访谈来获取第一手原始资料,然后,运用扎根理论发展的探索性定性研究方法,通过开放式编码、主轴编码、选择性编码,逐层提炼,构建公众生活方式低碳化的多重社会心理路径理论模型并进行理论饱和度检验。将影响公众生活方式低碳化的社会心理因素归纳为 4 个主范畴、15 个子范畴,为后续开展实证研究和实验设计提供了理论依据。

第五章为公众生活方式低碳化的群体参照心理作用机理实证研究。以第四章扎根理论模型中的社会心理驱动因素为基础,结合参照群体理论,建立公众生活方式低碳化的群体参照心理作用机制理论模型并提出假设。然后,选择和开发变量测量量表,通过问卷调查采集数据,运用结构方程模型和多元统计分析对作用机制模型进行实证检验和修正,并进行多群组对比分析,解析群体参照心理的三种影响力对公众生活方式低碳化的作用路径、方向和强度,为如何发挥参照群体的作用来促进低碳消费提供理论依据。

第六章为公众高碳消费行为的社会心理诱发机制实证研究。以第四章扎根理论模型中的社会心理障碍因素为基础,从反向行为的角度建立公众高碳消费行为的社会心理诱发机制理论模型。然后,选择和开发变量测量量表,形成调查问卷,进而采用调查问卷收集数据。在对数据进行严格的信度、效度检验的基础上,运用结构方程模型对假设模型进行拟合与修正,并针对面子意识和人口统计特征的调节效应进行检验,解析诱发公众高碳消费的社会心理因素的作用路径、方向和强度,为如何通过社会心理引导来遏制高碳消费行为提供了理论依据。

第七章为社会心理干预对公众低碳节能行为作用效果的元分析。在第五、六章实证研究解析社会心理因素对公众碳消费行为作用机制的基础上,为了评估社会心理干预对公众低碳节能行为的作用效果,对已有研究中涉及社会心理干预措施与公众低碳节能行为关系的文献进行系统筛选。遵循严格的元分析规范,综合 26 篇相关实验研究的结果,系统评价社会心理类干预措施对促进公众节能行为作用效果的主效应，以及不同的干预方式、干预时机、干预时长、干预频率的调节效应，为后续开展随机对照现场实验研究提供了变量选择和实验设计的依据。

第八章为社会比较反馈对家庭节能行为作用效果的纵向实验研究。能源消费是消费侧碳排放的直接来源。本章以家庭节能为目标，以从供电公司的计量系统采集到的居民家庭真实用电量数据为依据，开展了一项为期18周的随机对照现场实验，以探索社会比较反馈对激励家庭实施节电行为的效果。采取反馈内容和反馈频率两两耦合的析因设计，运用协方差分析控制居民已有电力消费习惯的影响，跟踪评估在不同的干预频率（每周一次和每周两次）下，社会对比反馈和自我对比反馈与对照组相比的节电效果，通过设置基线期、实验期和后续期，比较在有反馈和停止反馈的情况下，居民家庭节能行为的可持续性，为如何通过提供社会对比反馈来激励中国城市家庭主动节能，促进绿色社区建设提供了理论基础和事实依据。

第九章为社会规范和对比反馈对群体节能行为的作用效果现场实验研究。相比家庭节能的私人属性，集体住宿者的能源消费具有成本均摊、节能收益外部化的公共品特征。为了探索社会规范和社会比较反馈对集体住宿者群体节能行为的作用效果，本章以高校的大学生群体为例，进行了一项为期12周的随机对照现场实验。实验干预采用两类事前宣传教育与两类事后反馈信息两两耦合加对照组的混合实验设计。两类事前宣传信息为群体规范信息和环保知识教育信息，两类事后对比反馈信息是自我对比反馈和群体对比反馈。使用虚拟变量回归和协方差分析，测试四种不同的耦合干预策略对促进群体节电的实际效果，揭示出群体规范和群际对比反馈对激励群体节能行为的有效性，为建设绿色低碳校园，促进高校等公领域的节能减排工作提供了理论和事实依据。

第十章为公众生活方式低碳化的多层次社会心理促进机制建议。在系统总结前面各项研究主要结论的基础上，提炼促进公众生活方式低碳化的多重社会心理路径，判断不同社会心理干预在促进低碳消费、遏制高碳消费中扮演的角色。然后，分别从个人、家庭、社区和社会四个层面提出公众生活方式低碳化的社会心理促进机制的管理方式和政策建议，每个层面包括激励机制和约束机制两个方面，以期为政府及相关部门提供决策参考。最后，说明了研究局限和未来研究方向。

二、研究方法

本书采用深度访谈法、文本量化分析、扎根理论研究法、问卷调查法、多元统计分析和结构方程模型、元分析法、随机对照现场实验等定性和定量方法开展综合研究。

(一)深度访谈法

选取典型研究对象,设计开放式访谈提纲,组合使用一对一访谈法和焦点小组访谈法,针对目前我国公众生活领域中践行低碳行为所存在的问题、行为的社会心理动因与障碍等进行访谈,深入了解并掌握第一手原始数据,以最优质的初始资料开展后期扎根理论研究,并为实证研究中的变量操作化和测量指标的开发或修正提供信息基础。

(二)文本量化分析

文本量化分析是进行政策效力评估的常用方法。本书搜集、整理了中国政府发布的与引导居民能源消费行为相关的政策文件,对其进行政策文本内容分析,选择政策效力评估模型,建立评价标准,对中国政府已经发布的与居民低碳行为相关的政策文本进行效力量化评估。评估中国引导居民低碳行为的政策现状、发展变化特征和内容效力,为后续的政策优化建议提供基础和依据。

(三)扎根理论研究法

扎根理论是深受主流学界认可的探索性定性研究方法,强调从现实问题和现象出发,自下而上建构理论。扎根理论研究法强调在不预设假设的前提下,直接从访谈采集的第一手原始资料入手,对第一手原始数据进行总结和归纳,然后将总结与归纳的结果进行自上而下的提炼。该研究方法通过对原始资料进行开放式编码、选择性编码、主轴编码,确定核心范畴,最终建立以核心类属为基础的模型。本书通过对公众进行的一对一深度访谈和焦点小组访谈采集的原始数据进行三级编码,建立公众生活方式低碳化的多重社会心理路径理论模型。

(四)问卷调查法

本书的两项实证研究在进行原始资料的收集时均采取问卷调查法,调查问卷是在对理论模型中的潜变量进行测量量表的选择与开发的基础上形成的。问卷调查分为两个阶段:一是预测调查,该阶段需要对理论模型中各潜变量的初始测量量表的信度和效度进行检测,以预测调查的检验结果作为问卷修订的依据，据此形成正式问卷；二是正式调查，该阶段以修正后的测量量表为基础，可为理论模型的实证研究提供优质数据。

(五)多元统计分析和结构方程模型

在遵从严谨、科学的行为科学实证研究范式下，本书采用多元统计分析和结构方程模型的方法，分别实证检验了公众生活方式低碳化的群体参照心理作用机理模型和公众高碳消费行为的社会心理诱因作用机制模型，并采用 SPSS 19.0、AMOS 22.0 进行数据处理和模型检验、拟合与修正。

(六)元分析法

元分析(meta-analysis)是对现有文献的再统计和研究，通过合并多项涉及同一主题的实验研究结果，以定量的方式来综述和系统评价已有的研究结果，然后根据获得的统计显著性等来分析两个变量之间的关系。元分析法采用严格的程序对同一主题下的众多定量研究进行系统综合，能够最大限度地减少单项研究中出现的各种统计偏差，得出更具有普适性的结论，有利于厘清已有研究中的争议，也有利于更好地保证研究结论的科学性与真实性。本书采用元分析的研究方法，通过统一效应量、异质性检验、模型选择和发表偏倚检验等步骤，系统评价社会心理干预措施对公众低碳节能行为作用效果的主效应，以及干预方式、干预时机、干预时长、干预频率的调节效应，厘清已有研究中的争议，并为本书的现场实验设计和核心变量的选择提供依据。

(七)随机对照现场实验

随机对照现场实验用于评估不同社会心理干预措施对私人领域和公共领域低碳节能行为的作用效果。实验设计中设置了不同干预条件的实验组与无干预对照组，通过分配给各个实验组差异化的社会心理信息干预措施并进行耦合作用效果测试，跟踪研究这一批被试在较长时间内的电量使用情况，从而得出不同干预措施对节能行为的作用效果及其可持续性。

三、技术路线

本书的研究技术路线如图 1-4 所示。

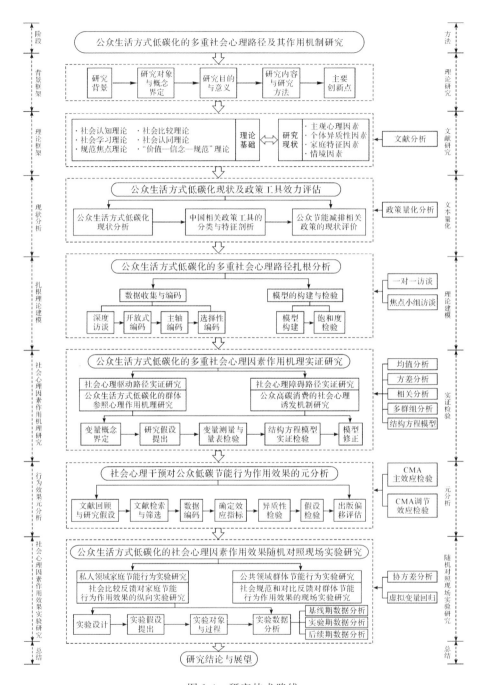

图 1-4　研究技术路线

第五节 主要创新点

一、研究视角创新

本书从实验心理学、社会心理学、环境行为学等多学科交叉的视角,将公众生活方式低碳化的心理动因研究从个体心理层面拓展到社会心理层面。已有研究主要关注的是个体主观心理因素(例如个人的价值观、主观规范、态度与环境信念等)、人口特征因素(例如性别、职业、学历等)、家庭特征因素(例如家庭规模、家庭结构、家庭收入、居住类型等)等对公众低碳行为的影响,而对影响个体行为决策的社会心理因素缺乏关注。仅从个体层面关注低碳消费行为的心理动因,难以有效解决我国公众低碳意识不断增强,而实际低碳行为不如预期的失调问题。本书结合中国社会特有的人际关系导向和高情境文化的特征,研究公众生活方式低碳化的多重社会心理路径及其作用机制,拓展了公众低碳行为研究的视角和领域。

二、研究内容创新

其一,不仅正向研究公众生活方式低碳化的社会心理促进机制,还反向研究了公众高碳消费的社会心理诱发机制。通过两项实证研究,分别解析了公众生活方式低碳化的群体参照心理作用机制和公众高碳消费的社会心理诱发机制,弥补了已有研究主要关注低碳行为的促进因素,很少关注高碳行为诱发因素的不足。

其二,将公众生活方式低碳化影响因素研究从关注行为前因延展到关注行为后效上。将低碳行为发生前的社会心理动机与行为发生之后的反馈相结合开展综合研究,弥补了现有低碳行为的研究中只关注行为发生的前置因素(如动机因素、情境因素、人口特征、家庭特征等),却很少关注低碳行为发生之后,后果反馈的影响力的不足。

三、研究方法创新

本书以元分析与扎根理论为基础,运用随机对照现场实验研究和基于问卷调查的实证研究展开多方法综合研究。其中,通过扎根理论建立了公众生活方式低碳化的多重社会心理路径理论模型,弥补了传统的基于文献建模对现实问题缺乏解释的不足。元分析有利于厘清已有研究中的争议,为实验设计提供依据;实证研究通过问卷调查收集数据,心理和行为作为潜变量,以居民自我报告的方式来测量,并以此进行假设检验,可以分析出不同的社会心理因素及其作用路径、方向以及强度,有助于解释行为的生成机制;以大学宿舍或普通居民家庭的真实用电量数据作为随机对照现场实验研究的因变量,并纵向追踪真实节能量的增减情况,以判定社会心理干预的有效性,有利于研究行为结果对后续行为的影响效用。将上述四种方法有机结合,既保证了实证研究中理论模型的科学性,又保证了实验研究中干预变量设计的合理性;不仅解决了传统问卷调查法中自我报告行为的主观性偏差的问题,还消除了现场实验中对行为生成过程中心理类潜变量作用机制欠缺分析的局限性,丰富了环境心理与行为研究的方法论。

第二章　理论基础与文献综述

公众生活方式低碳化不仅是经济现象,也是社会现象和心理现象。本书旨在从社会心理学和环境行为学的视角,开展公众生活方式低碳化的多重社会心理路径及其作用机制研究。为此,本章首先回顾促进个体行为形成的社会心理前因及行为干预的相关理论,将社会心理学领域经典的社会学习理论、社会认知理论、社会比较理论、社会认同理论以及环境行为学领域的规范焦点理论、"价值—信念—规范"理论等作为本书的理论基础。接着对与公众生活方式低碳化有关的国内与国外的文献进行整体的梳理和归纳,以掌握公众生活方式低碳化的国内外研究现状和未来发展趋势,为本书进行公众生活方式低碳化的模型构建、实证检验和实验研究提供文献基础。

第一节　社会心理干预相关理论基础

一、社会学习理论

社会学习理论(social learning theory)是由阿尔伯特·班杜拉(Albert Bandura)提出的,目的是阐明人类是怎样在社会环境中学习以及如何形成和发展个性。和传统的认为个体行为是由于外部环境刺激或内部意识刺激而产生的观点不同,Bandura and Walters(1977)认为行为的产生是由于主客观因素的交互作用。社会学习理论重视人的主体因素,特别是认知因素在学习过程中的作用。人的复杂社会行为是在他人、群体、规范等社会环境的影响下产生的,即通过对他人的行为、社会规范进行观察而形成、强化并且加以改变的(Grusec,1992)。

根据社会学习理论,行为不仅仅受到结果的影响,同时也受观察学习和知觉的影响。Bandura(1977)强调观察学习的重要性,并将其定义为个体通过观察他人的行为及其强化结果来获得一种新的反应和行为,或者改变他已有的某种行为反应特征。同时,在此期间,观察者不会对示范反应进行实际的操作。在观察学习这一过程中,被观察的对象称为示范者或者榜样,观察进程会受到示范者被观察的活动的影响,影响这一观察进程的过程就叫作示范作用(Akers and Jennings,2015)。Bandura(1978)认为,对观察学习的研究在很大程度上会受到信息加工认知心理学的影响。信息加工认知心理学具有很大的指导性作用,这种指导性作用促进了对观察学习现象的认识。观察学习可分为注意过程、保持过程、动力复制过程以及强化过程这四个相互联系的过程。首先是注意过程。注意过程是观察学习的起始环节,观察学习的榜样选择和方式都由注意过程确定。而个体的认知特征、榜样的行为特征以及两者之间的关系等都会对这一过程产生影响。其次是保持过程。观察者储存榜样行为的信息的过程就被称为观察学习的保持过程。当榜样消失后,个体还能在一定程度上记住该行为,从而指导其自身的行为。再次是动力复制过程。从注意过程过渡到保持过程实际上是信息由外到内、由接收到储存的过程。而动力复制过程与之相反,是由记忆向行为转化的过程,实际上是个体对其榜样行为的再现过程。最后是强化过程。如果对个体的观察学习行为给予奖励,那么受到积极强化的行为会导致个体进行更多的关注、更深入的学习、更频繁的重复,而如果停止对个体进行正向强化,个体在未来实施这些行为的概率就会变低。事实上,强化虽然有重要的作用,但并不是人们获得新行为的唯一方式。人们还可以通过观察或模仿别人来学会其他各种行为,但对强化的期望在很大程度上决定了他们是否实施这些行为(班杜拉,2015)。

社会学习理论适用于社会学、管理学、教育学等多个学科领域,研究环境行为领域的大部分学者也借助社会学习理论来探索和研究个体的低碳节能行为。社会学习理论为本书探索社会心理因素在个体生活方式低碳化的过程中的作用提供了良好的理论基础。

二、社会认知理论

社会认知理论(social cognition theory,SCT)起源于社会学习理论,又名认知的社会学习理论,是美国心理学家阿尔伯特·班杜拉在20世纪80年代中期提出的理论,到90年代迅速发展为心理学上重要的研究理论。根据Bandura(1986)的观点,环境、个体认知以及行为这三者之间持续进行交互作用导致了三元互惠作用的形成。三元交互决定论作为社会认知理论的核心观点,认为个体的认知、行为以及个体所处的外部环境这三种因素的交互决定了人类活动。这三种因素彼此相互影响,但是由于作用时间和影响强度的不同,彼此之间的影响显示得较为缓慢。

环境和行为之间的关系很早就被研究了。早期的行为主义认为,个体的行为都是外部环境导致的。这一视角忽视了个体的主观能动性。而Bandura(1986)认为,环境与行为是相互交互、互相作用的。交互指个体与事物之间的互相影响和作用,而非简单的作用与被作用关系。交互决定论将个体的决定因素和环境的决定因素联系起来,指出人既是环境的塑造者,也是环境作用的产物。随着理论的发展,班杜拉进一步引入个体的心理与认知过程作为第三个要素,形成环境、行为、认知共同决定个体活动的框架(见图 2-1)。认知包括两个核心变量:结果期望和自我效能。结果期望是指个体对实施某些行为带来的结果做出的判断,例如能够取得的感官体验、精神回报、实物奖励等。自我效能指的是个体对自身能实现预定目标的信心的主观感知。

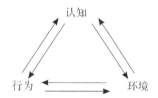

图 2-1 班杜拉的三元交互决定论

班杜拉指出,个人的认知、自我反思和自我调节这三个方面都受到社会认知理论的广泛影响。社会认知理论作为社会心理学领域的经典理论,已被广泛应用于社会学、教育学、行为科学、计算机等众多学科。该理论的提出为个体行为的研究提供了一个独特的视角,即人的复杂社会行为是由个体所处的外部环境、个体的认知以及个体的行为这三种因素决定的。社会认知理论为研究社会心理因素对公众生活方式低碳化的过程提供了一个可借鉴的具有解释力的理论基础。

三、社会比较理论

美国著名的心理学家费斯廷格(Festinger)在 1954 年提出了著名的社会比较理论(social comparison theory)。该理论指出,个体在成长过程中,需要了解、认识以及评估自己的能力和表现,但这种评估是通过与他人比较的方式才得以实现的,这一过程也被称为社会比较。简单来说,社会比较指的是个体进行自身与他人的对比,并根据对比的结果来进行自我评价和自我判断的过程。社会比较理论认为,人们进行社会比较的基本动因是需要通过对比来维护自尊和自我价值,并且维持较为客观和准确的自我评价(Suls and Wheeler,2000)。

社会比较是一种普遍存在的社会现象,根据不同的比较方式,可将其分为上行比较、下行比较和平行比较。上行比较即将自己与更好、更优秀的人进行比较,通常个体希望自我提升和进步时会选择上行比较,但容易产生自我贬低。下行比较即个体与不如自己的人进行对比,这一比较通常会导致自我增强(Aspinwall and Taylor,1993)。而平行比较则是个体为了评判自身而与和自己水平相近的人进行比较。个体为了自我评价会选择进行社会比较,在与他人进行社会比较之后,会产生自我评价的两种效应:同化效应和对比效应(邢淑芬和俞国良,2006)。个体的自我评价水平向被比较对象靠近的效应是同化效应,而个体的自我评价背离比较对象的效应是对比效应。例如:个体在进行下行比较时会降低自我评价,在进行上行比较时会提高自我评价,这就是同化效应(Collins,1996)。与同化效应相反,个体在进行上行比较时降低自我评价,而在下行比较时却提高自我评价,这就叫对比效应(Blanton,2001)。

社会比较具有较强的主观性,这主要体现在个体选择其比较对象的过程中。Kulik and Ambrose(1992)在相关文献的基础上,指出个体在其参照对象选择上主要表现出两个特征。第一是信息可获取性。这即是说,当个体在获得某类对象的信息时感到越便利,那么该对象越可能会被当成参照目标。所以一些如年龄、学历、性别等人口统计特征,以及物理距离等情境因素均能借助信息的可获取性来间接影响个体选取参照对象。第二是参照对象的相似性。当个体感知到某类对象和自己相似度高时,那么就有可能将其选为参照对象。个体在以下情况下会倾向于进行社会比较:一是自己的感受和想法处于模糊状态,自己不确定或不清楚;二是个体处于变化的或者新的自己不确定的环境下;三是个体处于竞争激烈的环境下(Sharp et al.,2011)。

社会比较理论是本书开展研究的重要理论基础之一,它对公众生活方式低碳化的社会心理因素具有很好的解释力和预测力。特别是在中国特定的关系型社会和高情境文化下,个体的低碳消费体验是否具有满足感,经常是通过与周围人的对比、评价和反馈来进行确认的。因此,从公众的社会比较心理探究其低碳行为形成的心理动机及其作用机制,将是一个非常有价值的视角。

四、社会认同理论

Tajfel(1978)最早提出了社会认同理论(social identity theory,SIT),为理解群体行为提供了新方向。社会认同是指个体获得某一社会群体的成员资格而带来的价值和情感。该理论旨在解释个体对自身群体成员的身份认知,是如何影响他的社会知觉、社会态度、情感以及行为的。它认为个体所属的社会群体是其自我概念的重要组成部分,在与他人进行交往时,其往往代表的是其所属群体而非单独的个体(Tajfel,1982)。

社会认同与个体认同最大的区别在于,个体认同是将每个人视作一个个单独的个体,社会认同则是某一特定的群体中的所有成员对个体的描述。个体为达到获取群体中其他成员的肯定的目的,会以自身所处的群体所拥有的类别特征来界定和规范自己,由此形成了社会认同。当个体认同自身所属群体,那么他的情绪、态度和行为会尽量与群体其他成员保持一致。在社会交往过程中,个体为了寻求和维持社会认同,通常会与相关的其他群体进行比较。当个体在比较的过程中发现了更积极群体的社会认同时,他们可能会离开所在的群体或寻找途径来追求更积极群体的社会认同(Stets and Burke,2000)。由此可见,社会认同理论主要论述了群体归属及关系如何影响个体态度、行为及其社会关系,并在研究群体行为中不断拓展。

社会认同在本质上属于个体心理上的认同,相当于群体成员感知群体后自我认知和比较的过程。通过此过程,个体往往会与所属群体建立情感关联和情感依赖,并且自身目标在一定程度上也会与群体目标保持一致。此外,个体也会对群体滋生某些乐观或悲观的看法。可以看出,社会认同包含情感、认知和评价三个过程。情感性社会认同指出,个体对所属群体产生的情感能改变其自身的行为,并且会使群体成员的个人目标与群体目标保持一致(Ellemers et al.,1999);认知性社会认同是指个体对于其所属群体的特征和属性存在的整体性的感知与判断;评价性社会认同指的是个体对自己所在的群体产生积极或消极的价值内涵的判断(Tajfel,1981)。情感性、认知性和评价性社会认同三者之间既紧密联系,又互相区别,有助于我们对社会认同理论的进一步认识与深入理解。

五、规范焦点理论

规范焦点理论(the focus theory of normative conduct)最早由 Cialdimi et al.(1990)提出。与法律法规等明文规定的行为准则不同,社会规范是指在群体中的所有个体接受和遵从的行为准则,并对他们的行为起着指导和约束作用(Cialdini and Trost,1998)。当个体在复杂、不确定的情境下,社会规范可以给予其行为上的指导或改变(Pillutla and Chen,1999)。在同一情境下,通常会有多种社会规范发挥作用,而只有个体"聚焦"于某一类社会规范时,它才会作用于个体的行为并产生影响(Cialdimi and Kallgren,1991)。规范焦点理论是一个反常识的理论,指出导致人们实施亲社会行为的主要因素是社会规范的作用,而并非他们拥有好的意识或态度等。比如已有研究证明,个体更多的是因为受到他人节能行为的影响才实施节能行为,而如益于环保、节约钱财等不太能引起人们注意的理由几乎不会影响人们的实际节能行为(Nolan et al.,2008;Asensio and Delmas,2015)。

规范焦点理论将社会规范分为描述性社会规范(descriptive social norm)和命令性社会规范(injunctive social norm)。描述性社会规范是指面对特定情境时大部分人的典型行为,这种典型行为也是最符合该情境的行为。这种社会规范对个体行为常常产生无意识的影响,因此大多数人的行为会受到别人潜移默化的影响。这也与从众行为的产生相似,即跟风大多数人的做法,却不考虑这一行为结果的好坏,仅仅是由于在许多情况下,与大多数人的行为保持一致可能是最安全、最合理的选择。而命令性社会规范则是在特定情境中应该如何做,其对个体行为的影响通常与社会评价有关。一般来讲,合乎规范的行为会受到奖励和认可,而不符合规范的行为通常会被否定或惩罚,这会引导个体做出友好行为并减少不友好行为。在某一特定群体中,大部分人对某种行为持赞成或反对意见时,这就会成为群体成员的行为规范,倘若违反这些规范,个体很有可能受到群体中其他成员的排挤和孤立(Pagliaro et al.,2010)。

规范焦点理论强调了社会规范对个体行为的重要作用,并且诸多实验研究也证实了该理论在环境领域中的有效性。通过向个体宣传或反馈一些有关该行为的规范信息,就能影响和改变他们的行为。比如,通过向社区中的家庭告知其所居住社区所有家庭的平均用电量,尤其是告知那些用电量超出平均用电量的家庭,那么他们最终会减少用电量(Schultz et al.,2007)。此外,相对经济、技术等费时费力的措施,使用社会规范信息来干预公众的低碳行为是一种非常节约成本的措施。该理论为本书解释如何通过规范引导公众生活方式低碳化提供了良好的理论基础。

六、"价值—信念—规范"理论

Stern et al.(1999)结合价值观理论和个人规范激活理论,最早提出了可解释行为的"价值—信念—规范"理论(value-belief-norm theory,VBN),并通过对 420 个受访者的调查研究,表明此理论能够很好地解释环保行为。后来,Stern(2000)又对该理论进行了完善,形成了一个能够系统解释环境行为的理论模型(见图 2-2),此理论在学术界得到了广泛的关注与支持。

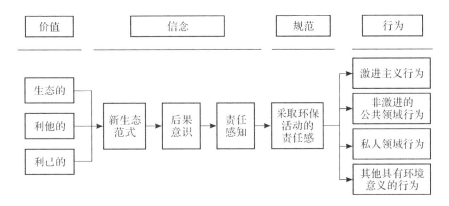

图 2-2　"价值—信念—规范"理论模型

施瓦茨的价值理论提出,人的价值观决定着人的行为,不同的价值观会导致个体发生不同的行为。在此基础上,Stern and Dietz(1994)提出三类环境价值观,认为环境问题与利己价值观、社会利他价值观和生态价值观取向有关。其中:利己价值观以个体的自身利益为导向,只有在自身环境被破坏时才会选择采取行动;利他价值观被认为是研究环境态度和行为的基础,是否具有这种价值观,是根据群体或族裔群体、国家或全人类的代价或者利益来判断的;生态价值观是指人们的行动是基于生态系统和生物圈的价值取向。Stern and Dietz(1994)对环境价值观的分类得到了 Schultz(2001)的认可。1976 年,邓拉普首次提出新生态范式理论(new ecological paradigm theory),认为人类实施环境行为反映了人类对环境关系的态度。他揭示了人类对环境问题应有的态度,认为地球的承载能力有限,人类应该与自然和谐相处,并且主动积极维护自然。而 Schwartz(1973)的规范激活理论是指个体在外部压力或规则的约束下激活自己的行为。规范是整个理论的核心。两个先决条件激活个人规范:一是对个人行为后果的认知,二是减少负面后果带来的威胁的责任感。当个人规范被激活时,会对其环境行为发生作用。当满足这两个条件之一时,个体规范被激活,被激活的个体规范影响着人的环境行为。

斯特恩总结了上述理论的核心思想,提出了"价值—信念—规范"理论模型。通过实证分析,斯特恩得出了价值观、信念和个人规范之间的因果关系。人类不同的环境价值观会影响人们对环境问题的态度,即新的生态范式。施瓦茨的规范激活理论模型指出,个体具有自我利益价值的行为与个体道德规范和对行为后果的认识有关,个体会采取行动来预防或减轻这些后果,进而改变环境行为。个体价值观不同,其信念和规范也会不同,就会发生不同的行为。因此,根据个体对环境产生的间接或直接影响,斯特恩将个体的行为分为激进的环境行为、非激进的公共领域行为、私人领域行为和组织中的行为。

斯特恩的"价值—信念—规范"理论模型清楚地解释了环境价值观的作用和类型,界定了价值观、信念和个人规范对不同环境行为的作用及其之间的关系。在研究公众生活方式低碳化的行为转化的过程中,规范对内在价值观等的影响提供了一个具有解释力的理论基础。

第二节　公众低碳生活方式影响因素文献综述

要有效引导公众生活方式向低碳化转变,首先需要探究其低碳行为的影响因素。本节总结和整理了现有的关于公众生活方式低碳化的已有研究,发现影响公众低碳行为的因素可以归纳为:主观心理因素、个体异质性因素、家庭特征因素和情境因素。

一、主观心理因素

本书主要采用计划行为理论(the theory of planned behavior,TPB)(Ajzen,1991)和"价值—信念—规范"理论(Stern et al.,1999)来对影响公众低碳生活方式的主观心理因素开展相关的实证调查研究。

基于计划行为理论探究了态度、主观规范和知觉行为控制等因素对低碳意愿的影响,以及通过意愿对低碳行为的影响。Judge et al.(2019)基于计划行为理论研究了消费者对获得可持续性认证的住宅的购买行为,发现态度、主观规范、知觉行为控制都是购买意图的重要前因。施建刚等(2018)运用计划行为理论对居民共享交通行为进行了研究,发现态度、主观规范和知觉行为控制通过影响行为意愿进而影响行为,且主观规范和知觉行为控制也可以直接影响行为。此外,还有学者对计划行为理论进行了拓展。陈凯和梁皓凯(2016)在研究居民的绿色出行方式时得出,除了知觉行为控制、主观规范和态度这三个心理因素外,居民环保意识也是影响居民绿色出行意愿的重要因素。Stancu et al.(2016)对1062名丹麦受访者的调查结果表明,不造成食物浪费的主要原因在于人们对食物的知觉行为控制以及与购物和重复利用剩饭剩菜有关的日常生活习惯。禁令规范和态度通过个体不浪费食物的意愿,对食物浪费产生间接负作用,而道德规范的影响不显著。为了检验在工作场所情境下个体节能意愿的影响因素,Gao et al.(2017)对计划行为理论进行了扩展,增加了个人道德规范及描述性规范,发现除主观规范之外,描述性规范、个体节能的态度、知觉行为控制及个人道德规范均能增强个体的节能意愿。然而,芈凌云等(2016a)根据计划行为理论对城市居民低碳消费的心理动因进行实证研究,却发现主观规范通过影响居民低碳意愿间接驱动低碳消费行为,而且其作用强度大于知觉行为控制和环境价值观。总体来说,在基于计划行为理论的低碳消费心理动因的研究中,学者们对于主观规范的作用争议较大,而对于态度和知觉行为控制的作用较为认可。

基于"价值—信念—规范"理论开展的研究主要关注价值观、环境信念、个人规范、责任意识等对个体低碳行为的影响。Lind et al.(2015)基于挪威6个城市(1043个样本)的研究发现,"价值—信念—规范"理论成功地解释了挪威城市公众的可持续旅行模式的选择,其中个人规范的作用最显著。López-Mosquera and Sánchez(2012)认为,对生物圈的强烈价值偏向、强烈的亲环境利他价值观以及规范信念决定了消费者对于公园环境保护的支付意愿。Nikolaus et al.(2018)为探讨美国年轻人(18—24岁)与浪费食物相关的观念、态度和行为,对58人进行了75分钟的焦点小组讨论,结果发现个人价值观、便利性偏好等都是影响食物浪费行为的重要因素。芈凌云和芦金文(2018)借助"价值—信念—规范"理论对居民的生态消费行为进行的实证研究发现,消费者的文化价值取向和环境信念是生态消费行为的直接前因。Shi et al.(2019)在对大学生节能行为进行研究时也发现,利他主义和生态价值观对积极的节能信念产生正向影响,节能信念被转化为个人的节能规范,但是个人规范不能转化成实际节能行为。因此,积极的环境价值观和环境信念能否有效转化为低碳行为,还有待进一步检验。

除了上述两个理论,研究者还探究了个体的生态人格、环境情感等主观心理因素对公众低碳生活方式的影响。王建明(2015)建立了"情感—行为"的双因素模型,分别为正面环境情感和负面环境情感,以及高碳行为和低碳行为。环境情感可以影响动机的强度、方向和持续性,从而作用于居民的低碳行为。与高碳消费行为相比,低碳消费行为受环境情感的影响作用更大。与负面环境情感相比,正面环境情感的作用更大。魏佳等(2017a)发现低碳消费行为受到生态人格五维度的显著影响,并且生态责任心和宜人性是低碳消费行为的主要驱动因素。还有学者开始关注个体的童年经历对于低碳动机的影响(Jensen and Olsen,2019)。

在学者们关于低碳消费行为的主观心理因素的研究不断扩展和深入的同时,也有学者开始关注社会心理因素对公众低碳消费行为的影响。Peschiera and Taylor(2012)和 Mizobuchi and Takeuchi(2013)表明,节能行为会受到由社会结构和社会互动等产生的参照心理的影响。He et al.(2016)对中国 4 个城市的 600 名消费者进行的调查发现,消费者偏好、参照群体和面子意识对消费者的非绿色消费行为有显著的正向影响。Horne and Kennedy(2017)通过三个在线实验评估了个人价值观和社会规范对家庭碳排放的影响,结果发现社会规范对家庭用电量具有直接作用。Collado et al.(2019)发现,消费者会受到自身所处社会环境和周围群体的压力影响,使自己的消费行为遵从群体的偏好、标准和规范。

综上可见,学者们对低碳生活方式的个体主观心理因素的研究,一方面正逐渐从以计划行为理论和"价值—信念—规范"理论为基础的心理归因,向更多、更深入的非理性心理变量(如情感、人格、体验等)拓展;另一方面从关注个体心理层面开始向社会心理层面延伸。然而,这些研究还没有对公众生活方式低碳化的社会心理因素进行系统的研究。个体的生活方式是否低碳,不仅受到个体主观心理动机的影响,还会受到个体所处的社会情境中其他人行为的影响(Hammerl et al.,2016)。仅仅从个体层面关注公众生活方式低碳化的心理动因,难以达到理想的效果。

二、个体异质性因素

个体异质性因素主要包括个体的年龄、性别、收入、受教育程度等。性别因素是最早被人们注意到的人口统计变量。很多研究发现,与男性相比,女性的行为会更低碳。Yang et al.(2016)通过对中国 3 个不同规模的城市进行调查,发现女性比男性有更多的间接能源节约行为。瞿瑶和李旭东(2018)对中国贵阳市 3001 名城市居民的低碳能源使用行为进行群体特征分析时也发现,女性的相关行为比男性更低碳。Casaló and Escario(2018)同样发现,女性比男性会实施更多的亲环境行为。Vicente-Molina et al.

（2018）为了检验性别对亲环境行为的影响，对 1089 名大学生进行了调查，发现性别对个体的回收行为不会产生影响，但女性出于保护环境的原因会更多地使用公共交通工具。樊琦等（2016）将湖北省作为调查对象，以问卷调查的形式探究影响大学食堂粮食浪费的因素，发现男大学生平均粮食浪费数量比女大学生多。这可以用男性和女性在社会角色与人格特征方面的差异来证明其合理性。女性表现出的情感共鸣水平相对男性更高（Arnocky and Stroink,2010），也更倾向于表现出关心他人的生活质量（Gracia et al.,2015）、社会责任感（Zelezny et al.,2000）及更多的利他主义（Rand et al.,2016）。此外，关于公共困境的研究表明，选择合作的人在女性中的比例高于男性（Arnocky et al.,2010）。同时，也有少数学者得出了相反的结论。Shen and Saijo(2008)选取上海市居民作为调查样本，了解到男性比女性对全球环境问题关注得更多，并且在测量亲环境行为时的得分也更高。这种结果的可能原因是上海市男性的受教育程度高于女性，且具有强烈的利他主义。在对环境质量的需求中，利他主义是重要的影响因素（Popp,2001），可能引起他们对环境的关注。

在年龄方面，不同年龄人群的低碳行为同样也很早被关注到，然而对于它的影响，现有研究还未达成统一。有些研究者认为，年长者更倾向于低碳行为。Sardianou and Genoudi(2013)基于二元概率回归模型的估计发现，年轻人对于可再生能源的支付意愿比老年人弱。芈凌云和芦金文（2018）认为相对于年轻人，年长者更愿意在私人领域实施生态消费行为，而年龄因素对公共领域生态消费行为的影响并不显著。Casaló and Escario(2018)以实证研究的方式得出，年龄同个体的环境态度具有负相关关系，但年龄同个体的低碳行为是正相关关系。Benn(2004)以年轻群体认为技术手段可以解决一切问题，因而不会限制自身的能源消费行为的观点解释了这一看似矛盾的现象。因此，尽管他们亲环境态度很强烈，但是他们还不能像老年人那样认识到实施亲环境行为十分必要和紧迫。同样，一项有关大学生的研究表明，这些年轻人倾向于关于环境问题的激进陈述（即表达强烈的环境态度），但也拒绝对他们的行为做出根本改变（Kagawa,2007）。然而，也有少数学者持相反观点。帅传敏和张钰坤（2013）发现与年轻人相比，年长者的低碳支付意愿较弱。石洪景（2018）通过对居民低碳意愿与行为现状进行调研，进一步发现年龄越大的人越不愿意实施低碳行为。

在收入方面，Zhang et al.(2015)对探究居民家庭碳排放的 69 篇文献进行综述时发现，居民收入越高，对大房子、豪车以及舒适的居住环境的需求也越高,其消费碳排放也会随之增加。石洪景(2018)在对居民低碳意愿与行为现状调研时也发现,收入与低碳行为成反比。Wiedenhofer et al. (2016)研究中国家庭碳足迹时发现,家庭碳足迹增长量的 75% 是中产阶级和高收入群体的消费引起的。这可以归因于经济水平的提高,城市居民有能力和意愿去购买高碳化产品,进而使得日常生活中收入高的城市居民更不容易进行低碳消费。尽管多数学者认为收入与个体的低碳行为之间存在负相关关系,然而,也有部分学者得出相反的结论。Shen and Saijo(2008)发现,高收入群体更关注环境问题,会实施更多的低碳行为。Setti et al. (2016)通过一个由 1403 名意大利消费者组成的小组,采用遗传算法的比例赔率模型,发现人均收入与家庭食物浪费行为之间存在复杂的关系,中低收入消费者购买更多的低质量产品并浪费更多食品。而 Casaló and Escario (2018)认为,收入并不是预测个体环境行为的主要因素。

在受教育程度方面,Sardianou and Genoudi(2013)认为,受教育程度更高的消费者比其他人更有可能使用可再生能源。Casaló and Escario(2018)认为,受教育程度与低碳行为呈正相关关系。和占琼等(2019)通过对城市居民的出行方式进行调研也发现,高学历人群更容易选择低碳方式出行。然而,也有学者得出相反结论。Han et al. (2015)发现受教育程度与碳排放正相关,这可能是因为在教育中没有充分强调环境哲学,受过高等教育的人可能会将更多的消费和旅行作为其身份的一部分(Hurth,2010)。Yang et al.(2016)也发现,受过高等教育的人的间接能源削减行为显著减少,并认为这是因为中国居民受教育程度与收入呈正相关关系。因此,与受经济地位制约的人相比,受教育程度高的人往往在能源消耗方面更加奢侈。张盼盼等(2018)收集了消费者餐桌食物浪费的数据,构建了相关模型,发现影响个人食物浪费行为的重要因素是消费者的个人特征,在消费者的个人特征中,受教育程度以倒 U 形的变化方式对食物浪费行为产生影响,也就是当受教育程度提高时,人均每餐食物浪费量表现出先上升后下降的趋势。然而,尹政平和曹小勇(2012)却发现,受教育程度对于居民低碳购买行为并没有显著影响。

总体而言,公众的个体异质性因素大多数不会被单独研究。在性别和收入上已有研究形成了较多的共识,男性、高收入群体是推进生活领域碳减排更加需要关注的群体。然而,在年龄差异方面,哪个年龄段的人更注重低碳,还没有达成共识。此外,受教育程度对低碳生活的影响也存在较多争议。通常认为,受教育程度与公众获取低碳环保方面的知识的机会和能力会保持同步的趋势。然而,中国城市居民受教育程度的提高并没有带来低碳消费水平的提高(光明网,2015),导致这一现象的社会心理因素值得进一步探究。

三、家庭特征因素

国内外学者开展的家庭特征因素对低碳消费影响的研究主要集中在家庭结构、家庭规模、住房特征以及家庭收入等方面。

在家庭结构方面,Mills and Schleich(2012)发现家庭能耗行为受到家庭的年龄结构的直接影响,以年轻人为主的家庭基于对环境问题的考虑,会更愿意使用节能技术,而以年长者为主的家庭则更关注节约金钱,不依赖技术节能。Yang et al.(2016)认为,有老人或者有孩子的家庭的间接能源消耗更少。但是,也有研究持相反观点:Han et al.(2015)发现,家庭中青少年和儿童的碳排放量超过成年人和老年人;Belaid and Garcia(2016)认为,父母可能出于对孩子生活舒适度的考虑而忽视节能;芈凌云等(2016a)则发现,有儿童的家庭在购买节能家电上更积极,但是在日常节能行为上与其他家庭并没有差异,而家中是否有老人同住对购买型低碳行为和习惯型低碳行为均没有显著影响;Huebner et al.(2016)在对英国854户家庭的研究中发现,家庭组成结构对其能耗没有显著影响。

在家庭规模方面,学者们普遍认为家庭规模越大,总能源消耗也越多,但家庭单位能耗会减少。童泉格等(2017)在居民建筑能耗的研究中发现,家庭成员数目会影响居民人均能耗,随着家庭成员人数的增多,家庭的人均能耗会减少。Koivupuro et al.(2012)对380个芬兰家庭的家庭食物浪费量进行了问卷调查并对食物浪费日记进行了分析,发现家庭人数越多,浪费食物就越多,但人均浪费量越少。Visschers et al.(2016)在瑞士进行了一项大型邮件调查,通过评估11个组的自报食物垃圾量,发现家庭规模和家庭规划习惯能显著导致家庭的食物浪费行为。Sardianou(2007)在一项针对希腊居民的调查中发现,家庭成员数目较多的家庭会消费更多的能源,但是也更可能进行节能投资,家庭的规模与家庭是否采取节能措施相关。

在住房特征方面,目前研究主要关注了住宅面积以及居民是否拥有住宅的产权等。Sardianou(2007)对希腊586户家庭的实证研究发现,住宅面积与居民节能行为没有关系。但是,也有学者认为住宅面积与居民节能行为有关。He and Kua(2013)认为,住宅面积能够对能耗节约行为进行很好的预测,减少能源消耗的往往是住宅面积比较大的居民。对于是否拥有住宅产权,学者普遍认为拥有自己房屋所有权的家庭在实施低碳化消费行为上会更积极(芈凌云等,2016a)。Lange et al.(2014)发现汽车所有权会增加碳排放,而房屋所有权能减少家庭的碳排放,并且拥有房屋所有权的家庭更有可能进行与低碳消费行为相关的投资。

此外,家庭收入也是学者们探讨较多的因素。Yang et al.(2016)发现,低收入家庭受经济限制会削减能源的使用。Han et al.(2015)通过对5572个中国城市家庭的研究发现,家庭收入与能源消耗呈正相关。Liu et al.(2013)在对华北农村居民家庭能源消耗进行研究时也发现,富裕家庭会进行更多的碳排放。孙岩(2013)也证实,家庭收入是影响城市居民家庭能源使用行为的一个关键因素。

综上可见,已有研究在家庭规模、家庭收入和家庭住宅产权特征对公众低碳生活方式的影响上达成了较多共识,而在家庭结构、住宅面积的影响作用上还存在争议。因此,家庭特征因素对公众生活方式低碳化的影响还存在较大的探究空间。

四、情境因素

情境因素是影响居民的低碳消费行为的外部环境因素。已有研究关注的情境因素主要有政策法规、外部信息干预、经济成本、低碳技术等方面。

(一)政策法规

在政策法规方面,学者们探讨了经济型政策、命令控制型政策和信息型政策等引导公众生活方式低碳化的情境调节作用。早期研究的学者们基于"理性经济人"假设,重点关注经济型政策的激励机制。但是,经济型政策的效果在现有研究中存在较大的争议,主要有两类不同的观点。一类观点肯定了经济型政策的激励与约束功能。Craig(2016)在家庭电力消费行为的研究中认为,通过补贴降低居民的成本能有效促进其节约用电。刘自敏和李兴(2018)认为,阶梯电价的实施能够在全国范围内削弱居民用电的回弹效应。何凌云和仇泸毅(2018)认为,征收环境税可以减少环境污染。仲云云等(2018)和盛光华等(2018)也认为,经济激励政策可以促进消费者购买低碳商品。然而,另一类观点则认为,阶梯电价、特定的税收优惠或补贴政策并不能有效促进低碳消费行为。Khanna et al.(2016)使用2012年中国第一次居民能源消费调查数据发现,中国居民电力消费需求缺乏价格和收入弹性,电力分层定价措施在促进居民节约用电方面缺乏有效性。

Mahmoodi et al.(2018)发现,基于奖励的电价政策并不能促使居民节能。Liu and Jin(2019)发现,经济激励政策对家庭低碳生活方式的引导作用并不显著。

在命令控制型政策方面,学者们关于它对公众低碳生活方式的作用效果还莫衷一是。部分学者肯定了命令控制型政策的作用。Fischer et al.(2011)对欧洲5个国家的城市居民进行了深度访谈,发现大多数居民都是以自我为中心的,而且追求消费和金钱,要想对公众的能源消费行为进行彻底的改变,必须要有严格的规制和创新的技术。芈凌云等(2018)通过深度访谈知识型消费者发现,新能源汽车实施直接上牌、不摇号、不限行等政策能有效刺激购买行为。刘兰剑(2010)对中国、美国和日本的汽车节能减排政策进行了比较,发现中国、美国和日本对汽车的节能减排给予了高度的重视,均制定了日益严格的节能减排限制政策并取得了显著成效。然而,一些学者认为命令控制型政策的效果并不理想,甚至起到反向作用。袁晓玲等(2018)通过政策评估的方式对西安市2016年的空气质量指数进行研究发现,实施限行机动车的政策并不能有效降低空气污染程度。石洪景(2015)则认为,城市居民的低碳消费意愿会受到政府颁布的强制型政策的负向影响。总之,命令控制型政策对公众生活方式低碳化的作用机制还需进一步探索。

尽管早期关于引导居民低碳行为的政策研究主要是围绕经济型政策和命令控制型政策展开的,随着研究的深入,研究者们发现虽然这些政策能刺激居民购买低碳产品,但由于回弹效应的存在,实际上不一定能减少居民实际的能耗总量。因此,学者们越来越关注信息型政策的作用。申嫦娥等(2016)采用实证研究的方式发现,低碳消费行为的增加受到政府宣传与示范方式的直接影响。Li et al.(2017)发现碳标签能影响公众对低碳产品的选择,碳标签的理解程度、可接受性和可信度与购买低碳产品的意愿呈正相关关系。回顾已有研究,无论是来自对公众调查的实证研究还是专门的实验研究,均认为恰当的信息型政策能有效促进公众生活方式低碳化(Komatsu and Nishio,2015;Liu et al.,2016)。特别是在当今充满信息与数据的时代,我国政府部门应充分重视信息型政策在促进公众生活方式低碳化中的作用。

(二)外部信息干预

在外部信息干预方面,目前学者关注的主要是信息宣传和反馈,不同的宣传和反馈对于居民的低碳行为有着不同程度的影响。芈凌云等(2016b)

对 1977—2014 年发表的 42 篇关于信息型策略与节能行为关系的实验文献（含 15405 个样本）进行元分析发现,信息型策略对公众节能行为具有促进作用。张盼盼等(2018)用随机干预实验测试信息宣传对消费者食物浪费行为的影响,发现海报等宣传信息可能会被很多消费者忽略,但是宣传信息如果能被接收到,就能够促使消费者减少浪费,且不同的宣传信息效果不同。Brandon and Lewis(1999)对英国家庭的能源消费行为进行了研究,发现家庭节能行为受到环境教育信息的持续促进影响。Kamilaris et al.(2015)认为,向办公室员工提供有针对性的节能方法以及对环境影响的特定信息是促进个人工作台节能行为最有效的方式。而芈凌云等(2016b)发现,在宣传教育、设备监控和外部反馈三种信息干预方式中,宣传教育促进节能的效果最差,而外部反馈的效果最好。Delmas et al.(2013)认为,反馈信息不仅可以解决信息存在的不透明、不对称的问题,而且可以强化行为结果与过程之间的关系,因此,反馈信息可作为行为矫正的有效方法。Anderson and Lee(2016)发现,在反馈信息中增加历史能耗信息或者增加与参照群体的对比信息更有助于节能。Wilhite and Ling(1995)对 1286 个挪威家庭开展的一项持续 3 年的研究也发现,将家庭的历史能耗信息增加到传统家庭用电的缴费账单上可以使家庭电力消费减少 10%。然而,Gulbinas and Taylor(2014)发现提供过去用能信息的自我对比反馈并不能显著促进节能,群体对比反馈才能有效地激励节能。Schultz et al.(2016)和 Handgraaf et al.(2013)都认为,无论是信息宣传还是反馈,提供社会对比和社会规范信息都能促进节能行为。

(三)经济成本

在经济成本方面,Yuan et al.(2009)分析中国的能源价格和能效消耗的关系发现,能源价格越高,长期内的能源消耗越少,而短期内的能源消耗却是增加的。Belaïd(2016)通过对法国 3.6 万户家庭的调查发现,能源价格是决定家庭能源消耗量的一个重要因素。芈凌云(2018)发现,能效产品经济性、能源价格感知对于居民低碳意愿向低碳消费行为转变具有调节作用,特别是对低碳意愿向住宅节能投资行为和习惯型节能行为的转变,具有显著的调节作用。仲云云等(2018)以江苏省为行为主体进行相关的研究发现,居民低碳消费受到产品价格的显著影响。通常情况下,能源价格与公众的能源消费行为呈反向变动,并且节能产品的价格与居民的购买意愿也呈反向变动。然而,也有学者认为经济因素不会带来能源消耗减少。Khanna et al.(2016)使用 2012 年中国家庭能源消费调查(CRECS)中 27 个省份的

1450 个家庭的微观数据来评估三个住宅电力需求侧管理措施,发现价格和收入变化将不会显著改变电力消耗的比例,家庭用电的分级定价在减缓中国用电量增长方面可能不会非常有效。

(四)低碳技术

在低碳技术方面,Sidiras and Koukios(2004)在希腊家庭中调查太阳能供应热水的普及状况,发现家庭收入、技术条件及能源敏感性都会影响家庭的能源消费决策行为。王建明和王俊豪(2011)通过对居民低碳消费进行扎根研究发现,产品技术条件是低碳意识转化为行为的调节因素。芈凌云(2018)也证实了低碳节能产品的技术成熟度、使用便利性的提高对居民能源消费行为低碳化具有正向促进作用。彭皓玥和赵国浩(2019)的实证研究发现,节能环保技术成熟度能显著促进能源终端用户选择生态消费行为,且当地的节能环保设施越发充盈,受访对象对环境的关心会越成熟,公众在节能行为空间的溢出效应也会越明显。

综上可见,在影响公众生活方式低碳化的情境因素研究中,学者们对于低碳技术、外部信息干预对公众生活方式低碳化的促进作用效果有了较为一致的认可。但是,学者们就经济成本的影响尚未达成一致。此外,学者们对不同政策工具的作用效果和作用路径仍持有不同的观点,这些在未来需进一步探索和厘清。

第三节　本章小结

本章对研究公众生活方式低碳化的社会心理因素所涉及的理论基础进行了概述,主要包括社会心理学领域经典的社会学习理论、社会认知理论、社会比较理论、社会认同理论以及环境行为学领域的规范焦点理论和"价值—信念—规范"理论等。在介绍这些理论的基本原理和理论特点的同时,也对这些理论为本书提供的理论支撑进行了分析,为后续的实证研究和实验研究的研究设计提供了理论依据。在此基础上,本书开展了公众低碳生活方式的国内外文献综述。本书系统地梳理了与公众生活方式低碳化相关的国内外相关文献。在对公众生活方式低碳化的内涵和特征进行界定和剖析的基础上,本书从主观心理因素、个体异质性因素、家庭特征因素以及情境因素四个方面对已有研究中公众生活方式低碳化的影响因素进行了归纳、分析和评述。已有研究成果为促进公众生活方式低碳化提供了丰富的研究基础,但仍存在一些争议与缺口。

第一,目前对于公众生活方式低碳化的概念和分类还未形成统一的口径,从而导致一些研究结论产生冲突甚至前后矛盾。因此,未来研究应本着可操作性的原则,从结构层面对公众生活方式低碳化的各维度指标进行归类,以便对核心变量做出明确且有根据的界定。

第二,在研究方法上,目前有关公众低碳生活方式的绝大多数研究是以问卷调查法为主的实证研究,或者是以扎根理论为主的定性研究。这些方法难以避免自我报告的主观性偏见。虽然部分国外学者开始使用实验研究关注节约用电等低碳使用行为,但是现场实验开展得较少,特别是国内关于低碳节能的纵向现场实验研究更是稀缺,这使得实验结果的外部效度有待提高。

第三,在研究内容上,对于影响公众低碳生活方式的主观心理因素、个体异质性因素、家庭特征因素和情境因素已积累了较为丰富的研究,但仍存在一些争议需要进一步厘清。同时,这些研究对社会心理因素还缺乏系统关注,并且多立足于西方文化背景,且隐含这样的假设:文化情境变量是中立的。显然,这种脱离文化情境进行的社会心理因素研究是存在潜在缺陷的。在中国典型的人际关系导向和高情境文化社会背景下,人们更加注重社会自我,强调自我与他人的关系,并且面子意识、群体压力等社会心理在中国文化情境里扮演着不可忽视的重要角色。因此,在中国独特的社会文化情境下,公众生活方式低碳化的多重社会心理路径及其作用机制亟待开展系统、深入的理论和实证研究。

第三章 公众生活方式低碳化现状及政策工具效力评估

国家为促进公众生活方式低碳化颁布了一系列政策法规,为了探究政策效力对公众生活方式低碳化的作用与影响,本章首先从公众能源消费碳排放、公众生态环境行为低碳化以及公众互联网情境下的低碳行为这三个方面对公众生活方式低碳化的现状进行分析。然后对 1996—2020 年中国已发布的公众生活领域低碳节能的引导政策进行全面的梳理与归类,将其分为命令控制型、经济激励型、信息型和自愿参与型四类。以此为基础,运用文本量化分析法构建政策效力评估模型,对 65 项政策文件的政策效力进行量化评估,为后续的研究和政策优化建议提供必要的现实基础。

第一节 公众生活方式低碳化的现状

应对气候变化的《巴黎协定》代表了全球低碳发展的努力。中国于 2016 年承诺在 2030 年实现 CO_2 排放达到峰值,并使中国的碳排放强度在 2005 年的基础上下降 60%—65%。为此,中国政府出台了一系列推进 CO_2 减排的政策。在政策的强力推动下,工业领域的节能减排取得了显著效果。工业 CO_2 排放量占 CO_2 排放总量的比例从 2013 年的 33% 下降到 2018 年的 28%,工业能耗占比也从 70% 下降到 66%,同时,碳排放强度也持续下降(见图 3-1)。然而,居民生活领域的碳排放量占比却在逐年攀升。截止到 2020 年底,居民消费产生的碳排放量增长在我国碳排放的总增长量中所占比例已经高达 53%(中国科技网,2021)。而且,居民作为生活能源的直接消费者和工业品的终端消费者,其嵌入衣、食、住、行等方面的间接碳排放量远远大于直接碳排放量。尹龙等(2021)对 1996—2015 年的居民消费碳排放量进行测算后,发现居民消费间接碳排放量的比重一直维持在 76%—80%,远大于居民消费直接碳排放量。此外,其在测算的基础上对 2020—2050 年中国居民消费碳排放量进行预测,发现间接碳排放量还会不断增长,在低碳消费情景下,2050 年的间接碳排放量预计为 64.36 亿吨 CO_2。

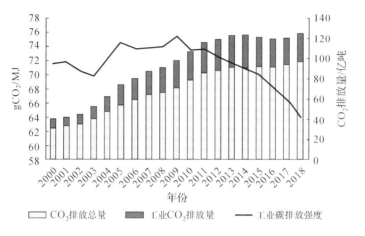

图 3-1 2000—2018 年 CO_2 排放总量、工业 CO_2 排放量和工业碳排放强度
注：数据来源于国际能源署。

因此，了解公众生活方式低碳化的现状就成为进行低碳行为引导和政策优化的基础。考虑到公众日常生活产生 CO_2 的主要路径，本章从导致直接碳排放的能源消费行为、与间接碳减排相关的生态环境行为以及互联网情境下的低碳行为三个方面进行现状分析，以期从直接与间接、线上与线下相结合的角度把握公众生活方式低碳化的现状。

一、公众能源消费碳排放现状

公众能源消费碳排放指的是公众日常生活用能导致的直接 CO_2 排放。根据 2021 年《中国统计年鉴》的数据，2000 年—2019 年，中国居民生活能源消费量中，天然气和电力是增长最快的主要生活能源，其消费量增长分别高达 1468.75% 和 632.58%（见表 3-1）。

表 3-1 2000 年与 2019 年中国居民生活能源消费量

能源	2000 年	2019 年	增长量
煤炭	8457 万吨	6547 万吨	−22.58%
煤油	72 万吨	23 万吨	−68.06%
液化石油气	858 万吨	2855 万吨	232.75%
天然气	32 亿立方米	502 亿立方米	1468.75%
煤气	126 亿立方米	46 亿立方米	−63.49%
电力	1452 亿千瓦时	10637 亿千瓦时	632.58%

在电力消费方面,2000—2019 年,尽管在电力消费总量中的占比略有波动,我国居民生活用电量一直呈上升趋势。中国目前的电力供给结构中,60.2%来源于燃煤发电。在 2019 年,中国全社会用电量比 2018 年增加 4.5%,居民生活用电量比 2018 年增长 5.7%,对全社会用电量增长的贡献率为 17.9%,拉动全社会用电增长 0.8 个百分点(中国电力企业联合会,2020)。所以,减少终端电力消费成为减少 CO_2 排放的关键途径之一,引导公众在日常生活中主动节电显得尤为重要。根据国家统计局发布的 2020 年的《中国能源统计年鉴》可知,2000 年公众用电量为 1453 亿千瓦时,到 2019 年已经达到了 10637 亿千瓦时,是 2000 年的 7.3 倍。2012 年7 月 1 日,我国正式开始实施阶梯电价政策,然而,这一政策的实施并没有有效地降低公众用电量在总用电量中的占比,公众用电量占比从2012 年的 12.5%上涨至 2019 年的 14.7%(见图 3-2)。由此可见,公众电力消耗导致的 CO_2 排放量增加需要引起足够的重视,引导公众日常生活主动节电是促进公众生活方式低碳化需要高度关注并深度挖掘的重要领域。

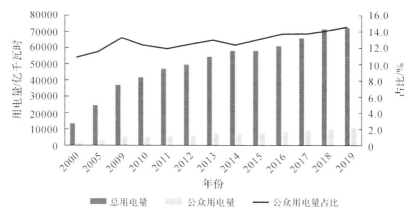

图 3-2 2000—2019 年总用电量、公众用电量及其占比

注:数据来源于《中国能源统计年鉴》。

在天然气消费方面,2000—2019 年,居民天然气消费量也呈现出逐年上升的趋势,从 2000 年的 32 亿立方米上升至 2019 年的 502 亿立方米,且2018 年的人均天然气消费量是 2000 年的 12.9 倍。虽然天然气属于清洁能源,产生的 CO_2 比煤和石油等石炭纪燃料少,但其消费量的持续上升带来的 CO_2 排放总量也不容忽视。如图 3-3 所示,公众天然气消费量在天然气消费总量中的占比在 2010 年之前持续上升。在 2010 年,公众天然气消费

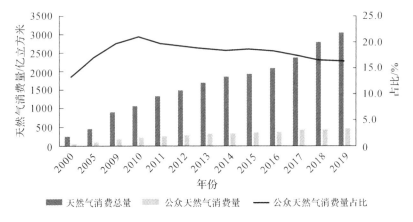

图 3-3　2000—2019 年天然气消费总量、公众天然气消费量及其占比

注:数据来源于《中国能源统计年鉴》。

量占比达到峰值,21.0%。此后,国家发改委发布了《关于规范煤制天然气产业发展有关事项的通知》,激发了各地投资建设煤制天然气项目的热情,促进了天然气行业的发展,工业天然气消费量占比逐渐上升,公众天然气消费量占比开始呈现缓慢下降的趋势,到 2019 年降至 16.4%(中华人民共和国国家统计局,2020)。尽管 2010 年以来,公众天然气消费量占比呈现下降的趋势,但公众天然气消费总量却在逐年攀升。分析公众天然气消费量逐年增加的原因,除了技术水平的提升和"煤改气"等节能措施的推进外,还可能与公众的认知偏差有关,他们可能会认为天然气是清洁能源,使用量的增加并不会带来严重的环境污染,反而更多地使用天然气。根据国际能源署发布的统计数据,2019 年天然气产生的 CO_2 排放量占总排放量的 5.8%,仅次于煤和石油,位居第三。因此,引导公众适度地消费天然气也是消费侧减排需要关注并重视的领域。

综上所述,公众是生活能源的直接消费者和工业品的终端消费者,相较于工业等直接高耗能领域的 CO_2 减排空间逐渐减小的情况,公众能源消费领域具有更大的减排空间。针对公众在生活能源(如电力、天然气等)方面的能源消费量逐渐增长的现状,引导公众生活方式向低碳化转变是挖掘消费侧 CO_2 减排潜力的一条重要路径。而且,消费侧生活方式的低碳化也会对供给侧的 CO_2 减排产生有益的作用。

二、公众生态环境行为低碳化现状

(一)公众生态环境意识和行为变化

随着环保宣传的不断加强以及国家环保政策的不断出台和推行,中国公众的环保意识得到显著增强。2019 年和 2020 年,生态环境部先后发布了两次《公民生态环境行为调查报告》(生态环境部环境与经济政策研究中心课题组,2019;中国环境监察,2020),从关注生态环境、节约能源资源、践行绿色消费、选择低碳出行、分类投放垃圾、减少污染产生、呵护自然生态、参与环保实践八个方面对公民生态环境行为现状进行了调查和分析(见图 3-4)。通过对比分析 2019 年和 2020 年的数据可以看到,公众在节约能源以外的七个方面的环境意识都有了不同程度的增强,尤其是在关注生态环境和参与环保实践这两方面的意识水平分别提高了 19.1% 和 23.0%。

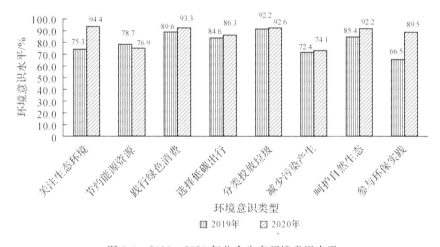

图 3-4 2019—2020 年公众生态环境意识水平

注:数据来源于 2019 年、2020 年的《公民生态环境行为调查报告》。

和公众显著增强的环境意识相比,公众的生态环境行为实践存在明显的滞后。尽管与 2019 年相比,公众的生态环境行为实践在多个方面也得到了改善。然而,相比于整体都高于 66% 的生态环境意识,行为实践方面的表现却不尽如人意。如图 3-5 所示,在八个行为类型中,六类行为的践行度不足或刚到 60%,说明意识高于实际行动的"意识—行为"缺口问题依然突出。

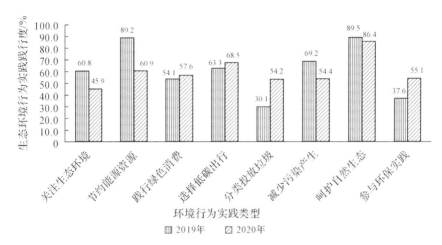

图 3-5　2019—2020 年公众生态环境行为实践践行度

注：数据来源于 2019 年、2020 年的《公民生态环境行为调查报告》。

对比 2019 年和 2020 年公众生态环境实践行为可以看出：公众在分类投放垃圾和参与环保实践这两个方面的践行度提高最为明显，分别比上一年提高了 24.1％和 17.5％。此外，践行绿色消费和选择低碳出行方面也有了较为明显的提升。然而，在关注生态环境、节约能源资源、减少污染产生和呵护自然生态方面还存在着践行度下滑的现象。尤其是在节约能源资源方面，下滑了 28.3％，关注生态环境和减少污染产生上的下滑也都超过了 10％。因此，如何实现公众环境意识向实践行为的有效转化以及防止行为实践践行度下滑成为亟待解决的现实问题。

（二）公众生态环境意识与行为实践存在缺口

通过上述的对比分析可以发现，尽管 2020 年公众生态环境行为实践在较多方面要优于 2019 年，但在各项具体行为实践中仍存在差别。以 2020 年的《公民生态环境行为调查报告》为依据，对公众的各项生态环境意识与行为实践之间的缺口进行具体分析，可以发现公众在不同类型上的"意识—行为"缺口存在显著差异。

首先，在呵护自然生态方面，意识与行为实践之间的缺口相对较小，基本能够做到知行一致。例如：92.2％的受访者表示"拒绝购买珍稀野生动植物制品"是非常重要的，86.4％的受访者表示自己能够做到。这可能与 2020 年新冠疫情暴发后国家出台了《全国人民代表大会常务委员会关于全面禁止非法野生动物交易、革除滥食野生动物陋习、切实保障人民群众生命健康安全的决定》，以及疫情引发的社会大众对生态环境问题的反思相关。

　　其次,在选择低碳出行、节约资源能源、减少污染产生三个方面,公众的认知和实践行为之间的偏差处于中等水平,为16%—20%(见图3-6)。

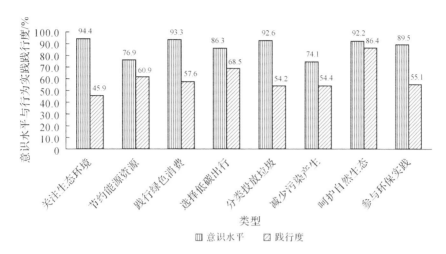

图 3-6　2020 年公众生态环境意识水平与行为实践践行度
注:数据来源于 2020 年的《公民生态环境行为调查报告》。

　　最后,公众在关注生态环境、践行绿色消费、分类投放垃圾和参与环保实践等方面环境意识普遍较强,但行为实践表现均不尽如人意,"意识—行为"的缺口都在30%以上,甚至接近50%。在关注生态环境、践行绿色消费和分类投放垃圾这三个方面,公众的生态环境意识水平分别达到了94.4%、93.3%和92.6%,但是其行为实践践行度均不到60%。因此,如何走出这种知易行难、意识高于行为的困境,成为促进公众生活方式低碳化面临的一个重要挑战。

　　综上所述,随着低碳环保宣传教育的推广,2019 年以来,中国公众生态环境意识整体显著增强,能够认知到这些行为有助于节能减排。但在实际行为实践践行度上还存在突出的"高认知—低实践"的现象,深入探究和解析引发这些"意识—行为"缺口现象的社会心理机制成为走出这一困境的关键之一。

三、公众互联网情境下的低碳行为现状

　　互联网的快速发展为公众的低碳消费行为提供了越来越多的新场景和新平台。据生态环境部 2019 年发布的《互联网平台背景下公众低碳生活方式研究报告》(生态环境部环境与经济政策研究中心,2019),中国公众基于互联网的低碳化行为主要集中在低碳出行、绿色消费、绿色租赁、绿色办公、

旧物回收等方面。

在低碳出行方面,目前公众的低碳出行行为保持了持续增长的趋势,并且覆盖范围越来越广。越来越多的公众通过使用网络地图进行出行路线的规划。这减少了车辆的无效行驶,可以起到节能减排的功能。第 47 次《中国互联网络发展状况统计报告》显示,截至 2020 年 12 月,中国网民规模为 9.89 亿人,网络地图应用的覆盖率已经达到 90% 以上,互联网普及率达到 70.4%,比 2020 年 3 月提高 5.9 个百分点。网约车的用户数已经占到网民总数的 36.9%,虽然受到新冠疫情的影响,与 2017—2019 年同期相比,仍存在一定的差距,但需求量呈现显著反弹趋势(中华人民共和国中央人民政府,2021),具体见图 3-7。此外,共享电单车也可以起到促进绿色出行的效果。截至 2021 年 5 月,全国共享电单车投放量约 800 万辆,31% 的共享电单车出行替代了传统以私家车和摩托车为主的高碳出行方式,一年可减少 CO_2 排放量约 163.6 万吨(极光网,2021)。

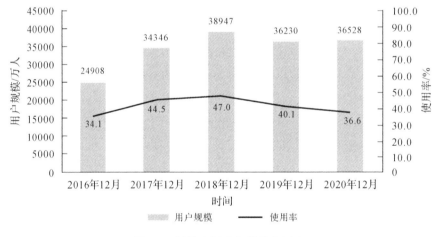

图 3-7　网约车用户规模及使用率

在绿色消费方面,通过互联网平台进行各个领域绿色消费的人数不断增加并已形成一定规模。京东发布的《2019 绿色消费趋势发展报告》显示,京东平台已提供超过 1 亿种的绿色商品,其销售量的增速超过京东全品类 18 个百分点。2019 年,京东平台绿色食品饮料的销售量同比增幅达到 195%,节能家用电器销售量同比增幅达到 90%(见图 3-8)。可以看到,基于互联网平台的绿色消费方兴未艾。此外,一些外卖平台开始实行的不提供餐具的措施也有利于减少碳排放。例如饿了么平台累计送出无餐具订单 4 亿单,减少碳排放量达到约 6400 吨(京东大数据研究院,2019)。

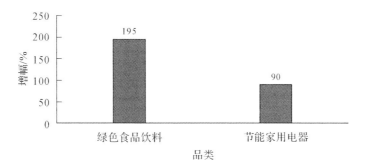

图 3-8　京东平台绿色食品饮料及节能家用电器销售量增幅(2019 年)

　　在绿色租赁方面,公众对于绿色租赁的认可度不断提高,通过租赁行为来获取自己需要的产品大大提高了资源的利用率。在全国汽车租赁交易服务中,龙头企业全部开通了线上业务。其中,通过支付宝成功交易的份额超过 75%。同时,这种无纸化交易也间接减少了碳排放。此外,在主要提供电子产品租赁服务的平台中,以头部平台人人租机为例,截至 2019 年底,其用户累计超过 1500 万名,小程序的日订单量可达到 2000 单。电子产品的重复使用进一步减少了 CO_2 排放,但是由于分时租赁产品大多集中在低技术门槛和低成本的产品类型上,也可能会引发低端产品的过度开发,间接产生资源浪费的问题。

　　在绿色办公方面,个人和企业用户的规模在逐渐扩大。公众借助线上平台实现无纸化办公,也有利于减少 CO_2 排放。第 48 次《中国互联网络发展状况统计报告》显示,截至 2021 年 6 月,我国在线办公用户规模达到 3.81 亿人,较 2020 年 12 月增长 3506 万人,占网民整体的 37.7%。此外,用户可以通过视频会议、电话会议等方式进行交流,减少了线下的旅途奔波和交通工具的使用,这些都间接减少了碳排放。《2018 中国智能移动办公行业趋势报告》显示,2017 年 5 月—2018 年 4 月,与上年同期相比,钉钉平台的碳减排量增速达到了 105.9%。其中,视频会议节省的 CO_2 排放量更多,增速超过了 600%,这些减少的 CO_2 排放量相当于 1200 多万棵树每天吸收的 CO_2 量,具体结果如图 3-9 所示(第一财经商业数据中心和阿里巴巴钉钉,2018)。

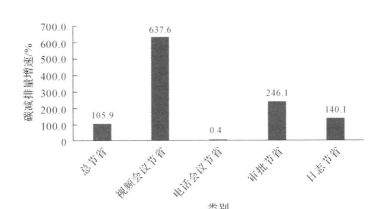

图 3-9 不同类别绿色办公碳减排量增速

在旧物回收方面,大城市公众参与的回收行为增长较快,显著快于二、三线城市。但目前,公众在旧物回收上的整体行动力还有较大的提升空间。尽管公众利用互联网平台进行闲置物品的交易来实现旧物循环利用的行为呈现出增长的趋势,如 2018 年度,京东平台利用自建物流优势回收闲置物资超过 300 余万件,闲鱼平台用户通过回收业务减少的 CO_2 排放量超过 4000 吨,这些可在蚂蚁森林种下约 22 万棵梭梭树,然而受限于回收渠道的不完善以及公众回收"意识—行为"的错位,大部分公众意识到了旧物回收的重要性,却在旧物回收的行动力方面不尽如人意。

综上,互联网平台在一定程度上促进了公众的低碳消费行为,尤其在低碳出行、绿色消费等方面起到了有效的助力作用。但是,基于互联网平台的低碳消费在整体低碳消费中所占比例还不高,进一步提升的空间还很大。与此同时,互联网的便捷性也带来了公众的过度消费行为。实现公众生活方式低碳化依然任重而道远。

总体而言,随着国家颁布的相关政策的演进,公众越发意识到低碳生活的重要性,但公众的低碳行为并没有随低碳意识增强而同步增长,低碳意识与低碳行为之间的缺口仍然巨大,这些现实矛盾与困境需要政策制定者和相关管理部门高度重视。因此,在了解公众低碳行为现状的基础上,需要进一步对已出台的引导公众低碳行为的相关政策进行系统梳理和评估,以便为后续政策的优化提供现实基础。

第二节　中国引导公众生活方式低碳化的政策工具效力评估

一、中国引导居民生活领域节能减排的政策工具现状

政策工具是指为了实现特定的政策目标,政策主体采取的一系列有共同性质的政策措施的集合(芈凌云,2018)。芈凌云和杨洁(2017)对1996—2015年中国居民生活节能减排引导政策的量化评估研究中,根据引导政策所形成的行为动力、行为约束力、强制化程度,将其分为命令控制型、经济激励型、信息型和自愿参与型四类政策工具。本章继续使用其评估模型对梳理出的引导公众生活方式低碳化的相关政策工具进行分类。

(一)命令控制型政策工具现状

命令控制型政策是指政府部门通过行政权力,以强制执行的方式颁布的政策文件的统称,一般包括法律法规、规章条例、强制性标准和规范等形式。我国颁布的与居民生活领域CO_2减排相关的命令控制型政策工具主要集中在具有强制性要求的政府通知、意见、方案和具有司法约束力的法律法规等。其中,大多数针对的是工业、交通、建筑等高耗能、高排放的生产领域,与公众日常生活不直接相关。与公众生活相关的命令控制型政策主要包括家用电器的强制性能效标准、能耗标准和节能认证制度等。

伴随着公众生活水平和消费水平的提升,公众对家用电器的使用量和用电量也与日俱增,尤其是近年来极热、极寒等极端天气事件频发,也促使了空调、取暖器等制冷/供热电器的热销。为此,国家也制定了一批家用电器能效标准,并规定了能耗标准,要求对不符合要求的电器予以淘汰。同时,推行节能产品认证制度,并按照节能产品的技术和认证标准的规定,颁布认证证书和节能标志。1996—2020年,我国政府颁布的与公众生活相关的命令控制型政策有53项,具体政策文件信息详见附录1。

(二)经济激励型政策工具现状

经济激励型政策是指政府通过运用市场力量,以经济刺激或约束的方式影响当事人消费行为的经济成本,从而促使行为人主动向预期目标靠拢的政策措施的统称,一般包括节能补贴、能源税等形式。其中,节能补贴等属于正向激励,能源税等属于负向激励。在我国,促进公众生活领域节能减排的正向激励政策主要包括补贴、税收优惠等,例如2007年,财政部和国家

发改委联合发布《高效照明产品推广财政补贴资金管理暂行办法》,明确城乡居民用户购买高效照明产品时,中央财政将给予50%的补贴。促进公众生活节能减排领域的负向激励政策包括消费税、阶梯电价等,例如2016年,国家税务总局发布《关于对超豪华小汽车加征消费税有关事项的通知》,表明对购买超豪华小汽车的消费者增收10%的消费税。通过财政补贴、税收等经济措施激励公众实施节能低碳行为虽然取得了一定成效,但是由于经济措施的激励周期较短,随着补贴的力度逐渐减小,后续公众的低碳消费行为能否继续保持增长仍存在不确定性。1996—2020年,我国政府颁布的与公众生活相关的经济激励型政策有34项,具体政策文件信息详见附录2。

(三)信息型政策工具的现状

信息型政策是指政府或管理部门在政策制定、执行、反馈过程中为实现政策目标而采取的具有信息属性的手段、方式或途径,主要有环境信息公开、开展环保低碳宣传教育、提供低碳环保产品的认证或标签信息等形式。在我国,信息型政策主要体现在两个方面:一是加强对保护环境的宣传与教育,旨在增强公众的低碳环保意识;二是推进能效标识制度,为公众在消费决策过程中提供用能产品更加明确、清晰的能耗信息。2008年,为了响应《中华人民共和国节约能源法》的相关规定,建设部发布了《民用建筑节能信息公示办法》,公示内容包括节能性能、节能措施和保护要求等,以此来发挥社会监督作用,加强民用建筑节能监督管理。但是,由于直接影响公众生活的大部分信息型政策并不具有强制性且渗透在生活消费的各个方面,信息型政策很少有完全独立的文件,只能体现在不同政策文件的具体规定中。1996—2020年,我国政府颁布的与公众生活相关的信息型政策有36项,具体政策文件信息详见附录3。

(四)自愿参与型政策工具现状

自愿参与型政策工具一般是指政府在某些公共问题上不干预或不直接介入,而是通过提供自愿参与的机会、信息服务、行为指导等方式来引导公众行为符合政策目标的措施总和,主要有社会活动、社区活动、听证会等形式。在我国,自愿参与型政策采取的主要是节能自愿协议的形式。为了推动节能自愿协议的实施,我国于2010年颁布了相关的国家标准——《节能自愿协议技术通则》。但是,这个标准的适用范围仅限于政府部门与企业的节能行为,对公众生活没有直接约束作用。与公众生活方式联系较大的自愿参与型政策主要是以行为倡导为主要方式的行为指南类手册与特定时点的公众参与性低碳活动。例如,生态环境部等五部门在 2018 年联合印发《关于开展"美丽中国,我是行动者"主题实践活动的通知》,提倡人民群众身体力行,采用绿色低碳、简约适度的生活方式建设美丽中国,让低碳环保的绿色生活方式成风化俗,营造崇尚生态文明的社会氛围。同时,通过每年投票选举"百名最美生态环保志愿者"等活动来激发民众的参与热情(中华人民共和国生态环境部,2018)。此外,中共中央、国务院发布的《关于全面加强生态环境保护,坚决打好污染防治攻坚战的意见》中也明确表示,公众生活方式应该向追求绿色健康转变,还提出:开展创建绿色家庭活动;加强生态文明宣传教育;制定共享经济、快递业等新业态的标准;提倡绿色居住;大力发展公共交通,通过各种途径全面建设美丽中国(中华人民共和国中央人民政府和国务院,2018)。这类政策都是倡导型的,对公众个体不具有强制约束力。1996—2020 年,我国政府颁布的与公众生活相关的自愿参与型政策有 27 项,具体政策文件信息详见附录 4。

二、政策工具效力的量化评估模型与评估方法

(一)政策效力量化评估模型

政策效力是指政策文本所具有的内容效度及影响力。2008 年,彭纪生等(2008)建立了由政策力度、政策目标和政策措施三个维度构成的政策文本量化评估模型,并对我国的技术创新政策进行了文本量化评估。此后,张国兴等(2014)、纪陈飞和吴群(2015)采用该模型分别对我国节能减排政策、城市土地集约政策进行了量化评估,验证了该模型的有效性。然而,薛立强和杨书文(2016)研究发现,政策在制定与执行过程中监督反馈不到位也是政策执行中出现"断裂带"效应的主要原因之一。因此,芈凌云和杨洁(2017)在对我国引导居民生活领域节能政策进行文本量化评估时,在政策力度、政策目标、政策措施三个维度的基础上,增加了政策反馈这一维度,构建了包括政策力度、政策目标、政策措施和政策反馈四个维度的政策文本量化评估模型。此后,王迪和刘雪(2020)采用该模型对江苏省生态文明政策进行了量化评估,并验证了其有效性。本章继续使用这一四维度模型对公众生活方式低碳化相关政策现状进行量化评估。

政策力度是指政策文件所具有的行政属性和法律效力;政策目标是指政策文件所确定目标的可度量程度,目标越具体,政策效力越大;政策措施是指为实现制定的政策目标,政府所采用的具体手段及其可操作性;政策反

馈指的是政策文件对执行过程和效果是否设置了反馈机制及其明确程度。一般而言,政策力度与发布该政策的部门的级别正相关,即发文机关的级别越高,其政策力度越大。但是,发文机关的级别越高,其政策越是从全局的角度出发,对目标主体的直接影响及约束会相对越弱,因此,相关的政策目标和政策措施的评估得分也会越低。与之相反,即使低级别的发文机构的政策力度一般,但其措施的具体性和目标的量化会使得实际操作中的执行效度更好。

政策力度体现的是政策颁布机构的行政等级及影响力,参照彭纪生等(2008)、张国兴等(2014)、纪陈飞和吴群(2015)等关于政策力度的评估方法和国务院颁布的《规章指定程序条例》进行评估。政策目标则按照政策文本中对目标的描述是否清晰和容易度量进行评估。政策反馈是按照政策文件中反馈机制的及时性和合理性进行评估的。根据各维度的不同标准及其程度,分别对政策力度、政策目标和政策反馈赋予1—5的分值。政策目标及政策反馈需要对政策文本内容进行精读之后进行评分,评分标准详见表 3-2。

表 3-2 政策力度、政策目标和政策反馈的评分标准

项目	赋值	评分标准
政策力度(P)	5	全国人大及其常务委员会颁布的法律
	4	国务院颁布的条例、指令、规定;各部委颁布的命令
	3	国务院颁布的暂行条例和规定、方案、决定、意见、办法、标准;各部委颁布的条例、规定、决定
	2	各部委颁布的意见、办法、方案、指南、暂行规定、细则、条例、标准
	1	通知、公告、规划
政策目标(G)	5	政策目标清晰明确且可量化,指出了减排指标、推广数量、能源结构标准额等明确的数字标准
	3	政策目标清晰,但没有量化的标准
	1	仅仅宏观地表述了一下政策的愿景和期望
政策反馈(F)	5	有明确的监督方式和负责部门,且定期有反馈文件
	3	有明确的监督方式和负责部门,但反馈不足
	1	没有监督和反馈

注:为了便于打分人员对量化标准的理解和把握,政策目标和政策反馈给出了 5 分、3 分、1 分三个差别较为明显的分值,4 分和 2 分介于相邻的分值之间。

　　政策措施的评估是从措施的可操作性和明确性两个方面进行 1—5 等级评分。本章梳理政策文件时，将影响公众生活方式低碳化的政策措施分为命令控制型、经济激励型、信息型和自愿参与型四类政策工具，因此，根据四类政策工具的特征，设置了政策措施的评分标准（见表 3-3）。

表 3-3　不同类型政策工具的政策措施的评分标准

政策工具类型	赋值	评分标准
命令控制型	5	制定了强制执行的准入条件、门槛、标准；制定了节能减排相关考核、考察、监督检查办法；制定了强制淘汰落后产能产品的目录；对行政审批项目严格实行环境影响评价；制定了专门促进节能减排的强制性管理办法等
	3	明确要求制定准入条件、门槛、标准；明确要求实施节能减排考核、监督检查；要求加快淘汰落后产能、严格实施环境影响评价等；明确要求制定推动节能减排的相关政策或制度；但均未制定相关方案
	1	政府对节能减排标准控制很松；只提及上述条款
经济激励型	5	在财政预算、补贴、补助、贴息、奖励上给予大力的支持，并提出了财政补助、补贴、投入、奖励的额度或支持办法；从价格、费用、计量等方面大力推进节能减排；制定了通过实施价格、费用调整来控制节能减排的办法或方案，相关费用和价格的具体核算办法，实施供热计量收费的标准或办法
	3	明确提出在财政方面大力支持节能减排改造和节能产品的推广使用，但均未提出相关支持额度、制定相关办法或目录；明确提出要通过价格、费用的调整来控制节能减排，制定与节能减排相关的费用的核算办法或措施，加强供热计量收费；但均未制定相关实施办法或措施
	1	仅提出或涉及上述条款
信息型	5	大力引导居民个人节能减排，制定了宣传的具体实施办法或方案；制定了详细的产品、消费推荐目录和引导体系及措施
	3	明确提出要大力实施节能减排宣传，加强对节能环保产品实施标识管理；明确表示要制定产品消费推荐目录、节能减排相关的引导措施等；但均未制定相关实施办法或制定相关目录
	1	仅提及或涉及上述条款
自愿参与型	5	设计了"节能活动宣传周"等具体的推广活动及推广方式，并要求社区等单位具体落实实施；制定了加大节能减排宣传的实施方案、公众参与监督或评价的具体办法等。
	3	明确要求推广节能宣传活动，鼓励居民节能和公众参与，但均未制定相关方案
	1	仅提及或涉及上述条款

　　注：为了便于打分人员对量化标准的理解和把握，政策目标和政策反馈给出了 5 分、3 分、1 分三个差别较为明显的分值，4 分和 2 分介于相邻的分值之间。

(二)政策效力与节能效果评估方法

在政策效力评估维度和评分标准确定之后,我们邀请了 6 位从事公共政策和节能减排政策研究的专家,分别对政策文件进行打分。根据得到的评分值,使用以下公式进行计算:

$$\mathrm{PMG}_i = \sum_{j=1}^{N}(m_j + g_j + f_j)p_j, \quad i = [1996, 2020] \tag{1}$$

$$\mathrm{APMG}_i = \frac{\sum_{j=1}^{N}(m_j + g_j + f_j)p_j}{N}, \quad i = [1996, 2020] \tag{2}$$

其中,i 代表政府文件的执行年份,N 代表第 i 年度发表的政府文件数量,j 表示第 i 年实行的第 j 项政府文件,$m_j + g_j + f_j$ 为第 j 项政策的总政策得分,p_j 代表第 j 条政府文件的政策力度得分。PMG_i 代表第 i 年实施的政策的整体得分,用于衡量政策单位年度的整体效力。APMG_i 代表第 i 年实施的政策的平均得分,用于衡量政策单位年度的平均效力。

全国人均生活能源消费量可以作为低碳政策执行效果的一种体现。为此,本章采用计量分析的方法,建立多元回归模型以评估政策的执行效果。考虑到之前的能耗会对后续的低碳效果产生影响,因此将前一年的人均生活用能量纳入模型。模型中的相关变量定义如表 3-4 所示。

表 3-4 各变量定义

定义	变量名		含义
因变量	AEN		全国人均生活用能量
	PAEN		前一年全国人均生活用能量
自变量	PI	LAW	命令控制型政策效力
		ECO	经济激励型政策效力
		INS	信息型政策效力
		VOL	自愿参与型政策效力

此外,在回归方程中,政策工具属性、政策的滞后性也需要进行控制:

$$\mathrm{AEN}_t = C + \alpha\mathrm{PAEN}_t + \beta_1\mathrm{LAW}_{t-i} + \beta_2\mathrm{ECO}_{t-i} + \beta_3\mathrm{INS}_{t-i} + \beta_4\mathrm{VOL}_{t-i} + \varepsilon_t \tag{3}$$

其中,$t \in [1996, 2019]$;C 代表常量,之后将按照 SC(Schwarz Criterion)、AIC(Akaike Information Criterion)的标准进行选择;i 代表政策工具执行

的滞后期,ε_i 表示其他影响,α 为系数,β 代表各个政策效力的系数。

(三)政策文件的来源

本章以"低碳"和"节能"为检索关键词,将时间限定为 1996—2020年,在北大法宝和万方的数据库中进行搜索,收集到国家出台的与节能减排相关的政策共计 1070 项,有 151 项政策与本章主题直接相关,具体的政策名称详见附录 1 到 4。

三、现有政策工具的效力评估结果

(一)1996—2020 年政策效力整体演化分析

本章采用上述评估模型,对 1996—2020 年中国政府发布的引导公众生活方式低碳化的政策文件进行政策效力评估,图 3-10 显示了政策的整体效力、年平均效力和政策文件数量的分布及变化演进特征。

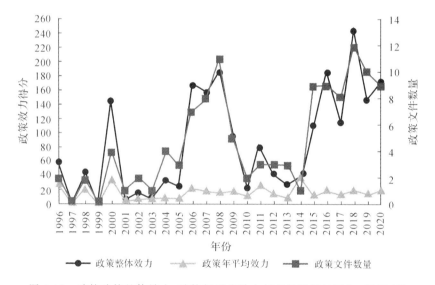

图 3-10　政策政策整体效力、政策年平均效力与文件数量(1996—2020 年)

由图 3-10 可见,1996—2020 年,政策整体效力和政策文件数量均呈现周期性的波动特征,而且两者的变化趋势几乎是一致的。政策文件数量在 2000 年达到一个小高峰,这是因为当时我国逐步深入的国内市场体制改革,政府开始尝试基于市场的节能管理政策,随后又陆续颁布了多方面覆盖公众节能减排行为的《节约用电管理办法》《民用建筑节能管理规定》和《中华人民共和国大气污染防治法》等文件。2005—2008 年迎来了政策发布的小幅度爆发期。第十届全国人民代表大会第四次会议于 2006

年审议通过《国民经济和社会发展第十一个五年规划纲要》,明确了要实现减排污染物至 10%、单位 GDP 能耗大致控制在 20% 的目标,因而有了后续《中华人民共和国可再生能源法》《国务院关于加强节能工作的决定》《民用建筑节能管理规定》的发布。不过直至 2006 年末,能耗较 2005 年相比仅下降 1.79%。2007 年,国家不断增加政策以继续降低能耗,持续印发了如《全民节能减排手册》《节能减排全民行动实施方案》《节能减排全民科技行动方案》等政策文件,对公众生活领域的低碳化达到了前所未有的重视程度。

2008 年政府发布的政策文件数量虽不如 2007 年,但其政策的效力却优于 2007 年,这是因为 2007 年出台的政策开始发挥作用。2008—2014年,政府发布的与公众生活方式低碳化有关的政策数量逐渐减少,政策的效力也逐渐减弱。2014 年以后,随着《2014—2015 年节能减排低碳发展行动方案》《关于 2017 年全国节能宣传周和全国低碳日活动的通知》等政策文件的发布,公众生活领域低碳化行为再次得到了重视。尤其是 2018年,随着大量政策文件的发布,对公众生活方式低碳化的重视程度超过了2008 年,政策整体效力也达到了 1996 年以来的最高水平。

2018 年之后的政策的整体效力虽有小幅度的减弱,但依旧保持高水平的整体效力。然而,1996—2020 年,相比政策整体效力的大幅波动,政策的年均效力变化却较为平缓,波动小且长期处在一个较低的水平上。由此可见:政策文件的整体效力的增强是由政府颁布政策的数量增加驱动的,并没有带来政策年均效力的有效增强,因此,政府部门在重视政策整体效力的同时,需要关注政策年均效力的有效增强,以切实发挥政策的引导作用。

(二)四种政策工具的政策效力演变分析

为了进一步探析政策的年均效力总体偏弱的原因,本章分别对政策措施、政策目标、政策反馈以及政策力度的演变进行分析,结果显示四个维度的政策效力均呈现显著的波动变化特征(见图 3-11)。

在政策措施上,2014 年达到峰值。这是因为政府发布了《2014—2015 年节能减排低碳化发展行动方案》,详细列出了 2014—2015 年各地区的高能耗动力设备及废旧设备的淘汰任务,给各地区的节能减排指明了方向。而在 2000 年、2007 年及 2012 年发布的节能减排引导政策虽然具有较为明确的实施条件和目标,但实施方案尚不详细。2001 年,建设部发布的政策仅仅提及了要实施节能减排方案,没有明确指出标准和条

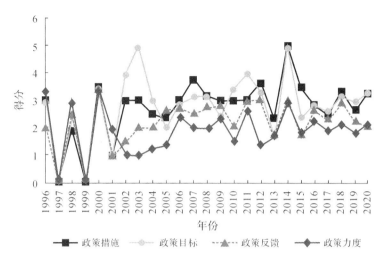

图 3-11 政策措施、政策目标、政策反馈和政策图谋的平均得分变化趋势

件,没有严格的节能减排标准控制,这些均使得政策措施没有达到理想效力。

在政策目标上,2003 年和 2014 年达到了两个高峰,主要是因为在这两年发布的政策具有清晰明确且可量化的政策目标,例如:2003 年,国务院发布了《中国 21 世纪初可持续发展行动纲要》,这一政策明确了到 2010 年的减排指标,使节能减排更具有目标性。而 2001 年和 2013 年发布的政策仅在宏观层面表述了政策愿景与期望,政策目标不够清晰具体,这可能导致公众的节能减排动力不足。

在政策反馈上,1996—2020 年均不理想。以 2001 年为例,当年发布的《夏热冬冷地区居住建筑节能设计标准》没有提及监督和反馈途径。而 2000 年、2005—2009 年,政策反馈效力相对较高,主要是因为这期间发布的政策的监督方式和负责部门都比较明确。例如:2000 年发布的《民用建筑节能管理规定》明确提出,由国务院建设行政主管部门负责全国民用建筑节能的监督管理工作,但并未提及监督反馈频次等其他具体信息,反馈力度仍然不足。这使得政策反馈效力在低水平范围内波动。

在政策力度上,1996—2020 年的波动较大。其中,1998 年、2000 年和 2014 年是三个小高峰,主要是因为 1998 年 1 月 1 日起开始施行第八届全国人大常委会第二十八次会议上通过的《中华人民共和国节约能源法》,2000 年全国人大常委会第一次修订了《中华人民共和国大气污染防治法》,2014 年国务院办公厅发布了《2014—2015 年节能减排低碳发展行动方案》。这些机构都属于国家权力机关,行政等级较高,影响力大,促进了政策力度的提升。然而,2002—2005 年只有建设部等机构发布了一些政策,其行政等级不高,影响力相对较小,导致政策效力不足。

综上可见,政策措施和政策目标的效力相对较强,这表明政策措施的多样性与目标的明确性已受到政府部门的重视。但是,政策力度和政策反馈这两个维度的得分都相对偏低,这表明尽管政府采取的政策措施的类型越来越多,目标也越来越清晰,但政策发布机构的行政等级还需要提升,政策反馈也需要进一步加强。

四、不同政策工具的效果评估

通过对不同政策工具政策效力演变的分析,本书发现引导公众生活方式低碳化政策工具的整体效力偏弱,为了进一步检验哪类政策工具对公众生活低碳化的促进作用更显著,本书采用回归分析的方法对四类政策工具的节能效果进行评估。

本章对模型整体的拟合程度进行检验,模型中的 R^2 为 99.69%,大于90%,且符合 F 检验,表示模型的整体拟合度较好。为了防止模型出现多重共线性的问题,计算出各个变量的 VIF,均低于 10,表明结果不会受到多重共线性的影响。此后,运用 EViews 计算出命令控制型政策和经济激励型政策的滞后期为 0 年,信息型政策的滞后期为 3 年,自愿参与型政策的滞后期为 1 年。AIC 和 SC 最小,显示所建立的估计模型是可靠的。运用该模型对四类政策工具的节能效果进行估计,结果如表 3-5 所示。

表 3-5　不同政策工具节能效果估计结果

变量	Lag	Effect	Coef.	Prob.	VIF
截距项		—	5.055789	0.2027	
前一年人均用能量		N	1.072425	0.0000	2.475
命令控制型政策	0		0.019759	0.6312	2.034
经济激励型政策	0	Y	−0.117361	0.0998	2.201
信息型政策	3	Y	−0.155144	0.0029	2.214
自愿参与型政策	1	—	−0.108469	0.2292	1.432

注:显著性水平为 10%;Effect 中,N 表示加强该变量对公众生活领域低碳化具有抑制作用,—表示加强该变量对公众生活领域低碳化没有显著影响,Y 表示加强该变量对公众生活领域低碳化具有促进作用。Lag 中的数值表示滞后期。调整 R^2 为 0.997,F 为 1267.063,F 统计量的 P 为 0.000,施瓦兹准则值为 6.888,赤池信息量准则值为 6.579。

从表 3-5 可见,四类政策工具的节能效果存在显著差异。其中,信息型政策和经济激励型政策在促进公众节能减排上起到了显著的正向作用。而且,信息型政策(Coef. = −0.155)的效果优于经济激励型政策(Coef. = −0.117)。这一结论与芈凌云等(2016b)基于 42 篇居民节能的实验文献开展的元分析结论类似。可见,信息型政策在促进居民节能行为方面具有较大的潜力。这可能是因为信息型政策主要是借助教育宣传、知识传播、规范引导等措施,在增强公众的环保意识的同时,发挥了社会心理的引导作用,更容易激发公众低碳节能行为的内生动机。

经济激励型政策是受到较多重视的一类政策工具,但其节能效果显著弱于信息型政策。这可能是由于与公众 CO_2 减排相关的经济激励政策中常见的是价格政策和补贴政策。其中,价格政策以阶梯电价和分时电价为主,然而,Wang et al.(2017)发现,由于电力消费的价格弹性较小,阶梯电价的效果不如预期。也可能是政府在制定政策时未能考虑到各个地区的经济发展水平差异,导致政策效果达不到预期。例如:Mi et al.(2021)以徐州市抽样社区家庭 1 年实际用电量数据为依据,通过聚类产生的高、中、低三个能耗水平的分阶电量均显著低于当地统一执行的阶梯电价政策中三级电价所对应的分阶电量。补贴政策通过给予进行低碳消费的公众一定的补贴来刺激其行为,如新能源汽车购置补贴、节能家电购置补贴等。但是,由于补贴政策的财政压力大,激励周期相对较短,补贴的力度逐渐减小可能使得一部分公众不再继续保持低碳的生活方式,且停止补贴后的回弹难以有效监控。总体而言,经济激励型政策是通过外部刺激来影响公众的消费成本,是通过经济利益的外部驱动来促进低碳节能,其能否激发出公众的自觉行动的内在心理动机并不确定,对于矫正行为的长效性不足。因此,政府在制定这一类政策时,一方面需要考虑政策工具的长效性,另一方面需要考虑不同区域经济发展状况,因地制宜地发挥政策工具的协同优势。

与预期不一致的是,命令控制型政策和自愿参与型政策的实际节能效果不显著,这与我国政府目前已发布政策的结构分布情况出现明显偏差。在现有的四类政策工具中,35.1%是命令控制型政策,但其带来的节能减排成效却不尽如人意。这可能归因于两个方面:一是命令控制型政策大多并不是直接作用于公众的,主要是通过产业政策和企业政策间接影响公众行为,因此,公众的直接感受不足;二是命令控制型政策的强制属性难以激发公众参与的主动性。此外,自愿参与型政策效果不显著,可能是由于这一类政策往往是倡议性的,主要是各种自愿参与的低碳活动,活动参与范围有限,活动周期相对比较短,难以对公众日常生活方式的改变形成较显著的促进作用。因此,政府需要充分考虑不同类型政策工具的效果与预期的差距,对低碳化政策的结构做出调整。

从表 3-5 可以看出,上一年人均能源消费量对第二年的用能量和 CO_2 减排形成了显著的制约(Coef. = 1.072,Prob. = 0.000),可见,公众已有的用能习惯是推进消费侧节能减排的一个重要障碍。2017 年,毕凌云等(2017)关于社会影响方式对居民节能行为干预效果的元分析结果显示:当向居民反馈其家庭能源消费量的历史纪录数据和与同类消费群体(如邻居)同期用电量的对比数据时,这些居民家庭显著减少了用电。由此可见,恰当的信息干预策略确实能够有效地促进居民主动节能。因此,进一步发掘信息型政策工具的潜力,特别是信息反馈的作用,开发与优化信息反馈政策,有助于削弱居民已有用能习惯对后期节能行为的制约作用。

综上,尽管信息型和经济激励型政策都能不同程度地促进公众生活方式的低碳化,但在中国,这些干预产生节能减排效果的作用机制尚未厘清,因此,探究公众生活方式低碳化社会心理机制,把握政策工具优化可能的干预点和干预路径,成为政策工具优化亟待解决的关键问题。

五、政策现状评估的主要结论

第一,从政策发布的整体水平来看,1996—2020 年,我国政府发布的引导公众生活方式低碳化的政策整体效力与政策文件的发布数量的变动方向是基本相同的,而且各年之间波动较大;然而,政策的年平均效力水平则较为平稳且效力偏低。由此可见,政府引导公众生活方式低碳化的政策文件的内容效力主要是源于政策数量的增加,政策本身的内容效力还不足,需要考虑政策对象的特征和行为引导的关键点,不断优化"政策—行为"干预的路径。

第二,在构成政策效力的四个维度中,政策措施和政策目标的得分相对较高,政策力度和政策反馈这两个维度的得分相对偏低。这表明尽管政府采取的政策措施的数量越来越多,目标也越来越清晰,但政策发布机构的行政等级还需要提升,政策反馈也需要进一步加强。为了更有效地促进公众生活方式的低碳化,政府需要重视政策措施、政策目标、政策反馈与政策力度的协同性,以提高所颁布政策的综合效力。

第三,四类政策工具的节能效果存在显著差异。从政策发布数量来看,命令控制型政策更受青睐,占总政策数量的 35.1%,信息型政策和经济激励型政策也逐渐受到重视,占比分别为 24.5％和 22.5％,自愿参与型政策的发布数量则相对较少,仅占 17.9％。但政策量化的评估结果却显示:信息型政策带来的节能减排效果最显著,经济激励型政策次之,命令控制型和自愿参与型政策的节能减排效果不显著。命令控制型政策是使用行政权力来约束公众的行为,在一定程度上会抑制公众的主观能动性,容易带来公众能源消费的回弹(孙锌和刘晶茹,2013),此外,命令控制型政策提供的是政策环境支持力,不具有直接相关性,这可能导致公众的直接感受不足,因此其对公众生活低碳化的促进作用会被削弱。自愿参与型政策中的各种低碳活动由于活动参与范围有限,活动周期相对比较短,因此难以对公众日常生活方式的改变形成较显著的促进作用。经济激励型和信息型政策改变的是公众的感知、价值判断与意愿,能够直接将政策与行为意愿建立联系,所以在促进公众生活方式低碳化上的效果更显著(Cools et al.,2009)。这种政策工具偏好与实际效果差异需要引起政府部门的高度重视。

第三节　本章小结

本章基于对《中国能源统计年鉴 2020》《公民生态环境行为调查报告(2019 年)》《公民生态环境行为调查报告(2020 年)》和《互联网平台背景下公众低碳生活方式研究报告》等的数据整理和分析,从公众能源消费碳排放、公众生态环境行为低碳化以及公众互联网情境下的低碳行为三个方面分析了公众生活方式低碳化的现状。结果发现:公众在生活方式低碳化方面存在显著的"高意识—低行为"现象。尽管随着国家颁布的低碳节能等相关政策的推进,公众越发意识到低碳生活的重要性,但公众的低碳行为并没有随低碳意识增强而同步增长,低碳意识与低碳行为之间的缺口仍然巨大,环境意识与实践行为的失调困境较为突出。这些现实矛盾需要政策制定者和相关管理部门高度重视,也需要更加系统地探究公众生活方式低碳化的社会心理机制。

在了解公众低碳行为现状的基础上,本章进一步对已出台的引导公众低碳行为的相关政策进行系统梳理和评估。对我国政府已颁布的与公众低碳生活相关的政策文件进行了系统的收集、梳理和分类。依据芈凌云和杨洁(2017)的研究成果,将梳理出的政策文件归为命令控制型、信息型、经济激励型以及自愿参与型四类政策工具。在此基础上,根据政策效力量化评估模型,对 1996—2020 年我国政府发布的引导公众生活方式低碳化的政策进行了政策效力文本量化分析。结果发现:首先,各年政策整体效力与该年发布的政策数量呈现同步的变化趋势且变化幅度较大,而政策的年均效力水平呈平缓变化的趋势,政策效力由政策数量的增加驱动,政策的内容效力尚显不足,因此需要重视政策制定的战略性。其次,在政策效力的四个维度中,尽管政府采取的政策措施的类型越来越多,目标也越来越清晰,但还存在政策力度偏低和政策反馈不足等问题,政策制定者需要更多地考虑政策措施、政策目标、政策反馈和政策力度的协同性。最后,在四类政策措施中,信息型和经济激励型政策对公众生活方式低碳化具有显著的促进作用。而数量较多的命令控制型政策作用不显著,政策效果与政策偏好之间存在错位。因此,政府制定者需要重视不同政策工具的效果与预期目标之间的偏差,发挥不同类型政策工具组合的优势,打好政策组合拳。

本章关于公众低碳化现状的分析和政策工具的研究为后文实证研究、实验研究和政策优化建议提供了现实基础与政策依据。

第四章　公众生活方式低碳化的多重社会心理路径扎根分析

为了厘清公众生活方式低碳化的社会心理前因与后效及其作用路径，界定公众生活方式低碳化的内涵与结构，本章采用扎根理论发展的定性研究方法构建了公众生活方式低碳化的多重社会心理路径理论模型。首先采用与受访者面对面深度访谈的方式获取第一手的原始资料，然后采用程序化的扎根理论研究范式，通过开放式编码、主轴编码、选择性编码对深度访谈采集的原始资料进行逐层提炼、深度挖掘和逻辑结构的分析，最终构建出公众生活方式低碳化多重社会心理路径理论模型，并对该模型进行理论饱和度检验。本章旨在为后续实证研究部分的研究变量提取与测量、理论模型的实证检验，以及实验研究中分群体纵向现场实验设计提供理论依据。

第一节　扎根理论研究过程

扎根理论是一种近年来学术界较为认可的定性研究方法。定性研究是一种解释性的研究范式，将研究者本人作为研究工具，采用自然情境下的多种收集资料的方法来探究社会现象。定性研究一般采用归纳法进行资料分析和自下而上构建理论，然后与研究对象互动来获得对其意义建构和行为的解释性理解（陈向明，2000）。定性研究可以对某个社会现象进行深度剖析，挖掘其深层次原因，解析其作用机制。定性研究的结果是本书中提出理论模型的最重要的依据。本章对于公众生活方式低碳化的多重社会心理路径的理论研究主要运用定性研究方法中的扎根理论研究法进行理论模型的建构。

一、扎根理论的基本原理

1967 年，巴尼·G. 格拉泽和安塞尔姆·L. 施特劳斯首次提出了扎根理论这一定性研究方法。扎根理论通过对社会研究中的数据进行系统收集和分析来发现存在的理论，是一种在已有资料的基础上建构理论的定性研究方法(王建明,2012)。不同于其他研究方法,扎根理论一般不预设假设,而是通过观察来收集第一手原始资料,从原始资料中提取核心范畴并分析相关性,再通过逐层提炼建立理论模型。扎根理论实际上是一种研究方法,并不是理论。扎根理论通过收集和整理原始资料,并从中凝练出核心概念,最终发掘概念之间的关联并构建理论模型,是一种受到主流学界认可的自下而上建构理论的研究方法(Strauss,1987)。

作为一种主流的定性研究方法,扎根理论具有以下四个特点:

第一,扎根理论是一种不需要提前预设理论假设的方法论。扎根理论并不是进行单纯的数据分析,而是从大量的基础数据中挖掘出一种理论。扎根理论的存在也并不是为了对某一理论进行验证,而是自下而上地构建新的理论。扎根理论不预设假设和理论是为了防止研究人员被提前设置的理论所影响,而忽略了对初始数据展开理论挖掘(陈向明,1999)。

第二,扎根理论的目的不同于其他分析方法。扎根理论的目的体现在两个方面:一是从最原始的基础资料中提取主题或从分散的概念中提取出理论框架;二是摒弃偏见,研究者借助扎根理论可以更为理性地建构理论模型(马思思,2013)。

第三,在运用扎根理论时,需要不断进行分析对比。在运用该理论时需要通过不断对原始数据与原始数据、理论与理论进行对比、分析、归纳、提炼、总结,最终通过资料与理论的关系剖析得出相关的范畴和属性。

第四,扎根理论有比较固定的操作流程。尽管扎根理论的具体操作流程各流派略有不同。但是较为广泛使用的经典扎根流程主要包括开放式编码、主轴编码、选择性编码、理论模型构建、理论饱和度检验等步骤(范明林和吴军,2014)。

二、扎根理论的操作流程

在运用扎根理论时,最重要的就是要进行编码和构建模型。扎根理论在发展的过程中主要有经典的扎根理论、程序化的扎根理论、建构型的扎根理论这三个流派。三者各有不同,但又相互联系(李研等,2018)。不同点在于编码的过程不一样。经典的扎根理论流派主要将编码分为实质性编码和理论性编码两个步骤。然而,程序化的扎根理论学派和建构型的扎根理论学派都将编码过程分为三个步骤。其中,程序化的扎根理论主要是开放性编码、主轴编码和选择性编码三个步骤,建构型的扎根理论则分为初始编码、聚焦编码、轴心编码这三个步骤。我们的研究用的是程序化扎根理论的编码过程,具体流程如图 4-1 所示。

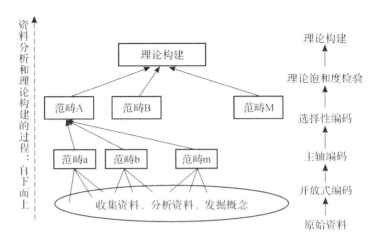

图 4-1　程序化扎根理论的编码过程

(一)基础资料收集

将扎根的过程比作建筑一座楼宇的过程,基础资料就相当于建筑楼宇的砖瓦,所以基础资料收集的重要性不言而喻。常见的基础资料收集方式有以下三种:首先是民族志法,它主要对特殊群体的生活进行客观记录;其次是深度访谈法,这种方法主要是和他人进行具有指向性的谈话;最后是文本分析法,日志、日记或私人纪实都可以是文本的来源(贾旭东和谭新辉,2010;卡麦兹,2009)。本章用的就是文本分析法。文本来源是与受访者进行面对面深度访谈和在线访谈时所记录的原始语句。

(二)开放式编码

开放式编码就是将初始获得的基础材料进行简单归类,然后,对每一条基础材料都进行特殊标记,将其"标签化"。扎根理论通过这些标记来对基础材料进行区分,判断其为句子还是片段。然后,对基础材料中不同维度与属性的概念逐一进行区分和归类。在开放式编码过程中,可能会产生有交叉的概念,把有交叉的概念汇聚在一起,就形成了范畴。

在采用访谈的方式来收集原始资料并进行编码时要注意:在第一位受访者访谈结束后就开始进行访谈语句整理,并开始进行编码,而不是在所有访谈结束后才进行编码。这样每增加一份新的访谈资料,就可以在原始编码结果的基础上增加语句标签或者范畴,当新的被访谈者的语句不能再提供新的信息则可以停止访谈,这样能更好地确认模型的理论是否已达到饱和,增强模型的可靠性。

(三)主轴编码

主轴编码主要就是分析开放式编码阶段形成的范畴。找出各个范畴之间的联系,这些联系可以是相关关系、相似关系、差异关系、对等关系、情境关系、时间先后关系、因果关系等。在主轴编码过程中可能会舍弃出现频率较低的或比较低级的概念和范畴。主轴编码过程要划分次要范畴和主范畴,界定范畴之间的关系。

(四)选择性编码

选择性编码是处理范畴之间关系的编码。挖掘范畴之间关系的关键就是要确定一个核心范畴,然后将其他范畴与核心范畴进行连接。核心范畴类似于构建楼宇过程中的水泥,可以将砖瓦等材料黏合起来,可以把全部范畴聚拢到一个大框架里,以完成理论模型的构建。

(五)理论模型构建与理论饱和度检验

在最终理论模型构建完成之前,需要对理论模型进行理论饱和度检验。主要是通过后续访谈或观察获取更多的语句资料,再次对获得的语句资料扎根分析,如果不能发现新的、有价值的关联关系或者新的范畴,则表示该理论模型达到饱和。只有通过了理论饱和度检验的模型才是可靠的。

第二节 扎根理论的数据收集与编码

一、扎根理论的数据收集

扎根理论就是通过对已获得的资料进行深度挖掘进而构建理论模型的过程。本章采取一对一访谈和焦点小组访谈两种面对面访谈方式获得原始语句资料。面对面深度访谈的方式相比于封闭式的问卷调查更能与受访者进行深度交流,使受访者进行思维不受限制的深入思考,还能进一步挖掘受访者相关想法的前因与后果,进而能使我们获得更为全面、信息量也更大的原始资料。此外,在与受访者进行面对面深度交流的过程中,还可以从受访者的肢体语言来获得口头表达没有表现出来的信息,能够更加准确和真实地了解受访者的真实心理意图。

本章采取理论抽样(theoretical sampling)的方式来选择开展面对面深度访谈的受访者。定性研究要求受访者对于访谈中所提出的问题能够准确地把握、清晰地理解、深入地分析并且能够真实、准确地表达自己针对该问题的所想与所思。因此,定性研究对于受访者的受教育程度和年龄均有一定的要求。本章所选取的受访者的样本为中国东部某国家重点大学的教师群体和 MBA 等学生群体。其中,学生群体包括该校在读工商管理硕士(master of business administration,MBA)与高级管理人员工商管理硕士(executive master of business administration,EMBA),还包括部分高年级本科生。在该样本群体中,教师群体学历大多为博士,且教师群体具有较强的学习和科研能力,对于提出的问题能够进行深入的剖析与理解,不仅能够从实际生活情况还能从学术角度提出自己的看法,并且能够逻辑清晰、完整地表达出自己内心的想法。本科生的年龄集中在 18—22 岁,该群体较为年轻,思维活跃,能够接触到更多的新鲜事物,看待问题和事物往往有不一样的见解。MBA 学生年龄集中在 25—35 岁,学历基本为大专或本科,学历为大专的学生具有 5 年以上的工作经历,学历为本科的学生具有 3 年以上的工作经历,职业大多为企事业单位或政府部门的员工和基层管理人员。EMBA 学生年龄集中在 35—50 岁,学历水平均在本科及以上,这些学生均在大型企业担任中高层管理者,且工作经历在 8 年以上。这些 MBA 和 EMBA 的学生拥有较为丰富的学习、工作与生活经历,并且有较为广泛的信息获取渠道,视野开阔,也很有主见。同时,他们也关注国家和社会问题,对于工作及生活中的环保行为和低碳消费问题也较为了解。总体来说,该访谈样本均受过良好的教育,学历水平较高,对于我们所提出的问题能够有自己的见解,并且能够清晰、明确地表达出自己针对该问题的观点与态度。此外,该样本涵盖的学历水平从本科到博士,年龄集中在 18—50 岁,社会角色覆盖了学生、员工和居民。

访谈于 2015 年 10 月开展。在正式访谈开始之前,我们与受访者取得联系并提前告知本次访谈主题,使其有充足的时间思考与该主题相关的问题并回忆与该主题相关的行为及当时的想法。此外,我们还将向受访者说明此次访谈将全程录音,在征得受访者同意后开始正式访谈。我们会依据提前整理的访谈提纲进行提问(访谈问题顺序和具体内容会根据与受访者交流的实际情况进行适当调整),访谈主题和策略提纲见表 4-1。在访谈过程中,我们将自己的角色设定为参与者,不进行过多引导,使受访者表达出真实所想所感,并尽量使受访者处于一个轻松、愉悦的聊天氛围中,而不是机械地问答,以提高原始信息的准确度。为了保证访谈质量,每次访谈时长在 30 分钟以上。在访谈结束后,我们对访谈过程中所做的文字记录和录音进行整理,语句均记录受访者的原始语句。

表 4-1 访谈主题和内容提纲

访谈主题	内容提纲
对生活方式低碳化的认知	1.当前国家在大力倡导生活方式向低碳转型,根据你的理解,你认为什么样的生活方式是低碳的? 2.一般而言,生活方式低碳化可以表现在哪些方面? 3.你认为在日常生活中,人们的哪些消费环节是会增加 CO_2 排放的?哪些消费环节是可以减少 CO_2 排放的?请举例说明
生活方式现状调查	1.在日常生活中,你自己或者你的家人做过哪些有利于低碳消费、节能减排的事情?请举例说明。是什么因素促使你去做这些事情的呢?(如环保意识、人际影响、政府政策等) 2.在咱们中国比较重视人际关系的社会中,人们的消费行为选择会受到人际关系的影响。你是否经历过因为人际关系需要而进行的消费?请举例说明。你认为哪些消费是不利于节能减排的?哪些人际影响是可以促进低碳节能的? 3.你的生活方式或消费行为是否会受到他人、朋友、同事、熟人等的影响?一般在什么样的情况下会对你产生影响?主要表现在哪些方面? 4.你或你的家人、朋友参加过哪些与低碳节能相关的活动?请描述一下活动的情况。你认为这样的活动的效果如何?
生活方式低碳化的影响因素	1.在日常生活中,你认为哪些因素是人们实施低碳生活方式的行为动力?请具体举例说明。怎样才能保持或加强这些动力? 2.据你观察,哪些社会因素和人际关系因素能够促进人们进行低碳消费?为什么?请举例说明。你认为如何促进这些低碳消费? 3.在日常生活中,你认为哪些因素阻碍了人们实施低碳的生活方式?请具体举例说明。怎样才能消减这些障碍? 4.你认为哪些社会因素和人际关系因素会导致人们进行高碳消费?为什么?请举例说明。你认为如何才能减少高碳消费行为? 5.据你观察,一般在什么情况下,人们会放弃高碳消费,而选择低碳消费?相反,在什么情况下,人们会放弃低碳消费,而选择高碳消费?

当受访者不能再提供新的重要信息时,访谈结果已达到饱和,无须继续进行访谈。基于此原则,本次研究历时 1 个月,共进行两轮访谈,第一轮访谈人数为 43 人,第二轮访谈人数为 26 人,共获得近 25 万字的原始语句资料。第一轮访谈用来进行初始模型构建,第二轮访谈用来进行理论饱和度检验。第一轮和第二轮受访者的基本信息见表 4-2 及表 4-3。

表 4-2　第一轮 43 名受访者的基本信息

项目	类别	人数	百分比/%	项目	类别	人数	百分比/%
性别	男	23	53.49	受教育程度	大专或本科	31	72.09
	女	20	46.51		硕士及以上	12	27.91
年龄	25 岁及以下	11	25.58	职业	一般员工	8	18.60
	26—30 岁	5	11.63		管理人员	14	32.56
	31—35 岁	13	30.23		教师	10	23.26
	36—45 岁	13	30.23		学生	9	20.93
	45 岁以上	1	2.33		其他	2	4.65

表 4-3　第二轮 26 名受访者的基本信息

项目	类别	人数	百分比/%	项目	类别	人数	百分比/%
性别	男	12	46.15	受教育程度	大专或本科	19	73.08
	女	14	53.85		硕士及以上	7	26.92
年龄	25 岁及以下	4	15.39	职业	一般员工	3	11.54
	26—30 岁	3	11.54		管理人员	11	42.31
	31—35 岁	10	38.46		教师	7	26.92
	36—45 岁	7	26.92		学生	5	19.23
	45 岁以上	2	7.69				

在构建最终理论模型前需要进行模型理论饱和度检验。为了验证理论模型的饱和度，我们将第二轮访谈所获得的 26 份语句资料作为理论饱和度检验过程中的原始资料。

二、扎根分析的编码过程

本节采用程序化扎根理论的编码过程，将在所有数据中随机抽取 43 份样本，在对样本资料进行整理后，对其进行三级编码，分别是开放式编码、主轴编码和选择性编码。经过以上编码步骤之后，得到了 4792 条原始语句，以及与之相对应的初始概念。然后，对结果进行提炼与总结，发掘出 15 个子范畴。进一步分析已挖掘的子范畴，得到 4 个主范畴并明确这 4 个主范畴之间的关系后，最终形成了"公众生活方式低碳化社会心理影响机制"这一核心范畴。

(一)开放式编码

应用扎根理论进行程序化编码的第一步是开放式编码。开放式编码主要对所获得的原始语句资料不加修改地进行逐句分析、逐条编码并赋予其概念标签。随后,反复分析概念与概念之间的相关关系和类属情况,把表达相同意思的概念归纳成 1 个独立范畴。因此,开放式编码的过程可以简单归纳为初始概念化和概念范畴化两个阶段。开放式编码的目的是指认现象、界定概念和归纳范畴。

通过对 43 份公众面对面访谈原始语句的整理与编码,本节共得到 4792 条原始语句。在对语句进行梳理的过程中,为了不受主观思维的影响,让结果更加接近客观事实,均保留受访者的原话作为标签。在对原始语句进行范畴化时,删除了前后矛盾的概念和句子,并别除了提及频次少于 3 次的低频概念,最终得到了 4472 条语句及其相应的初始概念。通过对初始概念的类属划分,将其分成了 15 个子范畴。受篇幅限制,表 4-4 选取了部分子范畴的编码结果予以展示。其中,编码 13-1 代表第 13 位受访者的第 1 条语句。

表 4-4　开放式编码过程(部分)

范畴	原始语句资料(初始概念)
习惯行为低碳化	13-1 我认为低碳的生活方式就是平时随手关灯,然后节约用水。出门多坐公交车,少开车。在办公室的话就双面打印,不用电脑时随手关闭吧。其他的暂时没想到。(随手关灯、多坐公交、双面打印)
	25-4 生活其实主要就是衣、食、住、行这几个方面呗。衣就是衣着简朴一些;食就是不要浪费粮食,吃多少做多少;住就是在家里注意低碳,比如电视不看就关掉,不要待机状态,少开空调,多开窗;行就是出门多走路,多坐公共汽车,少自己开车。(衣食住行各方面的低碳化)
	32-6 生活方式就是日常行为的一种方式,低碳的生活方式就是日常多实施一些低碳的行为。低碳的行为那就很多了,比如说在办公室,冬天开空调我就会开得晚一些,一开始冷的时候就多穿一些,而且空调温度也不会开得太高。我上班一般都是走路来,距离也很近,既能锻炼身体,又能节约能源。(空调适度、走路上班)
	1-6 我在日常生活中节能的主要方面就是空调温度调得不是特别高也不是特别低,逛超市的时候自己带购物袋,另外就是在家随手关灯、衣服不会一两件就放到洗衣机洗之类的。(自带购物袋、随手关灯等)
	4-6 我平时是比较注意积攒一些废报纸、废矿泉水瓶之类的东西,最后卖掉。如果我自己丢进垃圾桶,像塑料水瓶这种东西很难降解;如果我卖掉,收这些的人还会让它继续发挥价值。其实在日常生活中,垃圾分类很重要。但是现在我周围的人的垃圾分类意识还是很弱,大家都不进行垃圾分类,垃圾如果进行分类处理还能再利用,如果不回收就真的浪费掉了,不环保。(废物回收和垃圾分类)

续表

范畴	原始语句资料(初始概念)
购买行为 低碳化	11-2 低碳的生活方式还有就是少买点呗,少用就低碳了。衣服啊,包包啊,化妆品啊,都少买。只买自己需要的,尤其是很多女同志啊,买了好多衣服放在那,也不穿,那肯定就是浪费了。(少购买衣服、包包、化妆品等) 9-5 比如说少叫外卖,又环保又健康。外卖在它的运送过程中,包装用的一次性餐盒啊,一次性筷子啊,都会造成资源的浪费。去食堂吃,又便宜又好吃。(少点外卖) 19-2 就比如说我们家最近装修,我就取消了那些装饰性灯带,有一个主灯就够了,其他的开着也浪费。而且我们家买的电器很多都是那种高能效的,冰箱啊,洗衣机啥的。(少买家电,购买高能效家电) 12-4 食物浪费也是一种浪费,就是一种十分不低碳的生活方式,有人是因为爱面子,请人吃饭就点很多菜,有人是因为形成多点少吃的习惯了,每次都点很多,结果都吃不完扔掉了。(食物浪费)
社会地位 展示	38-10 我为什么要买高档的大排量的汽车啊,因为我是公司的领导啊,我经常要出去办事情的,见的都是一些身份、地位比较高的人,我开一辆简陋的汽车去,那合适吗? 不合适,那我去了人家也不待见我的。(显示领导身份) 43-9 我认为那些身份、地位高的人就比较喜欢买高档的东西,有可能家里好几台高档车,然后各种高档的家具和电器,因为他们的身份摆在那呢,怎么可能和老百姓一样啊? (身份、地位高) 15-7 车啊,房啊,还有吃饭的酒店啊,都显示了人的社会地位。一般社会地位高的人都有豪车、豪宅;酒店设宴也是豪气十足啊。(显示社会地位)
炫耀性 心理	19-9 有些人会买很多东西,比如说那些奢侈品,买了也不会用,发个朋友圈,然后放在那里,就是为了给大家看看,显摆一下。(为了显摆) 18-8 听说有一些网红就是点很多精致的菜,拍照、发完微博之后,为了保持身材可能就吃一两口。她们想通过展示自己高端的生活来涨粉,然后赚钱。(展示自己的高端生活) 27-11 我就比较喜欢发朋友圈,晒晒今天吃了什么好吃的,买了哪些东西,晒晒自己最近又去哪玩了呀之类的,就是想把我的生活状态展示给大家看。(想展示给大家看)
物质主义	16-7 前两天去逛街,看到一个按摩椅,跟我之前看到的电视上的那个按摩椅很像,而且坐上去特别舒服,看上去也很大气,这样以后每天下班回家都可以按摩按摩,多开心呀。(追求舒适) 31-18 我是一个比较注重生活品质的人吧,家里扫地机器人啊,智能马桶啊,这种提升生活品质的电器还蛮多的。(注重生活品质) 19-7 我现在都骑摩托车上班,不喜欢电动车。首先就是摩托车快,很刺激,很拉风,我比较喜欢那种骑车的快感,而且又有这个购买条件,我为啥不让自己过得开心一点呢? 虽然也知道骑电动车更加环保一点,但我就是喜欢骑摩托车。(追求刺激和快感)
面子意识	35-17 我脸皮薄,我周围的邻居都不怎么会卖废品,都是直接扔到垃圾桶,我其实是想把能回收的东西都攒一攒然后卖掉,又环保又省钱,但是感觉只有自己去卖这些东西总是会不好意思。(脸皮薄) 4-19 我有一次去逛商场,其实那件电器也不是必需的,看着挺好看的,就多看了一会,那个店员特别热情,各种介绍,还给我们送了果盘吃,服务特别好,然后也不好意思不买了,反正也不贵,就买了。(不好意思拒绝)

续表

范畴	原始语句资料(初始概念)
群体归属	26-16 我有一个朋友的小孩,追星,他们还有个词叫啥饭圈,我也不太懂,反正那个小孩成天和那群同样追星的孩子在一起,那个明星又代言了啥或者又用了什么东西,那群孩子一商量就都买,也不管用不用,很多东西都是徒有其表,华而不实,浪费。(追星饭圈) 9-25 我觉得就是物以类聚、人以群分吧,我有个同学她们有个小圈子,都是大家认为长得比较好看的女孩子,她们平时就会互相安利,然后买各种化妆品和小裙子,有的东西其实她已经有很多了,但是感觉不买就跟不上圈子的步伐。(不买跟不上圈子的步伐)
参照依赖	18-15 我们有时候会参加"日行一善"的活动,会出去捡垃圾,大家人手一个垃圾袋,活动时间1个小时左右,1个小时后大家集合,统一将垃圾倒进垃圾箱,大家倒的时候肯定就会有对比啊,捡得多了就觉得很开心,捡得比人家少就会有些失落。(捡垃圾捡得少会失落,捡得多会开心) 19-16 就像那个蚂蚁森林的活动,如果你平时多进行低碳活动,得到的能量就比较多,如果你也积极收取的话,能量就会积累得多,种的树就会多,感觉自己为环境做的贡献就很大。在下边好友列表里都有每个人有多少能量、种了多少棵树,每次打开都会比一比,肯定名次越靠前越开心啦。(低碳能量收集排名越靠前越开心)
榜样示范	33-9 在工作场所中吧,如果领导能够带头实行低碳的话,那我们员工肯定要向领导学习啊,如果领导不能带好头,肯定上梁不正下梁歪。(领导带头作用) 19-7 现在不是都有各种大使吗,节水大使、节电大使之类的,他们的作用就是利用他们自身的知名度,给大家起一个带头示范作用,大家就会觉得连明星都节能了,我为啥不能节能呢,我要向他学习,尤其是对于追星族,效果应该很不错。(明星带头示范) 18-23 学校可以对那些喜欢低碳环保的人进行一定的鼓励和宣传,就发个奖状"环保之星"之类的,可以给予一定的素质分,这样大家都想要获得奖励,就都会变得模仿和学习,就都会进行低碳环保了。(模仿和学习)
社会规范	28-16 我感觉如果在办公室能够形成一种比较低碳、绿色的办公室文化的话,那大家被带动,就会低碳环保了,办公室绿色、低碳的文化价值观的培养很重要啊。(低碳、绿色的办公室文化) 36-14 主要就是要有节能的社会风气,你做,他做,大家都做,逐渐形成一种社会风气。就像道德约束或者诚信约束一样,你不做,你内心就愧疚,所以我觉得如果社会有一种低碳节能的社会风气,那低碳节能的人就会多起来。(节能的社会风气)
社会比较	42-19 周围有人比较节能环保,然后你和他一对比,发现自己好浪费哦,那肯定自己心里有点想法,然后也就会主动变得节能环保了呀。(周围人对比) 4-10 我的同事有的在办公室就很节省,比如说他会双面打印,领导肯定会更喜欢能为公司省钱的人,那我肯定也不能做得比他差吧,那我也得节俭一点。(同事比较) 32-7 其实我觉得,大家都在不自觉地和身边的人比较,各个方面,这种低碳的生活方式也是。鼓励大家多比一比这些方面,谁的生活方式更低碳,在各小区、各单元,搞一个这种活动,尤其是家里有老人的,经常坐在一起聊天,一传播,那效果应该还不错。(大家都在不自觉地和身边人比较)

范畴	原始语句资料（初始概念）
宣传教育	6-13 我住酒店的时候，在墙壁上看到一个塑料卡片，写着"希望大家节约用水，现在的水已经较 10 年前少了很多了"，具体是多少忘记了，看到这个信息觉得很震惊，然后就会比较注意节约用水。（节水塑料卡片） 8-20 我们那里有个购物广场，外面有一块电子大屏幕是放广告用的，有时候就会滚动播出关于节能低碳的宣传内容，路过的人应该都能看得到，感觉一个营利性场所能做到这一点很不容易。（节能宣传海报） 14-18 我有一个很喜欢的明星，叫张一山，他之前录了一个视频，参加一个叫"塑战速决"的活动，呼吁大家使用可循环的物品来代替一次性塑料制品。我会跟随他的倡议，以后尽量少用一次性塑料制品。（明星宣传视频）
反馈内容	41-20 基于自我保护的个人经济利益动机可以促使人们选择低碳的生活方式，因为这是以个人利益得失作为行为的参与标准，如果能利用这个动机，比如把每浪费几张纸就浪费了多少钱，这种信息进行反馈，当然这只是做个比喻，因为纸这个东西一张两张可以省的钱可能也不是特别多。（反馈金钱信息） 38-19 其实只要经常发短信提醒我，我这个月用了多少度电、用了多少升水就行了。（提醒用电量、用水量） 40-16 提醒信息也不用太多，主要是告诉我这个月用了多少电费，或者直接告诉我还剩多少电费就行了。（提醒月电费或剩余电费） 15-16 其实我比较希望学校能够告知我们每个月宿舍用电量的，不要等到没电了才通知。（告知用电量） 19-19 之前看到一个宣传片，大意就是人们每年浪费的食物可以养活多少人，那个宣传就很引人深思了。如果能把这种信息应用到我们日常的用能反馈上来，效果应该也是不错的。比如你每用多少度电，会造成多少 CO_2 排放，然后会造成哪些比较严重的环境问题，类似的信息会更加吸引人注意。（反馈用电产生的 CO_2 排放量及其造成的环境问题）
反馈频率	39-23 我之前参加过一个活动，它每个月给我发送我的用电账单，但是 1 个月感觉其实有些长吧，我认为如果是每周一次的反馈，我才能更好地反思我上周干了些什么导致电费高，那下周用电的时候我就会注意。（反馈每周一次比较好） 35-28 现在的电费和水费都是欠费了或者快欠费了才提醒我，我平时也没空去算一下我每个月用了多少，就是该交电费的时候才会想一下：哦，这次电费用得好快啊。如果电力公司能够每个月告诉我用了多少度、花了多少钱多好。（反馈每月一次） 9-25 我们宿舍根本不知道用了多少电啊，没了就直接停电了，那就去交呗。可是学校只在剩余电量只有几度的时候才会在楼下贴告示通知，我觉得要是能经常能通知一下我们的用电量，我们也好有个计划，能够说服一下宿舍同学少开空调或者随手关灯啥的。（经常性通知用电量）

续表

范畴	原始语句资料(初始概念)
反馈方式	14-30 我住在学校的宿舍里,其实也不知道一个学期下来我们到底用了多少电,而且我们学校的用电量都是剩下十几度或者几度的时候才会在楼下贴低电量警告,说哪个宿舍还剩下几度电,就一张 A4 纸,宿舍很难找而且我们经常会忽略,都是停电了才知道,最好能通知到我们宿舍,通过微信或者 QQ 都可以啊。(微信 QQ 反馈更好)
	6-23 我平时都没注意,好像从来没有收到过电费或者电量提醒的信息吧,我记得好像只有欠费了那种情况才会在门口贴个条,我觉得这种人力成本应该挺高的吧,还不如直接发个短信或者微信,大家可以随时查看,这种方式简单又省力。(发短信或者微信)
	7-29 我其实比较希望我们家里的电费啊,水费啊,燃气费啊这些的可以有个网站随时查询,我没事的时候就可以去看一看、查一查,这样我就能有计划地用电了。(网站查看)

(二)主轴编码

主轴编码是程序化扎根的第二步,在此阶段,会将在开放式编码过程中得到的各个独立的范畴联结在一起,发掘各个范畴之间的从属关系,并根据不同范畴之间的逻辑关系将其进行分类,形成主范畴。在开放式编码的过程中,我们对于语句进行了初始的概念化,并根据概念标签的逻辑归属关系将基础概念和句子共划分为 15 个范畴。在主轴编码阶段,我们继续挖掘 15 个独立的范畴与范畴之间的关系,并最终确立了生活方式低碳化、社会心理驱动因素、社会心理障碍因素和行为结果反馈 4 个主范畴。主轴编码结果如表 4-5 所示。

表 4-5　主轴编码结果

主范畴	对应子范畴	范畴内涵
生活方式低碳化	购买行为低碳化	通过购买低碳产品、高能效设备设施或采用绿色能源的产品等来实现 CO_2 减排
	习惯行为低碳化	在日常生活中有意识地减少能源消耗、拒绝资源浪费、优化高耗能物品的使用方式等,以实现节能减排
社会心理驱动因素	参照依赖	个体依赖于参照对象进行自我评估的心理倾向,优于参照对象则获得心理上的满足,劣于参照对象则会有心理落差
	榜样示范	个体观察榜样人物的行为表现,并在行为上进行模仿和学习的倾向
	社会规范	个体对社会所共有的行为准则、规章制度、风俗习惯、道德准则和价值标准等的感知

主范畴	对应子范畴	范畴内涵
社会心理驱动因素	社会比较	在进行自我评价时,个体通过与他人进行比较来判断自己的收益和损失,并做出行为选择的心理过程
	宣传教育	利用报纸、广播、网络等公共信息传播渠道宣传低碳节能的常识及建议,帮助公众更加了解低碳化的生活方式
社会心理障碍因素	社会地位展示	个体希望通过消费行为来展现自身的成功、财富、声望等社会地位的心理倾向
	炫耀性心理	个体在消费中倾向于和他人比较,通过购买他人知道的名牌产品或高价商品,以期获得他人赞赏或羡慕的心理需求
	物质主义	个体通过物质消费获得在信息收集和愉快体验上的收获
	群体归属	个体通过消费来寻求自己在某些方面与特定人群的相似性或区别性,并使自己有归属或分离于该群体的心理
	面子意识	个体对自身在他人心中的形象的感知
行为结果反馈	反馈内容	向公众进行消费行为结果信息的反馈
	反馈方式	向公众进行消费行为结果信息反馈的渠道
	反馈频率	单位时间内向公众进行行为结果反馈的次数

1. 生活方式低碳化主范畴的形成

从访谈语句整理结果看,共有 1356 条语句涉及生活方式低碳化主范畴,大多数人在提及生活方式低碳化时,认为生活方式低碳化就是日常生活中的购买行为低碳化和习惯行为低碳化。其中,购买行为低碳化主要指居民在日常的采购中选取更为节能、低碳的产品,以此达到节能减排的目的,而习惯行为低碳化指通过自身的节能行为实现减排,例如有意识地减少能源消耗、优化高耗能物品的使用方式等。习惯行为低碳化和购买行为低碳化基本已经涵盖了公众日常生活中所涉及的所有与能源消耗有关的部分。

2. 社会心理驱动因素主范畴的形成

从访谈语句整理结果看,共有 1137 条语句涉及社会心理驱动因素主范畴。大部分受访者认为社会心理驱动因素可以促进自己进行低碳生活方式转型。社会心理因素的内涵可以简单总结为社会交往中感知到的外界压力对自身 CO_2 排放行为产生影响。隐含在这一主范畴内的子范畴有 5 个,即参照依赖、榜样示范、社会规范、社会比较和宣传教育。参照依赖是指个体依赖于参照对象进行自我评估的心理倾向,优于参照对象则获得心理上的满足,劣于参照对象则会有心理落差。榜样示范是指个体观察榜样人物的行为表现,并在行为上进行模仿和学习的倾向。社会规范是指个体对社会所共有的行为准则、规章制度、风俗习惯、道德准则和价值标准等的感知。社会比较是指个体在进行自我评价时,通过与他人行为及其结果的对比来判断自己的收益和损失,并以此做出自己的行为选择的心理过程。宣传教育是指利用报纸、广播、网络等公共信息传播渠道宣传低碳节能的常识及建议,帮助公众更加了解低碳化的生活方式。

3. 社会心理障碍因素主范畴的形成

从访谈语句整理结果看,共有 1085 条语句涉及社会心理障碍因素主范畴。大部分受访者认为社会心理障碍因素是阻碍自己施行低碳生活方式的重要因素。社会心理障碍因素主要是自身基于对社会关系的感知产生的心理活动对自身 CO_2 排放行为产生影响。社会心理障碍因素主范畴主要包含社会地位展示、炫耀性心理、物质主义、群体归属和面子意识 5 个子范畴。社会地位展示是指个体希望通过消费行为来展现自身的成功、财富、声望等社会地位的心理倾向。炫耀性心理是指个体在消费中倾向于和他人比较,通过购买他人知道的名牌产品或高价商品,以期获得他人赞赏或羡慕的心理需求。物质主义是指个体通过物质消费获得在信息收集和愉快体验上的收获。群体归属是指个体通过消费来寻求自己在某些方面与特定人群的相似性或区别性,并使自己有归属或分离于该群体的心理。面子意识是指个体对自身在他人心中的形象的感知。

4. 行为结果反馈主范畴的形成

从访谈语句整理结果看,共有 894 条语句涉及行为结果反馈主范畴。大部分受访者认为对于其消费行为进行一定干预,如对其行为结果进行一定的反馈,会对其消费选择产生影响。其中,不同的反馈内容、反馈方式和反馈频率均会对其行为产生不同程度的影响。行为结果反馈主范畴包含以下子范畴:反馈内容子范畴,主要是指向公众进行消费行为结果信息的反馈,如将个体能源消耗量转换成相应 CO_2 排放量等反馈内容;反馈方式子范畴,主要是指向公众进行消费行为结果信息反馈的渠道,如通过邮件、微信、短信等方式进行反馈;反馈频率子范畴,主要指单位时间内向公众进行行为结果反馈的次数,如每周反馈一次、每月反馈一次等。

(三)选择性编码

在主轴编码阶段,生活方式低碳化、社会心理驱动因素、社会心理障碍因素、行为结果反馈 4 个主范畴已经形成,各个主范畴之间的关系已经初步明晰。在选择性编码阶段,我们将进一步挖掘并确认各个主范畴之间的逻辑关系,确定核心范畴,为最终理论模型的构建打下基础。部分选择性编码结果如表 4-6 所示。

表 4-6 选择性编码结果(部分)

关系结构	关系结构内涵	代表性语句
社会心理驱动因素 ↓ 生活方式低碳化	社会心理驱动因素直接影响生活方式低碳化,可以促进公众生活方式低碳化	21-8 其实我是可以节能的,只不过我有时候就记不起来,如果我哪天突然在哪看到一个信息告诉我们节能减排的重要性的时候,我被提醒了一下就知道了,哦,我得节能了,然后我就想起来了,就会有一些节能的行动吧。(信息宣传会促使公众生活方式低碳化) 6-8 我觉得我是一个很在意别人对我的看法的人,如果大家都认为这样做是好的,那么我肯定就会去做,另外,比如说如果我认为对我很重要的人去节能,我肯定会去模仿学习。(社会心理驱动因素会对低碳节能行为产生影响)
社会心理障碍因素 ↓ 生活方式低碳化	社会心理障碍因素直接影响生活方式低碳化,会阻碍公众生活方式低碳化	13-9 就是大家这种想要攀比的心理,导致了铺张浪费。那你说人家买了台豪车,大排量的、漂亮、拉风,你不得眼红心热啊,赶紧赚钱把自己的车也换成更好的啊。(攀比的心理让自己换大排量汽车) 8-19 我们宿舍有个女孩不喜欢用毛巾擦脸,就买洗脸巾,每天用两张,她说感觉挺好的,然后就推荐给我们,剩下的人都开始买,我一开始觉得毛巾也挺好的,但是每次大家讨论总觉得自己不买好像不合群,然后我也开始买,现在觉得其实这样是很浪费的。(不买不合群导致浪费) 25-15 就比如我平时在完成一个项目的时候会带领我的员工出去吃饭,大家一块放松、庆祝。那你肯定要带大家吃点好一点的东西,档次不能太低,点的东西也不能不够吃吧,一般都会多很多。因为我是他们的领导啊,领导太小气有点说不过去吧,也不符合身份啊。(领导太小气不符合身份地位而导致食物浪费)

续表

关系结构	关系结构内涵	代表性语句
行为结果反馈 ↓ 生活方式低碳化	对公众行为结果进行反馈能够促进公众生活方式低碳化	18-9 我觉得我们的电力系统应该及时向我们反馈我们的用电情况,用了多少啊,电费还剩多少啊,以便我们心里有个数,在以后开关电器的时候就会考虑一下再用了。(行为结果反馈会影响公众电器使用行为)

第三节　公众生活方式低碳化的多重社会心理路径理论模型的建构

一、理论模型的建构过程

经过程序化的扎根理论的编码过程,本章发掘出了有 4 个主范畴,并且明确了这 4 个主范畴之间的关系,最终梳理出了"公众生活方式低碳化社会心理影响机制"这一核心范畴。通过对各范畴之间的逻辑关系进行分析和挖掘,并将各个范畴用故事线串联起来,本章进一步明晰了其间的逻辑关系并进行了阐释。围绕"公众生活方式低碳化社会心理影响机制"这一核心范畴的故事线可以描述为:公众生活方式低碳化的社会心理过程包括行为前因的促发机制和行为后效的强化机制。在行为前因上,社会心理驱动因素和社会心理障碍因素分别从促进和阻碍两条路径影响公众生活方式低碳化;行为结果反馈从生活方式低碳化的后效强化的角度对公众的生活方式低碳化产生影响。以此故事线为基础,本章构建出公众生活方式低碳化多重社会心理路径理论模型(见图 4-2)。

二、模型的理论饱和度检验

在扎根理论的定性建模过程中,理论模型只有经过理论饱和度检验,才是有效且可靠的。理论饱和度检验的目标是检查范畴之间的关联关系是否可靠、原始资料中的范畴是否已经被充分发掘。如果在随后的访谈资料中有越来越多的语句能划分到同一范畴或能更多地验证已有的范畴之间的联结关系,就证明该理论模型是有效的。当扎根理论获取的新数据无法再归纳出新概念、新范畴和新关系时,就代表此时的理论已经达到饱和(卡麦兹,2009;Naresh and Pandit,1996)。为此,本节运用第二轮访谈所获得的 26

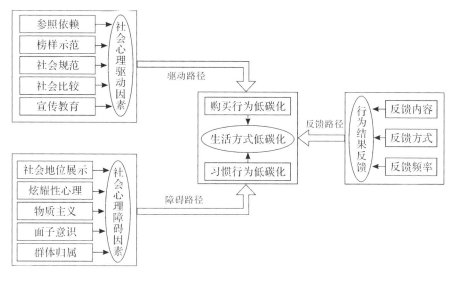

图 4-2　公众生活方式低碳化多重社会心理路径理论模型

份访谈资料重新进行三级编码和逻辑分析,结果并没有再挖掘出新的概念、范畴和关系,说明上述理论模型已达到饱和。

第四节　公众生活方式低碳化的多重社会心理路径模型理论阐释

　　通过扎根理论的三级编码程序并经过理论饱和度检验,本章构建出如图 4-2 所示的"公众生活方式低碳化多重社会心理路径理论模型"。模型显示,公众生活方式低碳化主要受到社会心理驱动因素、社会心理障碍因素和行为结果反馈的影响。促进公众生活方式低碳化的社会心理路径模型包括三种路径,分别是:行为前因促进路径、行为前因障碍路径和行为结果反馈路径。扎根理论模型揭示的主要研究结论具体如下。

　　第一,参照依赖、榜样示范、社会规范、社会比较、宣传教育等社会心理因素是公众生活方式低碳化的行为前因促进路径上的主要驱动因素。

　　社会心理驱动因素的形成一般是由于个体在社会交往中感知到了外界的压力,这种压力促使个体放弃高碳消费而进行低碳消费,进而实现生活方式低碳化。个体通过不自觉地与他人进行参照、向榜样学习来修正自己的高碳行为,即参照依赖和榜样示范可以促使公众生活方式低碳化。社会规范的压力一般是来自对自己很重要的人,如家人、朋友、同事等,而宣传教育则是来自社会的压力,如广告宣传、海报宣传等各种方式的宣传教育。"价值—信念—规范"理论指出,个体对环境问题的认知、价值判断和后果意识会增强个体的责任意识并激励他们遵从规范,进而实施亲环境行为(Judge et al.,2019)。宣传教育使得个体意识到低碳消费的重要性,进而促使其实施低碳化生活方式,个体在社会交往过程中会受到来自亲人、熟人、朋友、同事、上司、名人等个体或者群体的影响,如果这些个体或群体选择低碳生活方式,那么个体很大程度上就会受到他们的影响,也选择低碳的生活方式。此外,个体还会受到社会风气、社会宣传的影响而实施低碳生活方式。

第二,社会地位展示、炫耀性心理、物质主义、面子意识、群体归属等社会心理因素是公众生活方式低碳化的行为前因障碍路径上的主要障碍因素。

扎根理论模型显示的社会心理障碍因素所包含的 5 个范畴大多揭示的是基于感知到的自己与周围的社会关系,自身所产生的心理活动成为阻碍公众生活方式低碳化的因素。中国社会具有高情境文化(high-context culture)的特征(Wallace et al.,2009)。在这样的文化特征下,人际交往也就显得十分重要,个体更加重视自身在人际关系网络中所展示的个人形象,以及自己在社会关系中所处的位置。人们趋向于通过更多的物质消费来展现自己较高的社会地位,来向周围人展示自己财富、地位、过人之处;或通过更多的物质消费来向自己的目标群体示好,来提升自己的归属感;抑或因为追求排场、面子而不加克制地消费。这些想要在社会关系中表现自己的社会心理因素都会对个体的消费决策产生影响,且超越了物质本身对于消费决策的影响,人们进行盲目的追求和竞赛,导致高碳消费持续增长。

第三,对公众实施低碳节能行为后的行为结果进行反馈是一条促进公众生活方式低碳化的有效社会心理路径。

扎根理论模型显示,促进公众生活方式低碳化的行为结果反馈路径包括反馈内容、反馈方式和反馈频率 3 个范畴。反馈内容、反馈方式及反馈频率的不同会对公众低碳行为的实施与否产生不同程度的影响。从扎根结果来看,大部分公众较为认可行为结果反馈对其生活方式低碳化的促进作用。对行为结果的信息反馈可以解决信息不对称、不透明的问题,能够增强行为过程与结果之间的联系,所以信息反馈对于公众行为矫正具有重大作用。但是,关于反馈的内容、方式和频率,不同人的看法存在诸多差异。关于反馈内容:有人认为及时反馈家庭用电量以及用电账单是十分重要的;有人认为反馈能量消耗对环境造成的污染或者将能源消耗具体化、实物化是更好的反馈内容;也有人认为居住在宿舍的人对于能源消耗的财务成本并不敏感,如果能反馈其他宿舍的能耗信息,有对比,更能促进低碳。关于反馈方式:人们对于使用短信、海报、微信、邮件等方式均有不同的偏好。关于反馈频率:有人倾向于每周 1 次,有人倾向于每月 1 次,还有人认为可以引入即时查询的方式。综上所述,关于行为结果反馈的作用受到了较为一致的认可,但是关于如何反馈能更好地促进公众生活方式低碳化,还需要后续进行进一步研究和探讨。

综上所述,从深度访谈采集的信息和运用扎根理论建立的理论模型结果来看,公众生活方式低碳化受到社会心理驱动因素、社会心理障碍因素和行为结果反馈因素的三重影响。同时,对于不同的社会公众群体,各因素的作用强度和作用效果也不尽相同,公众生活方式低碳化的三重社会心理路径上各影响因素的作用机制和作用效果还需要进一步通过实证研究与实验研究进行定量检验和评估。

第五节　本章小结

本章通过对社会公众进行面对面深度访谈获得一手的原始语句资料,并借助扎根理论,经过程序化的开放式编码、主轴编码和选择性编码以及理论饱和度检验等过程,最终建立"公众生活方式低碳化多重社会心理路径理论模型"。本章在扎根过程中梳理出购买行为低碳化、习惯行为低碳化、参照依赖、榜样示范、社会规范、社会比较、宣传教育、社会地位展示、炫耀性心理、物质主义、面子意识、群体归属、反馈内容、反馈方式、反馈频率共 15 个独立范畴,归纳出生活方式低碳化、行为结果反馈、社会心理驱动因素、社会心理障碍因素 4 个主范畴,并确立了"公众生活方式低碳化社会心理影响机制"这一核心范畴。本章最终得到结论如下:首先,参照依赖、榜样示范、社会规范、社会比较、宣传教育因素作为社会心理驱动因素促进公众生活方式低碳化转型。其次,社会地位展示、炫耀性心理、物质主义、群体归属、面子意识作为社会心理障碍因素,阻碍公众生活方式低碳化转型。最后,对公众进行行为结果反馈可以促进公众生活方式低碳化,其中反馈内容、反馈方式及反馈频率的不同会对公众生活方式低碳化产生不同程度的影响。本章最终构建的"公众生活方式低碳化多重社会心理路径理论模型",旨在为后续的实证检验提供理论基础。

第五章 公众生活方式低碳化的群体 参照心理作用机理实证研究

　　本章在第四章公众生活方式低碳化多重社会心理路径理论模型的基础上,选择社会心理驱动路径的主要因素开展作用机理的实证研究,为如何通过社会心理促进公众生活方式低碳化提供理论基础。第四章中扎根理论的研究结果显示,社会心理驱动因素主要为参照依赖、榜样示范、社会规范等,这些因素显示的是个体的行为选择与决策受到参照群体影响的群体参照心理。因此,本章结合参照群体理论,建立公众生活方式低碳化的群体参照心理作用机理模型并提出假设,然后开发量表,通过实地问卷调查采集数据。采用结构方程模型和多元统计分析等方法对研究假设进行实证检验,对建立的模型进行拟合和修正,从而形成最终模型,解析群体参照心理的三种影响力对公众生活方式低碳化的作用路径、方向和强度,为如何发挥参照群体的作用促进公众的低碳消费行为提供理论和决策依据。

第一节 群体参照心理的三种影响力

　　通过对第四章公众生活方式低碳化多种社会心理路径中的社会心理驱动因素的研究和总结,本书发现这些社会心理驱动因素是通过人际互动产生的,公众个体在人际互动中受到参照群体的认知或行为影响,进而产生群体参照心理。因此,通过群体参照心理的视角能较好地概括社会心理驱动因素的作用。

　　群体参照心理是个体在行为选择中以参照群体为自我评估依据的行为决策心理。参照群体是指个人在做出决策时作为对比和参照的群体。这个群体可以是实际存在的,也可以是想象中的,能够影响个体的立场、信念、决策以及行为,这种影响是具有持续性和显著作用的。为涵盖公众生活方式低碳化的社会心理驱动因素,本章以社会比较理论和参照群体理论为基础,将群体参照心理的影响力分为信息性影响、功利性影响和价值表现性影响。

在参照群体的三种影响力中,信息性影响指的是个体在犹豫不决时,更愿意观察他人做决定的原因或从参照群体那里寻找信息来做出决策,从而规避决策失败的风险。群体参照心理的功利性影响是指公众会受到自身所处社会环境和周围群体的压力影响,使自己的行为遵从群体的偏好、标准和规范(Kelman,1961)。当公众意识到自己的行为是公开的时候,功利性影响的效果更为显著。群体参照心理的价值表现性影响一方面使得公众通过行为选择与自己否定的群体相区分,与自己向往的群体相联系,来满足在心理上群体归属的需求;另一方面可以帮助公众表达自我、优化形象,满足公众自我提升的需求(贾鹤等,2008)。

已有研究重点关注群体参照心理对旅游、品牌消费等具体消费领域方面的影响,还未就其对公众生活方式的影响进行系统的研究。第四章扎根理论的研究发现:公众生活方式低碳化不仅包括购买低碳产品的消费行为,还包括人们在日常生活中主动节能减排的习惯行为,比如随手关灯、主动控制空调温度与使用时间等。这些行为都可以减少化石能源的消耗量,进而减少 CO_2 的排放。

结合扎根理论基础并参照 Barr et al.(2005),本章将生活方式低碳化行为划分为习惯行为低碳化和购买行为低碳化两个类型。其中:习惯行为低碳化是指通过日常生活中调整和改变能耗产品的使用习惯来直接缩减少化石能源消耗量以减少 CO_2 排放的行为,这种行为具有重复性和"有限理性"的特征;购买行为低碳化是指通过购买高能效产品或者低碳型的绿色能源产品,以减少碳排放的消费行为,这种行为是一次性的,具有"经济理性"的特征。结合习惯行为和购买行为两个角度,能更全面地体现公众在生活中的低碳化行为。

第二节 群体参照心理与生活方式低碳化的关系假设

基于参照群体理论,本节将群体参照心理的影响力分为信息性影响、功利性影响和价值表现性影响。

一、信息性影响与生活方式低碳化

群体参照心理的信息性影响包括:消费者从他人处获取消费知识从而增强消费意愿(宫秀双等,2017);参与群体成员之间交流、分享其关于消费过程的直接体验(Hsu et al.,2006),从而做出消费选择;消费者根据其他消费者对产品价值的积极评价进行消费决策(Kim and Qu,2017)。人们在购买前通常会受到他人消费信息或决策的影响。例如在网络团购中,当消费者发现商品的已购买人数较多时,其购买意愿会显著增强(李先国等,2012;蔺国伟等,2015)。此外,亲友提供的信息也能够显著增强消费者的购买意愿。可见在消费者购买决策行为中,群体参照心理发挥着很重要的作用。为了购买到更好的商品,消费者会根据参照群体的信息或决策做出选择。

对于环保商品而言,Young et al.(2010)深度访谈了81位英国消费者购买绿色技术产品的具体过程,发现消费者对产品近期相关信息、此前其他消费者的购买经历的了解程度能够显著影响其购买产品的动机。然而,低碳消费很多时候需要牺牲一部分的个人利益(如金钱、时间、便利性等)来换取长远的社会利益和生态利益,具有很强的利他性(陈凯和彭茜,2014)。消费者在购买低碳产品时,了解的信息不仅仅是商品的质量和价格信息,更多的是商品的节能减排功效。这在一定程度上会与普通商品的利己性消费动机相矛盾。对于公众的购买行为低碳化而言,信息性影响发挥着怎样的作用还需要检验,因此我们提出以下假设。

H_1:信息性影响通过增强低碳意愿,对公众生活方式低碳化具有正向驱动作用。

H_{1a}:信息性影响通过增强低碳意愿,对公众习惯行为低碳化具有正向驱动作用。

H_{1b}:信息性影响通过增强低碳意愿,对公众购买行为低碳化具有正向驱动作用。

二、功利性影响与生活方式低碳化

孙怡等(2016)发现消费者对产品消费价值的感知受到其所在群体的社交氛围的影响。例如:在群体中决策时,中国消费者倾向于选择国内品牌;但在单独进行决策时,多数人则选择国外品牌(Wei and Yu,2012)。消费者的购买决策受到群体偏好、人际归属(Mi et al.,2018)和社会规范(Sen et al.,2001)的影响。而且学者们对旅游地(Hsu et al.,2006)、手机品牌的选择(Yang et al.,2007)等具体消费行为的考察,都证实了群体参照心理的功利性影响的显著作用。

人们的亲环境意愿和行为被证实在不同程度上受到群体参照心理的功利性影响(Lauren et al.,2019;Ünal et al.,2018)。也有一些证据表明,绿色购买行为与家庭节能行为会受到群体参照心理的功利性影响。如:消费者会调整自己的购买意愿或行为来与参照群体的绿色购买行为保持一致（Welsch and Kühling,2009）；向公众提供周围群体或类似群体的能耗信息，能有效促进高能耗的公众实施节能行为（Peschiera et al.,2010）。

然而，中国消费者的低碳购买行为主要受到政府补贴等财务因素的刺激（夏西强,2017），低碳产品的经济成本和性价比依然是中国消费者进行低碳购买决策的重要依据，在此情况下，群体参照心理的功利性影响对购买行为低碳化决策是否依然有效？为了与参照群体保持一致，功利性影响是促进了还是抑制了消费者的购买行为低碳化？尚不清楚。与此同时，技术进步提高了产品的能源利用率，而人们日常的能源消费习惯却引发了巨大的能源回弹效应（Yu et al.,2018），可见要促进低碳，公众的习惯行为低碳化更需要被检验。因此我们提出以下假设。

H_2：功利性影响通过增强低碳意愿，对公众生活方式低碳化具有正向驱动作用。

H_{2a}：功利性影响通过增强低碳意愿，对公众习惯行为低碳化具有正向驱动作用。

H_{2b}：功利性影响通过增强低碳意愿，对公众购买行为低碳化具有正向驱动作用。

三、价值表现性影响与生活方式低碳化

人们会因为社交需要主动向某些群体靠拢（孙怡等,2016）。群体参照心理的价值表现性影响对消费者的品牌选择行为（Hammerl et al.,2016）作用显著，促进了消费者与其向往的参照群体进行同化（Sara et al.,2013），或形成努力与所向往的群体保持一致性的需求。然而，具有更多独立自我观念的消费者通常具有更强的自我差异化目标，他们喜欢通过自己的选择与群体区分开来，以体现个性化与独特性。但是，消费者的群体归属需求和自我满足需求并不是对立的。消费者可能同时在一项单一选择行为的不同维度上追求同化和差异化目标。例如：人们会通过品牌来同化成他们所向往的群体，同时又在颜色上追求自我，与他人进行区分（Chan et al.,2012）。

价值表现性影响与公众节能环保行为的关系受到越来越多的关注。Hori et al.(2013)对重庆、大连、福冈、曼谷、胡志明市等亚洲5个地方的居民节能行为进行调查研究后发现，居民节能行为受到社会微观环境的显著影响。尤其是在中国的重庆和大连，人们与邻居交流互动的频率比较高，这使得他们更愿意表现出与群体类似的行为特征。当人们发现自己的个人能

耗反馈比群体中其他人糟糕时,他们会表现出更多的环境友好行为;当发现自身行为与重要的参照群体不同时,他们会主动改变自己的行为(Toner et al.,2014)。个体的消费价值观在某些程度上也会受到价值表现的影响。消费者会将同伴的消费行为和自己以前的消费行为进行比较,引发很多展示社会地位的消费行为,从而造成大量的浪费(Mainwaring,2001)。在中国关系导向的社会文化中,面子文化作为中国传统文化的重要组成部分,对消费行为的影响不容忽视(施卓敏和郑婉怡,2017)。物质享乐主义、人际关系调节和社会地位展示等被证明是驱动中国城市公众高碳消费行为的重要前因(Mi et al.,2018)。可见,价值表现性影响会是生活方式低碳化行为的一个重要预测因素。为了检验价值表现性影响对公众生活方式低碳化的作用,我们提出以下假设。

H_3:价值表现性影响通过增强低碳意愿,对公众生活方式低碳化具有正向驱动作用。

H_{3a}:价值表现性增强影响通过低碳意愿,对公众习惯行为低碳化具有正向驱动作用。

H_{3b}:价值表现性增强影响通过低碳意愿,对公众购买行为低碳化具有正向驱动作用。

四、群体参照心理对公众生活方式低碳化驱动机理的理论模型建立

基于以上论述和假设,本书依据扎根理论质化研究构建群体参照心理对公众生活方式低碳化驱动机制的理论模型(见图 5-1)。

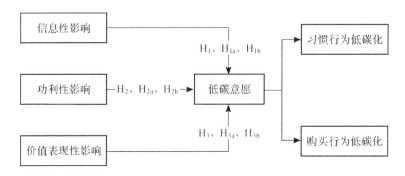

图 5-1　群体参照心理对公众生活方式低碳化驱动机理的理论模型

第三节　研究变量的测量与量表检验

一、研究方法

本章主要探索群体参照心理对公众生活方式低碳化的驱动机理。在已有的关于环境行为的实证研究中,问卷调查法是开展心理与行为研究最常用的定量方法之一,也是在社会科学、心理学和行为学中被广泛使用的定量研究方法(Wilson and Dowlatabadi,2007)。它具有数据收集便捷、数据质量的可控性高、容易取值编码、分析变量间关系准确、研究过程具有可重复性等优点,对开展公众生活方式低碳化驱动心理的潜变量建模的相关研究而言具有很好的实用性(Newsted et al.,1998)。基于此,本章采用问卷调查的方法进行实证数据的采集。调查问卷的内容包括被调查者的性别、年龄等基本信息和理论模型中各个潜变量的测量量表两个部分。

实证研究是对能真实反映出社会现象的资料进行科学分析。因此,调查问卷中测量量表的质量直接影响着调查所获得数据的真实性和适用性,并且对研究结果的可靠性具有决定作用。因此,要在保证理论基础和证据真实充分的基础上开发与设计调查问卷中的测量量表。

为保证问卷量表的质量,量表的设计要遵循以下原则(Schwab,1980;Bentler and Chou,1987;J.福勒,2010;何军,2011):

第一,问卷内容方面。一是问卷的题目措辞要简单、清晰和口语化,尽量避免专业术语和缩略词;问卷中量表所涉及的问题也需要有清晰的界定,不能出现模棱两可的情况。二是不能出现双重负载,即:每次只能问一个问题;题目的设计应该使用中立性词语,避免使用引导性语句。

第二,问卷结构方面。问卷结构包括标题、问卷说明、测量题项、编码和其他资料。其中,问卷标题要准确反映研究主题,不仅要引起被调查者的兴趣,也要注重语言的凝练;问卷说明要包含问卷填答方式和对被调查者的填答说明,这部分需要简明中肯,一般而言,以200—300字为宜。

第三,题目数量方面。问卷中测量量表的题项不宜太多,通常以被调查者可以在20分钟以内完成为宜。

第四,问卷题目顺序方面。测量量表的题项的设计要层次分明,同一主题的测量题项尽量放在一起,不同主题的测量题项需要有所区分。采用自填问卷的调查,背景资料宜放在问卷后面。

以下为量表开发的具体过程(见图 5-2):

第一,在阅读大量与低碳生活、低碳消费行为和节能行为等相关的文献资料的基础上,结合专家深度访谈,采用扎根理论发展的探索性定性研究方法,经过逐层提炼和三级编码,构建出影响公众生活低碳化的驱动和障碍因素的理论模型。

第二,根据理论模型中的研究变量,依据潜变量测量量表开发的原则,进行测量量表的开发与修订。对于现有研究中较成熟的研究变量,参考经典量表并结合中国情境和具体问题进行修订;对于理论模型中出现的新变量或还没有较成熟量表的变量,则根据扎根研究过程中采集的原始信息和其他文献信息进行自行开发。各研究变量的测量均采用李克特五级量表法。

第三,采用初始量表进行预调查,运用 SPSS 19.0 对预调查收集的数据进行信度和效度检验。根据检验结果,剔除不符合检验标准的测量题项,以形成正式量表。

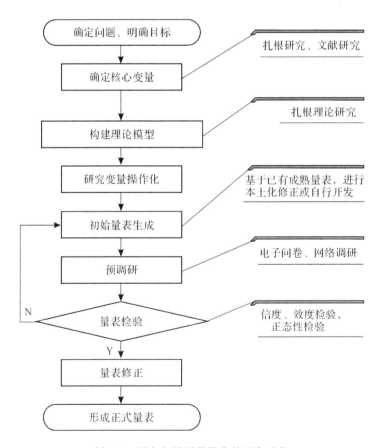

图 5-2　研究变量测量量表的开发过程

二、初始量表的生成与修订

为明确研究对象,结合之前的研究内容,需要对理论模型中的研究变量进行概念界定,具体如表 5-1 所示。

表 5-1 理论模型中研究变量的界定

研究变量	变量界定
习惯行为低碳化	日常生活中主动减少能耗产品使用或者能源消耗量的行为
购买行为低碳化	日常生活中主动购买节能家电、选购高能效设备设施的行为
低碳意愿	个体在实施低碳行为之前的心理倾向和行为动机
信息性影响	当在消费情境中遇到不确定性时,个体观察他人消费决策的原因或者试图从他人那里搜寻信息来做出选择,以规避决策失败的风险
功利性影响	消费者感受到自身所处的社会环境中周围群体的压力,使自己的消费行为遵从群体的偏好、标准和规范
价值表现性影响	消费者通过行为选择将自己与自己否定的群体相区分,与自己向往的群体相联系,以满足在心理上归属于某个群体的需求,或因为特定的消费行为可以帮助表达自我、提升形象,满足消费者自我提升的需求
人口统计特征	性别、年龄、婚姻状况、受教育程度、家庭月可支配收入

为方便之后的分析与结果展示,本节对各变量的英文缩写进行规定,并在后文采用如表 5-2 所示的缩写形式。

表 5-2 各测量变量的英文缩写

研究变量	英文缩写	英文全称
习惯行为低碳化	LHB	low-carbonation of habitual behavior
购买行为低碳化	LPB	low-carbonation of purchase behavior
低碳意愿	LBI	low-carbon behavior intention
信息性影响	II	informational influence
功利性影响	UI	utilitarian influence
价值表现性影响	VI	value-expressive influence

本章基于扎根理论,建构群体参照心理对公众生活方式低碳化的驱动机制理论模型。因涉及较多的研究变量,所以本章所开发的初始量表中的

指标题项也相对较多。经过多次的完善和修订,初始问卷主要包含公众生活方式低碳化、低碳意愿、群体参照心理、人口统计特征。初始量表共有 25 道测量题项,加上 5 道基本信息题项,共 30 道题项。表 5-3 为初始量表的构成及参考来源。

表 5-3　初始量表的构成及参考来源

研究变量	维度或因素	参考来源	测量题项
公众生活方式低碳化	习惯行为低碳化	Lindén and Klintman,2003;《全民节能减排实用手册》(2007 年发布);《国务院办公厅关于严格执行公共建筑空调温度控制标准的通知》(2007 年发布);	Q1.1—Q1.5
	购买行为低碳化	张先峰和姜允珍,2010;杨志,2010;芈凌云,2011;岳婷,2014;Barr et al.,2005	Q2.1—Q2.6
低碳意愿	低碳意愿	Ajzen and Madden,1986;Chan,2001;Stern et al.,1999;Pieters,1991;芈凌云,2011	Q3.1—Q3.5
群体参照心理	信息性影响	Park and Lessig,1977;王建明,2013	Q4.1—Q4.9
	功利性影响		
	价值表现性影响		
人口统计特征	性别	Chung and Poon,2001;Barr,1995;自行开发	Q5.1—Q5.5
	年龄		
	婚姻状况		
	受教育程度		
	家庭月可支配收入		

预调查问卷的构成和设置说明如下。

(一)公众生活方式低碳化

虽然当前关于低碳行为的问卷数量逐渐增加,但也没有形成统一的量表。由于公众生活方式低碳化与低碳行为本质上都是对能源的节约,因此,生活方式低碳化量表,我们借鉴 Barr et al.(2005),将其分为习惯行为低碳化和购买行为低碳化两个方面进行测量。为测量城市公众的生活方式和自主选择,本章参考了 2007 年科学技术部社会发展科技司、中国 21 世纪议程管理中心编制的《全民节能减排实用手册》《国务院办公厅关于严格执行公共建筑空调温度控制标准的通知》等后进行了自行开发,同时借鉴张先峰和姜允珍(2010)、芈凌云(2011)等对量表进行了修正。对于习惯行为低碳化而言,筛选出对中国普通城市消费者来说,较为普遍、易于观测的消费行为进行开发设计;对于购买行为低碳化而言,本章从购买能耗产品的类型等方面进行开发设计。其中,习惯行为低碳化包含 5 道测量题项,购买行为低碳化包含 6 道测量题项。

(二)低碳意愿

很多学者都对低碳意愿量表进行过研究。本章参考了 Chan(2001)、Stern et al.(1999)的"价值—信念—规范"理论进行量表的设计和开发,确立了 5 道测量题项,参与者要回答其低碳意愿的程度,如:愿意多骑自行车或乘坐公共交通工具、愿意随手关掉电源、愿意参加"地球 1 小时"活动、愿意宣传低碳节能等。

(三)群体参照心理

根据扎根理论构建的理论模型,公众生活方式低碳化的社会心理促进因素中最主要的是群体参照心理。关于群体参照心理的量表,我们主要参照 Park and Lessig(1977)的参照群体影响力三维度量表,此经典量表在以往的研究中已经显示出足够的测试质量。由于本章研究的是群体参照心理对生活方式低碳化的影响,所以在量表中还要体现低碳消费(Yang et al.,2007)。因此,在题项中还参照了王建明(2013)。比如:在信息性影响中,参与者要说明他们如何获取低碳消费信息(询问亲朋好友、学习低碳标识、参考专业人士);在功利性影响中,参与者要回答周围群体(家庭成员、同事、朋友等)对其进行低碳消费的影响;在价值表现性影响中,参与者认为低碳消费能带来形象提升等。量表共包含 9 个测量题项。

(四)人口统计特征

人口统计特征因素根据研究目的自行进行设计,包括性别、年龄、婚姻状况、受教育程度、家庭月可支配收入,共 5 项。

设计的初始量表共有 29 个题项,完成填答大概需要 5—10 分钟。

三、预调查与量表修订

(一)预调查的数据收集

预调查是为了检验初始量表是否具有良好的信度和效度,同时也检查测量量表是否能够清晰地描述和表达研究变量、语言表达是否通顺易懂、问卷的答题时间是否合理等。2017 年 4 月,我们通过在线发送电子问卷完成预调查,收回有效问卷 98 份,符合吴明隆(2010)的要求:预调查被试人数应达到问卷中题项最多分量表的 3—5 倍。本章分量表题项最多的是群体参照心理分量表,共 9 道题项,预调查的有效问卷应不少于 27 份,预调查样本数量符合要求。

(二)初始量表检验与修订

检验量表的信度和效度是为了验证测量工具的可靠性与一致性,旨在保证量表能真实反映研究目标。本节采用 SPSS 19.0、AMOS 22.0 对预调查的数据进行信度和效度检验,然后根据检验结果,对初始量表进行修正,最终形成正式量表和调查问卷。

(三)信度分析

信度(reliability)是指量表对同一对象进行重复测量时结果的一致性程度。当其具有较高的一致性时,才能保证所测变量具有良好的可靠性和稳定性。信度分析方法主要有复本信度法、重测信度法、折半信度法和 Cronbach's α 信度系数法(黄晓治和孔庆民,2014)。其中,Cronbach's α 信度系数法是李克特量表中最常用的信度分析方法,适用于态度、意识等变量的信度分析。本量表以李克特五级量表进行测量,因此,选用 Cronbach's α 信度系数法对量表的信度进行测量。

Hair et al.(1998)和 Henson et al.(2001)等指出,当整体量表的信度系数 Cronbach's α 大于 0.7 时,表明此量表有较高的信度。当分量表的 Cronbach's α 大于 0.6 时,表明量表有可靠的数据;当分量表的 Cronbach's α 小于 0.5 时,表明量表的信度较低,需要重新修改。在对预测问卷的量表信度进行检验时,按照分量表的 Cronbach's α 大于 0.5、整体量表系数大于 0.7 的标准来衡量各分量表和整体量表的信度。本节以整体量表的 Cronbach's α 大于 0.7、分量表的 Cronbach's α 大于 0.6 为标准来衡量该量表的可靠性和稳定性。

(四)效度分析

效度是指测量指标能够测量出所要测量事物的准确性程度。量表的效度分析与检验主要包括内容效度(content validity)检验和结构效度(construct validity)检验。

内容效度是指测量指标对所测内容或行为范围取样测量的有效性程度(Haynes et al.,1995),也被称作表面效度或逻辑效度。内容效度用来测量指标对所要测量变量的代表性,一般可由领域专家或研究者来评估。本章的理论模型和其中的研究变量是通过扎根理论的定性研究过程自下而上建构的,在此基础上,结合已有的相关理论和国内外文献确定了各变量的概念。因此,量表设计参考了已有的成熟量表并进行了修订。之后,通过专家咨询和公众访谈对变量的观测指标进行完善,使得测量指标能够较好地表达所测量的变量,保证内容效度符合要求。

结构效度是指测量结果显示出的某些结构与测量值之间对应关系的程度,也被称为建构效度或构念效度。一般分为区别效度和收敛效度两种。其中:区别效度是指不同构念之间的测量值能够进行区分的程度;收敛效度是指测量相同的构念时,各测量指标落在同一因素上的程度。探索性因子分析(exploratory factor analysis,EFA)和验证性因子分析(confirmatory factor analysis,CFA)是经常被用来检验量表的结构效度的两种主要方式。

Bentler and Chou(1987)指出,如果模型中变量比较多,可以先对变量进行分组,再进行数据分析。本章是关于公众生活方式低碳化的群体参照心理模型,涉及的变量较多,故将变量分为因变量和自变量两组来进行量表的效度分析。

(五)检验结果

通过分析后综合考虑信度与效度分析的结果,本节对预测量表进行调整和修正。

在公众生活方式低碳化行为中,购买行为低碳化量表中删除题项1、题项3和题项4。公众低碳意愿题项的信、效度均通过检验。在社会心理促进因素中,群体参照心理的价值表现性影响量表中删除题项1。量表修正情况详见表5-4。

经过修订和整理后得到包含6个变量、21个测量指标题项以及5个人特征统计因素题项的正式调查问卷。

表 5-4　量表修正情况

变量	英文缩写	原有题项	删除	修改	增加	正式量表题项数
习惯行为低碳化	LHB	5	0	0	0	5
购买行为低碳化	LPB	6	3	0	0	3
低碳意愿	LBI	5	0	0	0	5
信息性影响	II	3	0	0	0	3
功利性影响	UI	3	0	0	0	3
价值表现性影响	VI	3	1	0	0	2

四、正式调查与量表检验

(一)正式量表的生成

经过预调查的检验与修订,正式量表见表 5-5。

表 5-5　正式量表题项

变量名称	测量题项	测量题项内容
习惯行为低碳化 (LHB)	LHB$_1$	习惯小件衣物手洗,大件才用洗衣机
	LHB$_2$	尽量减少一次性产品的使用
	LHB$_3$	主动调整家里采暖装置的工作时长来减少热损耗
	LHB$_4$	经常乘公交、地铁或骑自行车出行
	LHB$_5$	家电不使用的时候,主动关闭电源(关掉开关)
购买行为低碳化 (LPB)	LPB$_1$	购买的家电、厨卫设施等大多是节能型的
	LPB$_2$	在住宅节能上,会主动投资
	LPB$_3$	住宅装修或装饰时,购买的是节能环保型材料
低碳意愿(LBI)	LBI$_1$	为了低碳节能,愿意选择公共交通工具出行
	LBI$_2$	今后愿意在不使用电器后将电源关闭,尽量不使其处于待机状态
	LBI$_3$	明年,也会参加"地球 1 小时"的熄灯活动
	LBI$_4$	乐意成为社区环保节能的宣传志愿者
	LBI$_5$	只要时间和金钱充足,愿意购买绿色节能产品
信息性影响(II)	II$_1$	会从亲朋好友处获得低碳消费的信息
	II$_2$	会选购具有机构认证标识(如碳标签、节能标识、绿色标识等)的低碳产品
	II$_3$	会参考专业人士的选择,购买低碳产品

续表

变量名称	测量题项	测量题项内容
功利性影响（UI）	UI_1	是否实施低碳行为,会受到同事、朋友们的影响
	UI_2	家庭成员的态度或期望会影响我的行为
	UI_3	在日常消费中,尽量与周围大多数人保持一致
价值表现性影响（VI）	VI_1	消费时,会考虑品牌或行为所代表的身份地位
	VI_2	购买某些知名品牌的产品会获得别人的欣赏或尊重

(二)正式问卷调查数据收集

为了保证被调查者填答调查问卷的质量和样本代表性,我们选取发展水平在中国东部三线城市中具有一定的代表性和典型性的徐州市作为调查地点。徐州市地处雾霾普遍存在的中国东部地区,位于中国的苏鲁豫皖四个省的交会地区,也是中国南北方气候的交界地带,消费习惯具有南北方交融的特征。2017 年,徐州市公众人均可支配收入为 24535 元,与当年全国居民人均可支配收入 25974 元大体相当(中国国家统计局,2018)。

为保证数据获取质量,正式调查以徐州市主城区公众为对象开展实地调查,这可以为中国东部地区众多的三线城市引导公众生活方式低碳化提供参考。

正式调查在 2017 年 5 月 1—31 日期间进行。采取分城区随机抽样的方式在徐州市的泉山区、铜山区、鼓楼区、云龙区等 4 个主城区各选取一个周边居住社区密集的市民广场或大型绿地公园,组织大学生青年志愿者 20名,分 4 组,一边进行"低碳生活,从我做起"的志愿者宣传活动,一边进行随机问卷调查。采取一对一现场发放、现场填答、现场回收的方式。

我们根据随机抽样的样本计算公式,选取 95% 的置信区间,按照 2017年徐州市主城区人数(N)为 253 万人,总体率估计值选择 0.5,容许误差为0.05 计算,得出所需样本含量为 385 份,且在结构方程模型中,样本数在200 以上时,分析效果最佳(Mueller,1997;吴明隆,2009)。Bentler and Chou(1987)指出,被调查的数量要在自由参数的 5 倍以上。本章正式量表包括 41 个观测指标测量题项。因此根据结构方程模型的统计原则和抽样计算方法,决定在四个主城区共发放 400 份调查问卷,每个区随机发放 100份问卷。实际收回 396 份问卷,发现 45 份填答不完整问卷遂将其淘汰。所收问卷有效取决于(王建明,2010):①问卷填写完整,无遗漏题项;②问卷的填答内容符合逻辑。如果相同选项过多,则不能保证问卷填写的质量,所以要删除连续超过 10 道题项选择同一选项的问卷。最终 351 份问卷数据被编码,以进一步分析,问卷的有效率为 88.64%。

(三)人口统计特征的描述性统计分析

表 5-6 为样本的人口统计特征。从中可看出样本分布较均衡,符合徐州市城市居民的整体分布特征,具有良好的代表性。

表 5-6 样本的人口统计特征描述

项目	类型	人数	比例	项目	类型	人数	比例
性别	男	186	53.0%	受教育程度	初中及以下	41	11.7%
	女	165	47.0%		中专或高中	104	29.6%
婚姻状况	已婚	236	67.2%		大专或本科	185	52.7%
	未婚	115	32.8%		研究生	21	6.0%
年龄	18—20 岁	33	9.4%	家庭月可支配收入	2000 元及以下	38	10.8%
	21—30 岁	138	39.3%		2001—5000 元	167	47.6%
	31—40 岁	128	36.5%		5001—10000 元	114	32.5%
	41—50 岁	40	11.4%		10001—20000 元	27	7.7%
	51—60 岁	7	2.0%		20001—50000 元	4	1.1%
	60 岁以上	5	1.4%		50000 元以上	1	0.3%

(四)正式量表的信效度分析与正态性检验

在对正式量表数据进行分析和模型验证之前,需要先对正式量表的效度、信度以及正态性进行检验。

1. 信度分析

本节利用 SPSS 19.0 对正式量表的整体信度进行了分析,结果显示:正式量表的整体 Cronbach's α 为 0.806,大于阈值 0.6,说明整体信度良好。之后,分别检验了各分量表的信度,结果详见表5-7。根据 Cronbach's α 大于 0.6 的标准,可以看出各分量表也具有良好的信度。由此可见,量表的可靠性和一致性较高。

表 5-7 各分量表的信度检验结果

变量名	变量英文缩写	题项数	Cronbach's α
习惯行为低碳化	LHB	5	0.641
购买行为低碳化	LPB	3	0.659

变量名	变量英文缩写	题项数	Cronbach's α
低碳意愿	LBI	5	0.780
信息性影响	II	3	0.719
功利性影响	UI	3	0.60
价值表现性影响	VI	2	0.749

2. 效度分析

为检验正式调查问卷的区别效度和收敛效度,本节采用 SPSS 19.0 对问卷数据进行了探索性因子分析(EFA)和验证性因子分析。根据 Bentler and Chou(1987)的建议,本章把概念模型的变量分为自变量和因变量,分别进行区分效度和收敛效度的检验。

(1)效度检验

本节对公众生活方式低碳化,即习惯行为低碳化(LHB)、购买行为低碳化(LPB)以及低碳意愿(LBI)共 13 个测量指标进行效度检验。进行探索性因子分析时,首先要对因变量量表进行 KMO 和 Bartlett's 球形检验,结果见表 5-8。

表 5-8　公众生活方式低碳化变量 KMO 和 Bartlett's 的球形检验结果

检验项目		值
取样足够的 Kaiser-Meyer-Olkin 度量		0.768
Bartlett 球形检验	χ^2	1035.952
	df	78
	P	0.000

量表的 KMO 为 0.768(>0.7),Bartlett's 球形检验的 χ^2 较大同时具有显著统计性($P=0.000<0.05$)。由此可知,该量表能够进行因子分析。

随后,为了检验公众生活方式低碳化因变量量表的区别效度和收敛效度,本节使用主成分分析法对测量题项进行主成分提取,进而通过最大方差法进行因子旋转,结果见表 5-9 和表 5-10。

表 5-9　公众生活方式低碳化量表的解释总方差

成分	初始特征值			提取平方和载入			旋转平方和载入		
	合计	方差占比/%	累积/%	合计	方差占比/%	累积/%	合计	方差占比/%	累积/%
1	3.557	27.360	27.360	3.557	27.360	27.360	2.670	20.535	20.535
2	1.926	14.819	42.179	1.926	14.819	42.179	2.140	16.462	36.997
3	1.158	8.904	51.083	1.158	8.904	51.083	1.831	14.086	51.083

表 5-10　公众生活方式低碳化测量题项的旋转成分矩阵

变量	测量题项	主因子		
		1	2	3
习惯行为低碳化	LHB_1	−0.020	0.644	0.089
	LHB_2	0.091	0.686	0.074
	LHB_3	0.129	0.635	0.139
	LHB_4	0.135	0.606	0.149
	LHB_5	0.224	0.453	0.247
购买行为低碳化	LPB_1	−0.025	0.219	0.712
	LPB_2	0.132	0.117	0.766
	LPB_3	0.027	0.143	0.765
低碳意愿	LBI_1	0.584	0.336	0.028
	LBI_2	0.649	0.219	0.086
	LBI_3	0.761	0.174	−0.032
	LBI_4	0.819	0.016	0.161
	LBI_5	0.739	−0.074	−0.009

　　由表 5-9 可以看出,13 道题项共提取出 3 个公因子,总方差解释率为 51.083%,提取出的公因子对变量整体的解释率符合要求。表 5-10 展示了各测量题项在 3 个因变量上的因子载荷。可以看出,13 个测量指标都较好地分布在 3 个潜变量上,同时各变量的测量指标值在其潜变量上的因子载荷均大于 0.5,收敛效度良好,但在另外 2 个潜变量上的因子载荷均小于 0.5,区别效度也符合要求,表明该量表有良好的建构效度。

　　尽管探索性因子分析(EFA)适用于对变量的维度进行划分,但仍然存在一些不足,例如其假定所有因子旋转后都会影响测量项、所有测度项的残差独立、强制所有因子独立等,这些假定条件可能与实际会存在偏差。因此,为了更准确地检验测量题项能否真实地反映出所要测量的变量,我们进一步对量表进行了验证性因子分析(CFA)。该方法在对变量的维度结构和研究模型的结构已经了解的基础上,进一步检验数据是否能够拟合所要研究的模型。本节使用 AMOS 22.0 对模型中的因变量进行验证性因子分析,结果见表 5-11。

表 5-11　公众生活方式低碳化量表的验证性因子分析

测量题项	因子载荷
LHB_1	0.541
LHB_2	0.618
LHB_3	0.578
LHB_4	0.571
LHB_5	0.551
LPB_2	0.603
LPB_5	0.641
LPB_6	0.637
LBI_1	0.587
LBI_2	0.567
LBI_3	0.782
LBI_4	0.705
LBI_5	0.572

注:$\chi^2 = 93.741$,$df = 58$,CMIN/DF = 1.616,$P = 0.000$,RMSEA = 0.000,GFI = 0.961,AGFI = 0.940,IFI = 0.964,TLI = 0.951,NFI = 0.911。

由表 5-11 的分析结果可以看出,除 χ^2 受样本容量的影响较大,无法很好地判断模型拟合度之外,其他拟合指数均达到理想状态,各个指标值在其潜变量上的因子载荷都大于 0.5。由此表明,因变量公众生活方式低碳化的量表有良好的区别效度与收敛效度。

群体参照心理包括参照群体的信息性影响、功利性影响和价值表现性影响 3 个变量,共 8 道测量题项。在进行 EFA 前,先对量表进行 KMO 和 Bartlett's 球形检验,结果见表 5-12。

表 5-12   群体参照心理量表的 KMO 和 Bartlett's 的检验结果

检验项目		值
取样足够度的 Kaiser-Meyer-Olkin 度量		0.710
Bartlett's 球形检验	χ^2	585.238
	df	28
	P	0.000

由表 5-12 可见,量表的 KMO 为 0.710($>$0.7),Bartlett's 球形检验的 χ^2 较大且具有显著统计性($P=0.000<0.05$),适合进行因子分析。随后,用主成分分析法对自变量群体参照心理的测量题项提取主成分,采用最大方差法进行因子旋转,由此来检验群体参照心理量表的区别效度和收敛效度,结果见表 5-13 和表 5-14。

表 5-13   群体参照心理量表的解释总方差

成分	初始特征值			提取平方和载入			旋转平方和载入		
	合计	方差占比/%	累积/%	合计	方差占比/%	累积/%	合计	方差占比/%	累积/%
1	2.663	33.289	33.289	2.663	33.289	33.289	1.930	24.130	24.130
2	1.607	20.085	53.374	1.607	20.085	53.374	1.697	21.210	45.340
3	0.959	11.991	65.365	0.959	11.991	65.365	1.602	20.025	65.365

表 5-14   群体参照心理测量题项的旋转成分矩阵

变量	测量题项	主因子		
		1	2	3
信息性影响	II_1	0.788	0.203	0.018
	II_2	0.814	0.200	-0.008
	II_3	0.750	0.084	0.025
功利性影响	UI_1	0.227	0.643	0.070
	UI_2	0.079	0.828	0.054
	UI_3	0.163	0.688	0.179
价值表现性影响	VI_2	0.008	0.076	0.899
	VI_3	0.017	0.177	0.868

由表 5-13 可见,自变量的 8 道题项提取出 3 个公因子,累积方差解释率达到 65.365%,对变量的整体解释较好。由表 5-14 可以看出,各自变量的

测量指标都较好地分布在信息性影响、功利性影响、价值表现性影响 3 个潜变量上，且各变量的测量指标值在其潜变量上的因子载荷都大于 0.5，但在其他潜变量上均小于 0.5。由此说明，群体参照心理量表的构建效度良好，其收敛效度和区别效度均符合要求。

在完成自变量群体参照心理的探索因子分析之后，本节利用 AMOS 22.0 进一步对群体参照心理的测量量表进行验证性因子分析，结果见表 5-15。

表 5-15　群体参照心理量表的验证性因子分析结果

测量题项	因子载荷
IN_1	0.725
IN_2	0.783
IN_3	0.552
UI_1	0.532
UI_2	0.627
UI_3	0.594
VI_1	0.876
VI_2	0.683

注：$\chi^2 = 13.355$, df $= 17$, CMIN/DF $= 0.786$, $P = 0.000$, RMSEA $= 0.000$, GFI $= 0.991$, AGFI $= 0.981$, RFI $= 0.963$, TLI $= 0.942$, NFI $= 0.977$。

由表 5-15 的分析结果可以看出，除 χ^2 受样本容量的影响较大，无法很好地判断模型拟合度之外，其他拟合指数均达到理想状态。而且，各测量指标在其潜变量上的因子载荷都大于 0.5。量表的区别效度与收敛效度均符合要求。

（2）正态性检验

本节利用 SPSS 19.0 对各分量表的数据进行正态性检验，结果见表 5-16。每个测量指标的偏度系数和峰度系数的绝对值都小于 2，显示数据分布近似于正态分布，正态性检验也符合要求。

表 5-16　各测量指标的偏度和峰度系数

题项	偏度		峰度		题项	偏度		峰度	
	统计量	标准误	统计量	标准误		统计量	标准误	统计量	标准误
LHB_1	−1.017	0.130	0.470	0.260	II_1	−0.738	0.130	0.142	0.260
LHB_2	−0.706	0.130	0.122	0.260	II_2	−1.157	0.130	1.383	0.260

续表

题项	偏度		峰度		题项	偏度		峰度	
	统计量	标准误	统计量	标准误		统计量	标准误	统计量	标准误
LHB_3	−0.780	0.130	0.138	0.260	II_3	−0.782	0.130	0.102	0.260
LHB_4	−0.473	0.130	−0.989	0.260	UI_1	−0.514	0.130	−0.086	0.260
LHB_5	−0.800	0.130	−0.102	0.260	UI_2	−0.579	0.130	0.335	0.260
LPB_1	−1.214	0.130	0.654	0.260	UI_3	−0.468	0.130	−0.392	0.260
LPB_2	−0.745	0.130	−0.152	0.260	VI_1	−0.131	0.130	−1.000	0.260
LPB_3	−1.114	0.130	0.340	0.260	VI_3	0.048	0.130	−1.054	0.260

第四节 群体参照心理对公众生活方式低碳化驱动机理实证检验

本节运用 SPSS 19.0 对研究变量进行均值分析和方差分析。均值分析是主要从均值、标准差等统计指标中观察被调查者在各变量上的表现情况；方差分析旨在探究公众能源消费行为低碳化在人口统计特征上的表现差异。方差分析根据数据类型采用独立样本 T 检验和单因素方差分析两种方法进行检验。

一、均值分析

本节按照因变量公众生活方式低碳化、中介变量低碳意愿和自变量群体参照心理分别进行均值分析。

(一)因变量均值分析

模型中的习惯行为低碳化(LHB)、购买行为低碳化(LPB)和低碳意愿(LBI)3 个因变量的描述性统计结果见表 5-17。

表 5-17 公众生活方式低碳化的描述性统计结果

变量	最小值	最大值	平均值	标准差
LHB	1.00	5.00	3.81	0.667
LPB	1.00	5.00	4.09	0.853
LBI	1.80	5.00	4.46	0.577

低碳意愿的均值(4.46)最大,说明公众生活方式低碳化的推进过程中,低碳意愿较强;对比两类生活方式低碳化,购买行为低碳化的均值为 4.09,显著大于习惯行为低碳化的均值(3.81),说明公众更乐于通过购买高能效产品来实现生活方式的低碳化,对日常生活习惯中的节能减排行动的重视程度还有待提高。

公众生活方式低碳化各测量题项的描述性统计结果见表 5-18。

表 5-18　公众生活方式低碳化各测量题项的描述性统计结果

变量	最小值	最大值	平均值	标准差
LHB_1	1	5	3.89	1.043
LHB_2	1	5	3.76	0.937
LHB_3	1	5	3.84	0.977
LHB_4	1	5	3.67	1.158
LHB_5	1	5	3.88	1.077
LPB_1	1	5	4.28	1.012
LPB_2	1	5	3.83	1.156
LPB_3	1	5	4.15	1.145
LBI_1	1	5	4.49	0.732
LBI_2	1	5	4.59	0.715
LBI_3	1	5	4.40	0.862
LBI_4	1	5	4.19	0.934
LBI_5	1	5	4.62	0.682

习惯行为低碳化的均值为 3.67—3.89。其中,LHB_4"经常乘公交、地铁或骑自行车出行"的均值最小,LHB_1"习惯小件衣物手洗,大件才用洗衣机"的均值最大,说明公众在低碳出行方面的表现不够突出,但家庭内如洗衣机等家电使用上的节能行为相对较多。

购买行为低碳化的均值为 3.83—4.28。其中,LPB_2"在住宅节能上,会主动投资"的均值最小,LPB_1"购买的家电、厨卫设施等大多是节能型的"的均值最大,说明公众在生活方式低碳化中,相比住宅节能,对能效家电的投资更普及。

低碳意愿的均值为 4.19—4.62,5 个题项的均值都相对偏高,说明公众低碳意愿普遍较强。其中,LBI_4"乐意成为社区环保节能的宣传志愿者"的均值最小,LBI$_5$"只要时间和金钱充足,愿意购买绿色节能产品"的均值最大,说明公众在无障碍时,多数愿意主动进行低碳生活。

(二)自变量均值分析

模型中的信息性影响(II)、功利性影响(UI)和价值表现性影响(VI)3个因变量整体均值的描述性统计结果见表 5-19。

表 5-19 群体参照心理中各变量的描述性统计结果

变量	最小值	最大值	平均值	标准差
II	1.67	5.00	4.21	0.657
UI	2.00	5.00	4.16	0.542
VI	1.00	5.00	3.26	1.05

信息性影响的均值最大(均值为 4.21),功利性影响的均值为 4.16,价值表现性影响的均值最小,为 3.26。这说明相关低碳消费信息能有效促进公众生活方式低碳化,而个人的表现和展示需求对生活方式低碳化的促进作用稍弱。

群体参照心理各测量题项的描述性统计结果见表 5-20。

表 5-20 群体参照心理各测量题项的描述性统计结果

变量	最小值	最大值	平均值	标准差
II$_1$	1	5	4.13	0.829
II$_2$	1	5	4.36	0.775
II$_3$	1	5	4.13	0.856
UI$_1$	2	5	4.18	0.713
UI$_2$	2	5	4.26	0.662
UI$_3$	2	5	4.05	0.800
VI$_2$	1	5	3.33	1.158
VI$_3$	1	5	3.18	1.184

信息性影响的均值为 4.13—4.36。其中,II$_1$"会从亲朋好友处获得低碳消费的信息"的均值和 II$_3$"会参考专业人士的选择,购买低碳产品"的均值相同。II$_2$"会选购具有机构认证标识(如碳标签、节能标识、绿色标识等)的低碳产品"的均值最高,说明信息性影响能显著促进公众生活方式低碳化,且国家实行的机构认证标识作用显著。

　　功利性影响的均值为 4.05—4.26。其中，UI_3"在日常消费中，尽量与周围大多数人保持一致"的均值最低，UI_2"家庭成员的态度或期望会影响我的行为"的均值最高，说明家庭成员对个人生活方式低碳化的影响要显著大于周围人群。

　　价值表现性影响的均值为 3.18—3.33。其中，VI_2"购买某些知名品牌的产品会获得别人的欣赏或尊重"的均值最低，VI_1"消费时，会考虑品牌或行为所代表的身份、地位"的均值最高，说明公众对身份、地位的追求对生活方式低碳化的影响要大于别人的欣赏或尊重。

二、人口统计特征的方差分析

　　样本数据在人口统计上表现出的独特性即为人口统计特征，比如年龄、婚姻状况、性别、家庭月可支配收入以及受教育程度这 5 个因素。本节运用SPSS 19.0 对公众生活方式低碳化行为（分为习惯行为低碳化和购买行为低碳化）进行人口统计特征的差异性检验。对于只有 2 个选项的题项（性别、婚姻状况）进行差异性检验的方法为独立样本 T 检验，对于超过 2 个选项的因素（年龄、受教育程度和家庭月可支配收入）采用单因素方差分析方法进行差异性分析，结果见表 5-21。

表 5-21　公众生活方式低碳化在人口统计特征上的差异性检验结果

人口统计因素	类型	习惯行为低碳化（LHB）			购买行为低碳化（LPB）			低碳意愿（LBI）		
		均值	F	P	均值	F	P	均值	F	P
性别	男性	3.74	4.067	0.044	4.03	2.451	0.118	4.36	0.845	0.359
	女性	3.88			4.15			4.57		
婚姻状况	已婚	3.80	0.045	0.831	4.14	0.523	0.470	4.42	2.283	0.132
	未婚	3.83			3.97			4.54		
年龄	20 岁及以下	3.90	0.299	0.914	3.98	0.325	0.898	4.65	1.756	0.121
	21—30 岁	3.81			4.08			4.47		
	31—40 岁	3.78			4.12			4.37		
	41—50 岁	3.81			4.08			4.52		
	51—60 岁	3.77			3.81			4.34		
	61 岁及以上	4.04			4.20			4.76		

续表

人口统计因素	类型	习惯行为低碳化（LHB）			购买行为低碳化（LPB）			低碳意愿（LBI）		
		均值	Levene 检验		均值	Levene 检验		均值	Levene 检验	
			F	P		F	P		F	P
受教育程度	初中及以下	3.51	3.347	0.019	3.71	5.072	0.002	4.26	2.157	0.093
	高中、中专或技校	3.82			4.28			4.45		
	大专或本科	3.87			4.08			4.51		
	研究生（硕士或博士）	3.83			3.89			4.44		
家庭月可支配收入	2000 元及以下	3.96	3.526	0.004	4.05	4.140	0.001	4.55	2.580	0.026
	2001—5000 元	3.79			4.03			4.49		
	5001—10000 元	3.86			4.31			4.38		
	10001—20000 元	3.68			3.57			4.50		
	20001—50000 元	3.30			3.92			4.60		
	50000 元以上	1.60			5.00			2.80		

性别在公众的习惯行为低碳化（$P=0.044<0.05$）上存在显著差异，女性在习惯行为低碳化上的均值略高于男性，表明女性在日常生活能源消费上比男性更为注重，对节能家电、住宅节能投资也更加了解。性别在购买行为低碳化（$P=0.118>0.05$）和低碳意愿（$P=0.359>0.05$）上均不存在显著差异。

婚姻状况在习惯行为低碳化上存在显著差异（$P=0.045<0.05$），未婚公众比已婚公众在日常生活习惯中，更倾向于低碳消费。婚姻状况在购买行为低碳化（$P=0.479>0.05$）和低碳意愿（$P=0.132>0.05$）上均不存在显著差异。

年龄在习惯行为低碳化（$P=0.914>0.05$）、购买行为低碳化（$P=0.325>0.05$）和低碳意愿（$P=1.756>0.05$）上均无显著差异，说明公众低碳化行为在不同年龄段的群体上不存在明显区别。

受教育程度在习惯行为低碳化（$P=0.019<0.05$）和购买行为低碳化（$P=0.002<0.05$）上均存在显著差异，说明受教育程度是影响低碳行为的一个重要因素，不同受教育程度的公众在生活方式低碳化上存在显著的行

为差异。从均值比较可以看出：大专或本科人群的习惯行为低碳化的均值最高，高中、中专或技校人群的购买行为低碳化的均值最高，初中及以下人群的习惯行为低碳化和购买行为低碳化的均值都最低。而公众的低碳意愿（$P=0.093>0.05$）则未因受教育程度出现显著性差异。

家庭月可支配收入在习惯行为低碳化（$P=0.004<0.05$）、购买行为低碳化（$P=0.001<0.05$）和低碳意愿（$P=0.026<0.05$）上均存在显著性差异。从均值比较可以看出：家庭月可支配收入越高，公众的习惯行为低碳化的均值就越低，而家庭月可支配收入 50000 元以上人群的习惯行为低碳化和低碳意愿的地均值最低，但其购买行为低碳化最高。

三、变量间的检验

相关性分析用来不同变量之间的相关程度，即在控制某一个变量的前提下，检验相对应的另一个变量的变化程度，以为结构方程模型与回归分析的拟合和修正提供基础。在统计中，2 个研究变量之间的相关方向和相关强度用相关系数 r 来表示。通常情况下，相关关系根据相关系数的绝对值分为三种：强相关（相关系数绝对值大于 0.5）、中等相关（相关系数绝对值在 0.3 到 0.5 之间）、弱相关（相关系数绝对值小于 0.3）。相关系数 r 有正负之分：当 $r>0$ 时，说明相关关系为正向，2 个变量同向变化；当 $r<0$ 时，说明相关关系为负向，2 个变量逆向变化（张红兵等，2007）。本节对变量进行相关性分析的使用的是 Pearson 相关分析。

（一）模型中因变量的相关分析

表 5-22 是用 Pearson 相关分析对习惯行为低碳化、购买行为低碳化和低碳意愿这 3 个因变量进行相关性分析的结果。

表 5-22　公众生活方式低碳化的相关性分析结果

变量	习惯行为低碳化	购买行为低碳化	低碳意愿
习惯行为低碳化	1		
购买行为低碳化	0.397**	1	
低碳意愿	0.339**	0.170**	1

注：** 表示在 0.01 水平（双侧）上显著相关。

由表 5-22 可见：显著性水平为 0.01 时，3 个变量之间均是正相关关系。其中，购买行为低碳化和习惯行为低碳化之间的相关性相对较高，相关系数达到 0.397。此外，低碳意愿对习惯行为低碳化与购买行为低碳化的系数分别为 0.339 和 0.170,表明公众的低碳意愿越强,越容易实现生活方式低碳化。

(二)自变量与因变量间的相关性分析

本节对群体参照心理的 3 个自变量与习惯行为低碳化、购买行为低碳化和低碳意愿之间的相关性进行 Pearson 相关分析,结果见表 5-23。

表 5-23　群体参照心理与公众生活方式低碳化间的相关性分析结果

变量	LHB	LPB	LBI	II	UI	VI
LHB	1					
LPB	0.397**	1				
LBI	0.339**	0.170**	1			
II	0.152**	0.177**	0.318**	1		
UI	0.128**	0.062	0.268**	0.397**	1	
VI	−0.067	0.048	−0.056	0.058	0.272**	1

注:** 表示在 0.01 水平(双侧)上显著相关。

在 0.01 的显著性水平上,信息性影响与习惯行为低碳化、购买行为低碳化和低碳意愿之间均存在相关关系,其中,与习惯行为低碳化和购买行为低碳化存在弱相关关系,与低碳意愿存在中等相关关系。功利性影响与购买行为低碳化不存在相关关系,与习惯行为低碳化和低碳意愿存在弱相关关系,此外,功利性影响与信息性影响存在中等相关关系。价值表现性影响与习惯行为低碳化、购买行为低碳化和低碳意愿之间不存在相关关系,仅与功利性影响存在弱相关关系。

四、结构方程模型的拟合与修正

结构方程模型是一种根据变量的协方差矩阵来分析变量间关系的统计方法。一些潜变量如本章中的意愿、意识等,都是无法直接进行测量的,结构方程模型则可以通过一些外显指标来间接测量这些潜变量。与此同时,结构方程模型在测量这些潜变量和外显指标的过程中,剔除了随机测量误差,从而大大提高了整体测量的准确度。因此,本节运用 AMOS 22.0,采用结构方程模型对公众生活方式低碳化的驱动因素理论模型进行检验和修正。

根据该理论模型,在群体参照心理对公众生活方式低碳化的影响路径中,前因变量为 3 种心理因素,分别为信息性影响、功利性影响和价值表现性影响;因变量有习惯行为低碳化、购买行为低碳化和低碳意愿这 3 个变量。根据该模型发现:自变量通过低碳意愿间接作用或直接作用于习惯行为低碳化和购买行为低碳化。根据理论假设模型,建立初始模型(模型 1),使用 AMOS 22.0 对结构方程模型进行拟合和分析。根据已有理论和相关性分析结果,在初始模型的基础上逐渐别除特定路径,并参考拟合指标对模型进行反复对比和修改,获得最优的拟合模型(模型 2)。模型拟合指数如表 5-24 所示。

表 5-24　模型拟合指数

项目	χ/df	RMSEA	GFI	NFI	CFI	TLI	IFI
标准	<3	<0.08	>0.9	>0.8	>0.9	>0.9	>0.9
模型 1	2.413	0.064	0.897	0.754	0.837	0.814	0.840
模型 2	1.741	0.046	0.924	0.826	0.916	0.902	0.917

模型拟合与修正步骤如下:对群体参照心理影响力的理论模型(模型 1)进行参数估计。结果显示,GFI、NFI、CFI、TLI、IFI 没有达到指标要求,信息性影响、功利性影响、价值表现性影响对习惯行为低碳化和购买行为低碳化的直接影响路径都不显著。因而删除上述路径,并根据模型修正指数(modification index)进行调整,得到模型 2,各项指标符合要求:CMID/df=1.741<3,GFI = 0.924>0.9,TLI = 0.902>0.9,CFI = 0.916>0.9,RMSEA=0.046<0.08。因此模型 2 为最终模型,具体估计结果见表 5-25。图 5-3 为模型 2 的结构方程模型检验结果,各系数均在 $P=0.05$ 水平显著。

表 5-25　模型 2 的估计结果

路径		标准化系数	非标准化系数	S. E.	C. R.	P
信息性影响 →	低碳意愿	0.267	0.229	0.090	2.554	0.011
功利性影响 →	低碳意愿	0.295	0.254	0.109	2.327	0.020
价值表现性影响→	低碳意愿	-0.199	-0.083	0.037	-2.272	0.023
低碳意愿 →	习惯行为低碳化	0.540	0.453	0.114	4.719	0.000
低碳意愿 →	购买行为低碳化	0.363	0.242	0.116	3.124	0.002

路径分析的目的是验证因果模型的可靠性和衡量不同变量之间因果关系的强弱程度。在统计中,通过标准化回归加权值(即 B)来衡量自变量对因变量的作用强度和方向。如果标准化回归系数为正,则表示一个变量的

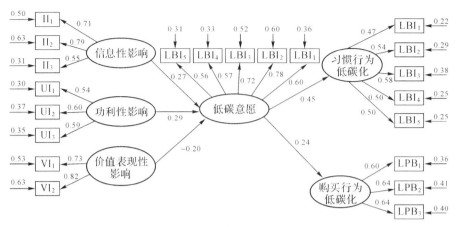

图 5-3　模型 2 的结构方程模型检验结果

增加会导致另一个变量的增加。如果标准化回归系数为负,则表示一个变量的增加会导致另一个变量的减小。标准化系数的绝对值为 0.1—0.3 表示一个小效应,0.3—0.5 表示中等效应,大于 0.5 表示大效应。

由表 5-25 的结果可知,群体参照心理的三种影响力均是通过低碳意愿间接作用于两种生活方式低碳化。其中,信息性影响和功利性影响能够增强低碳意愿,功利性影响的作用效果更强,而价值表现性影响则会削弱低碳意愿。低碳意愿能显著促进生活方式低碳化,且对习惯行为低碳化的作用效果要显著强于购买行为低碳化。

根据上述对公众生活方式低碳化驱动因素模型的实证检验结果,汇总的假设检验结果如表 5-26 所示。

表 5-26　理论假设检验结果

序号	假设	验证结论
H_1	信息性影响通过增强低碳意愿,对公众生活方式低碳化具有正向驱动作用	成立
H_{1a}	信息性影响通过增强低碳意愿,对公众习惯行为低碳化具有正向驱动作用	成立
H_{1b}	信息性影响通过增强低碳意愿,对公众购买行为低碳化具有正向驱动作用	成立
H_2	功利性影响通过增强低碳意愿,对公众生活方式低碳化具有正向驱动作用	成立
H_{2a}	功利性影响通过增强低碳意愿,对公众习惯行为低碳化具有正向驱动作用	成立
H_{2b}	功利性影响通过增强低碳意愿,对公众购买行为低碳化具有正向驱动作用	成立
H_3	价值表现性影响通过增强低碳意愿,对公众生活方式低碳化具有正向驱动作用	不成立
H_{3a}	价值表现性影响通过增强低碳意愿,对公众习惯行为低碳化具有正向驱动作用	不成立
H_{3b}	价值表现性影响通过增强低碳意愿,对公众购买行为低碳化具有正向驱动作用	不成立

五、基于人口统计特征的多群组对比分析

多群组模型的各项指标反映多群组分析模型与样本数据的适配情况。多群组分析首先是将单一样本的单一共变结构关系划分为多个平行的共变结构,然后进一步评价和分析这些共变结构,以期回答影响因素对不同特征群体的作用是否具有显著差异性的方法。本节将性别、婚姻状况等二分变量按照问卷实际填答情况进行二分类;将学历为中、大专或本科及以上学历划分为高学历,其余划分为低学历;在年龄上,将 30 岁及以下人群设为年轻人,其余为年长者;低收入为家庭月可支配收入在 5000 元以下,高收入为家庭月可支配收入 5000 元及以上。

对上述各群组进行多群组分析后,发现适配情况良好。GFI 和 CFI 值均大于标准阈值 0.9,为 0.906—0.918;RMSEA 值均小于适配临界值 0.08,0.032—0.038;P 未达到显著性水平。表 5-27 为多群组分析估计结果。

表 5-27　多群组分析估计结果

群组		路径1:信息性影响→低碳意愿	路径2:功利性影响→低碳意愿	路径3:价值表现性影响→低碳意愿	路径4a:低碳意愿→习惯行为低碳化	路径4b:低碳意愿→购买行为低碳化
性别	男(N=186)	0.10	0.63*	−0.45*	0.46**	0.08
	女(N=165)	0.27**	0.15	0.01	0.42**	0.40**
婚姻状况	已婚(N=236)	0.14	0.41**	−0.19*	0.47**	0.22**
	未婚(N=115)	0.78**	0.15	−0.22	0.38**	0.31**
受教育程度	低学历(N=145)	0.33*	0.24	−0.15	0.30**	0.14
	高学历(N=206)	0.23*	0.33**	−0.22**	0.60**	0.30**
年龄	年轻人(N=171)	0.42**	0.18	−0.26*	0.43**	0.32**
	年长者(N=180)	0.24*	0.29*	−0.08	0.48**	0.14
家庭月可支配收入	低收入(N=205)	0.17	0.45**	−0.29**	0.38**	0.23**
	高收入(N=146)	0.40**	0.11	−0.11	0.52**	0.27**

注:N 为样本量;*、** 分别表示在 10% 和 5% 的水平上显著。

从表 5-27 中可以看出,在路径 1 中,群体参照心理中的信息性影响对女性(β=0.27)、未婚(β=0.78)、高收入(β=0.40)群体的低碳意愿具有更

显著的正向驱动作用,而对男性、已婚、低收入群体的作用路径则均未达到显著性水平;同时群体参照心理的信息性影响对低学历($\beta=0.33$)和年轻人($\beta=0.42$)群体的低碳消费意愿的正向作用强度要显著大于对高学历($\beta=0.23$)和年长者($\beta=0.24$)群体的作用强度。

在路径 2 中,群体参照心理的功利性影响对男性($\beta=0.63$)、已婚($\beta=0.41$)、高学历($\beta=0.33$)、年长者($\beta=0.29$)和低收入($\beta=0.45$)群体的低碳意愿具有更显著的驱动作用,而功利性影响对女性、未婚、低学历、年轻人、高收入群体的低碳意愿的驱动作用则均不显著。

在路径 3 中,群体参照心理的价值表现性影响对男性($\beta=-0.45$)、已婚($\beta=-0.19$)、高学历($\beta=-0.22$)、年轻人($\beta=-0.26$)、低收入($\beta=-0.11$)群体的低碳意愿的反向作用更加显著,而对女性、未婚、低学历、年长者和高收入群体的低碳消费意愿的影响则均不显著。

在路径 4a 和路径 4b 中,低碳意愿对各群组的习惯行为低碳化都有显著影响($\beta>0.30$)。对于购买行为低碳化,对女性($\beta=0.40$)、未婚($\beta=0.31$)、年轻人($\beta=0.32$)群体的影响大于对男性($\beta=0.08$)、已婚($\beta=0.22$)、年长者($\beta=0.14$)群体。此外在两种行为中,低碳意愿对高学历($\beta_{4a}=0.60, \beta_{4b}=0.30$)、高收入($\beta_{4a}=0.52, \beta_{4b}=0.27$)群体的影响都比对低学历($\beta_{4a}=0.30, \beta_{4b}=0.14$)、低收入($\beta_{4a}=0.38, \beta_{4b}=0.23$)群体显著。

第五节　实证结论与管理启示

一、实证研究结论

本章通过运用结构方程模型和多元统计分析对公众生活方式低碳化的群体参照心理的作用机理进行了实证检验,主要结论如下:

第一,群体参照心理通过低碳意愿间接作用于生活方式低碳化而不是直接激发行为。因此,借助群体参照心理的影响力激励公众实施生活方式低碳化的重点是激发其低碳意愿。

第二,参照群体的信息性影响和功利性影响可以显著促进公众生活方式低碳化,且功利性影响的作用较强。这与之前在消费决策领域和亲环境领域的研究结果相似,群体的偏好、标准和规范会影响人们的消费决策(Hsu et al.,2006)并促进亲环境行为(Yang et al.,2007)。信息性影响能促进公众低碳意愿的产生,促进公众搜寻信息从而规避风险,然而与一般商品不同的是,在生活方式低碳化过程中,公众寻求的信息除了产品的质量、价格、服务外,更多的是产品的功能属性(节能减排),公众生活方式低碳化的利他性似乎是信息性影响程度略低于功利性影响的原因。

第三,群体参照心理的价值表现性影响减弱了公众的低碳意愿,而以往的研究显示参照群体的价值表现性对消费决策的影响不明显(Yang et al.,2007)。可能的原因有三个:一是生活方式低碳化产生的环保利益会因广泛分享而弱化个体对行为效果的感知(Hyman,1942),从而不利于低碳意愿的促成。二是群体参照心理会对不同身份的消费者产生不同影响(Park and Lessig,1977),公众倾向于表达自我、提升形象。个体更容易通过能源密集型的高碳消费来体现更高的社会地位,让自己在他人面前显得更有面子(施卓敏和郑婉怡,2017)。三是中国社会还未形成完善的低碳消费价值观,人们认为高碳消费可以区分于他人,彰显自己属于高成就和高社会地位的群体,由此而减弱低碳意愿。

第四,群体参照心理通过低碳意愿对习惯行为低碳化的影响力与购买行为低碳化不同。具体来说,群体参照心理使得人们更容易去实行习惯低碳行为而不是购买行为。Bearden and Etzel(1982)指出,消费行为所涉及的产品可见度越高,其购买决策受到群体参照心理的影响越大。产品的可见度主要从产品属于必需品或奢侈品,以及使用场合是公众场合还是私人场合来进行界定,在这两个维度的衡量下,公众场合的奢侈品选择行为受群体参照心理的影响较大,而私人场合的必需品受群体参照心理的影响较小。中国消费者在群体小组的影响下倾向中国品牌(孙怡等,2016)。Bearden and Etzel(1982)还发现,群体参照心理对于消费者选择公共和私人物品、奢侈品和必需品的影响不同,所以这可能是因为能效产品本身属于在私人场所使用的必需品。此外,习惯行为低碳化主要指的是调整个人的行为习惯和生活方式,不受经济条件约束。而购买行为低碳化需要为低碳技术和产品进行投资,更容易受到经济条件的限制,消费者会考虑更多的产品成本问题。尽管中国政府倡导生态文明,节能环保的价值观已经深入人心,但由于能效产品的科普教育较少,只有少数人群能够详细了解其节能功效。

第五,群体参照心理对低碳意愿的影响力会因为性别、年龄、婚姻状况、受教育程度、家庭月可支配收入等的不同而存在明显差异。具体来说,男性群体更容易受到群体参照心理的功利性和价值表现性影响,而女性群体则更看重从参照群体处获得的消费信息。这也验证了男性和女性在日常中表现出的差异,即男性往往自尊心、好胜心较强,在消费中的选择较为粗放,而女性则往往表现得比较精明,会获得更多的信息后进行综合考虑。对未婚群体而言,信息性影响对个体低碳意愿具有显著影响,已婚群体则是功利性影响和价值表现性影响的效果显著,可以看出已婚群体对参照群体体现出更强的顺从性,这也体现出了家庭对于生活方式低碳化的重要作用。从年长者(≥31 岁)群体受功利性影响更显著,年轻者(≤30 岁)群体受价值表现性影响更显著中,可以看出年轻人更加追求高质量的生活品质,并不以低碳观念主导消费行为。群体参照心理影响力的三个维度对高学历群体都有显著影响,但是对于低学历群体而言则只有信息性影响具有显著作用。从群体参照心理对不同收入人群的影响来看,低收入群体更容易受到功利性和价值表现性影响,高收入群体更多受到信息性影响。综上所述,不同群体受到群体参照心理影响的维度各有差异。

二、主要管理启示

公众生活方式低碳化的群体参照心理的作用机理的实证研究结论对管理实践有以下三个方面的启示。

第一,参照群体的信息性影响和功利性影响是促进低碳意愿产生的重要前因,进而促进公众日常生活中两类低碳行为的产生,而价值表现性影响却起到了负面作用。这些信息凸显出人们对个性和自我提升的关注,说明仅依靠低碳消费信息宣传和消费者的从众心理无法有效地推动生活方式低碳化。因此,在借助群体参照心理影响力来强化公众低碳意愿的时候,一方面可以提高信息性、功利性影响的影响力度,例如通过低碳消费信息的传播和社会规范来激励公众的低碳消费;另一方面要减少价值表现性的负面影响,例如通过政府部门、社会名流、成功人士积极发挥低碳消费的榜样示范作用,来引导公众形成低碳消费更能体现高地位、高成就的消费价值观。

第二,群体参照心理对习惯行为低碳化的影响要大于购买行为低碳化,说明参照群体影响力更多地作用于人们的日常低碳行为习惯而非能效产品投资,推动消费者的生活方式低碳化更多地要关注行为本身的不同。由于购买行为低碳化属于投资行为,在节能环保之外消费者更多地会考虑产品的经济因素,性价比和市场认可度扮演着十分关键的角色。为了能够使公众在不降低生活品质的前提下实现消费行为向低碳化转变,政府需要鼓励与支持相关产业的发展,以提高低碳产品的技术水平。此外,还需加大对能效产品的科普教育,强调其长远的经济和社会收益。

第三,群体参照心理对低碳意愿的影响力因为人口统计特征的不同而存在显著差异。政府在制定相关政策时可以考虑更多个性化的需求,针对不同(性别、婚姻状况、年龄、受教育程度、家庭月可支配收入等)人群采取不同的政策干预方式。

第六节　本章小结

本章运用结构方程模型实证检验了公众生活方式低碳化的群体参照心理及其作用机理。

首先,根据研究目的和对象,采用以问卷调查为基础的实证研究范式作为理论模型进行实证检验的方法。根据测量工具的开发过程,以扎根理论为基础,再对促进因素理论模型中的 3 个变量进行变量化操作后,形成了初始量表(含 25 个题项);进行预调查后,对初始量表进行了信效度检验,并根据检验结果对初始量表进行修订,形成了包含 21 道测量指标和 5 道人口统计特征题项的正式调查问卷。

其次,通过实地问卷调查回收有效问卷 351 份,有效样本量是量表题项的 16.71 倍,达到了结构方程模型所要求的样本量要求。这为数据分析和模型检验提供了良好的数据基础。通过对样本数据的分布和构成分析,发现样本有良好的代表性;接着对测量数据进行了信度、效度和正态性检验,均符合测量要求,保证了后续的模型实证检验具有优良的数据基础。

再次,对群体参照心理对公众生活方式低碳化的驱动机制模型进行实证检验,具体步骤为:一是在理论模型得到的变量及其关系的基础上提出三组研究假设;二是通过均值和方差分析,得到每个变量和该变量测量指标的分布特征,并采用 Pearson 相关分析验证了自变量与因变量之间的相关关系,初步证明了理论模型中变量之间关系的合理性;三是运用结构方程模型对假设的理论模型进行拟合和优化,检验研究假设并修正路径关系,形成最终模型;四是通过多群组对比分析,进一步发现群体参照心理对低碳意愿的影响力因为性别、年龄、婚姻状况、受教育程度、家庭月可支配收入等人口统计特征的不同而存在显著差异。

最后,对研究结果进行了总结,并根据实际情况为如何通过群体参照心理来促进公众生活方式低碳化提供了一些新的启示。

第六章 公众高碳消费行为的社会心理诱发机制实证研究

抑制公众的高碳消费行为是实现公众生活方式低碳化的有效途径,本章是基于第四章公众生活方式低碳化多重社会心理路径理论模型中社会心理障碍因素进行的实证分析,试图为促进公众生活方式低碳化提供理论与实证基础。第四章扎根理论的研究结果显示:社会心理障碍因素诱导公众进行高碳消费,从而形成了公众生活方式低碳化的障碍因素。因此,仅从正向研究如何促进公众生活方式低碳化还远远不够,因此,本章将从反向研究诱发公众高碳消费的因素及其作用机制,探索公众高碳消费行为的社会心理诱发机制。首先,提出研究假设,并构建出公众高碳消费行为的社会心理诱发机制模型。然后,进行实地调查以获取数据,并通过多元统计分析和结构方程模型对理论模型进行实证分析,揭示公众实施高碳消费行为的社会心理诱发机制,以及面子意识和人口统计特征的调节效应,为政府及管理部门制定遏制公众的高碳消费行为的管理举措提供理论依据。

第一节 公众高碳消费行为的社会心理诱因分析

中国居民持续增长的高碳消费行为是实现低碳发展目标的主要障碍之一。尽管高碳消费的现象很普遍,但是目前关于高碳消费行为的直接研究却很少,仅有 Mi et al.(2018)从炫耀性心理的角度研究了公众高碳消费行为的心理动机。已有文献中与高碳消费行为相关的研究主要是关于浪费行为(Gustavsson et al.,2011)、过度消费行为(Ekins,1991)以及非绿色行为(Schuhwerk and Lefkoff-Hagius,1995)的研究。所有的碳消费行为都会产生碳排放,为区分高碳消费行为与普通碳消费行为,本章通过对浪费行为、过度消费行为以及非绿色行为的研究,结合本书扎根研究的相关内容并借鉴党的十九大报告中对推进绿色发展的要求,将高碳消费行为定义为公众在日常生活中由奢侈、浪费和不合理消费导致碳排放增加的行为。考虑到公众在日常生活中与碳排放增加相关的消费活动主要是购买型消费活动和日常习惯型消费活动。因此,参照第五章公众低碳消费行为的类型划分,本章将公众的高碳消费行为也分为购买型高碳消费行为和习惯型高碳消费行为。其中,购买型高碳消费行为是指购买会导致碳排放增加的消费品或进行奢侈浪费、不合理消费的行为;习惯型高碳消费行为是指在日常生活中由于消费习惯造成不必要的碳排放增加的行为,比如离开房间不关灯、夏天习惯将空调温度调到很低或冬天习惯将空调温度开到很高等。

公众生活方式低碳化的障碍因素很多时候也是诱发公众采取高碳生活方式的主要因素。探索公众高碳消费的社会心理诱发机制,能更加直观、有效的体现社会心理障碍因素对公众生活方式低碳化的阻碍机制。因此,本章通过对扎根研究结果的总结,结合理论将障碍因素归纳为公众高碳消费行为的社会心理诱因,并以此来探讨公众高碳生活方式的社会心理诱发机制。

通过对扎根研究的总结归纳,并结合 Marcoux et al.(1997),本章将公众高碳消费行为的社会心理诱发机制细分为物质享乐主义、人际关系调节、群体归属交流、社会地位展示和夸耀五个维度。其中:物质享乐主义指的是消费能带来信息采集和愉快体验等方面的收获;人际关系调节是指个体通过消费行为寻求社会关系的协调一致;群体归属交流指个体通过消费寻求对群体人口统计特征、社会经济地位、种族或文化定型等特征的归属或分离;社会地位展示指个体希望通过消费行为来展现自身的成功、财富和声望等社会地位;夸耀指个体购买被他人知道的高价商品,以期获得赞赏或羡慕。

第二节　社会心理诱因与高碳消费行为的关系假设

一、社会心理诱因与高碳消费行为

奢侈消费是展示消费者社会地位的有效途径,因此消费者通常会为展示其地位进行过度或不合理的消费。早在 1997 年,Marcoux et al.(1997)就在实证调查研究波兰年轻消费者对西方产品的消费偏好时发现,对于不同的消费产品,社会心理诱因的作用效果不同,人际关系调节对化妆品以及电子产品的选择具有重要影响,而社会地位展示则对衣服和电子产品的选择具有显著影响。Marcoux et al.(1997)认为,波兰年轻消费者更愿意使用西方制造的衣服、化妆品以及电子产品的重要原因就是希望通过奢侈消费或高碳消费来达到显示社会地位或实现其优化人际关系的目标。邓可斌和何问陶(2005)在分析引发我国消费增长问题的研究中也发现,社会地位因素及其受重视的程度对消费有一定的刺激作用。

除了社会地位展示的需要,消费所带来的物质体验享受也会促使消费者进行不合理消费。如日常生活中,注重体验享受的消费者更倾向于打车而不是坐公交车。郑玉香和袁少锋(2009)对中国消费者炫耀性购买行为特征的研究发现,参照群体的价值观表达与消费者的物质享乐主义之间存在强正相关关系。李鹏举和黄沛(2010)在"80后"的消费价值观的研究中也发现,物质主义正向影响着消费者的主观幸福感。

消费者的社会属性使得群体归属成为其在消费过程中的重要影响因素。Goldstein and Cialdini(2008)开展的一项宾馆顾客重复使用毛巾的实验研究发现,向顾客传达"大部分人都能主动做到重复使用毛巾"这样的社会规范信息比单纯地告诉他们重复使用毛巾有利于节约资源更有效果。与社会规范的作用机制相似,个体的从众心理也会影响其实施低碳行为。研究发现,消费者会受到自身所处社会环境和周围群体的压力影响,使自己的消费行为遵从群体的偏好、标准和规范。石洪景(2016)在福建开展的居民节能行为的实证调查发现,从众心理对促进居民实施节能行为具有积极的正向作用。以上研究发现,当周围群体都在进行低碳消费时,消费者通常会因为社会规范、群体压力等因素选择加入群体,也实施低碳行为。那么当群体都在进行不合理消费时,群体归属将会怎样影响消费者?这个问题值得进一步探讨。

此外,少数研究也发现了群体归属、人际关系、物质主义、社会地位、夸耀等对消费者进行奢侈消费和非绿色消费的影响。如 Mi et al.(2018)的调查研究发现,物质享乐主义、人际关系调节和社会地位展示能显著增加公众的高碳消费行为。刘尊礼等(2014)也发现,社会地位展示、夸耀、物质享乐主义、人际关系和群体归属均会驱动消费者购买炫耀性产品的意向。He et al.(2016)对中国 4 个城市的 600 名消费者的非绿色消费行为进行实证调查也发现,消费者偏好、参照群体和面子意识等社会心理因素会正向引发个体非绿色消费行为。可见,社会心理诱因对公众高碳消费行为具有重要的影响力。因此,本章提出以下假设。

　　H_1：社会心理诱发因素对公众的习惯型高碳消费行为具有显著正向驱动作用。

　　　　H_{1a}：物质享乐主义对公众习惯型高碳消费行为具有显著正向驱动作用。

　　　　H_{1b}：人际关系调节对公众习惯型高碳消费行为具有显著正向驱动作用。

　　　　H_{1c}：群体归属交流对公众习惯型高碳消费行为具有显著正向驱动作用。

　　　　H_{1d}：社会地位展示对公众习惯型高碳消费行为具有显著正向驱动作用。

　　　　H_{1e}：夸耀对公众习惯型高碳消费行为具有正向驱动作用。

　　H_2：社会心理诱发因素对公众购买型高碳消费行为具有正向驱动作用。

　　　　H_{2a}：物质享乐主义对公众购买型高碳消费行为具有正向驱动作用。

　　　　H_{2b}：人际关系调节对公众购买型高碳消费行为具有正向驱动作用。

　　　　H_{2c}：群体归属交流对公众购买型高碳消费行为具有正向驱动作用。

　　　　H_{2d}：社会地位展示对公众购买型高碳消费行为具有正向驱动作用。

　　　　H_{2e}：夸耀对公众购买型高碳消费行为具有正向驱动作用。

二、面子意识的调节作用

　　在中国文化下，面子是指个体在社会中的自我公众形象，面子意识指个体对自我公众形象的感知（郑玉香和范秀成，2011）。受中国社会高情境文化的影响，中国公众的消费行为具有很强的群体嵌入性，他们需要靠消费过程中的面子来得到社会认同，即通过可见的消费行为向周围人传达"我是谁""我属于什么样的群体和阶层"等信息。因此，面子意识也被认为是解释中国人诸多行为的关键（姜彩芬，2009）。Chen et al.（2017）指出，获得面子和建立社会联系等因素会使得个人的实际行为与原始意愿相冲突。Li and Su（2007）对220个中美消费者的跨文化比较研究发现，面子需要是中国消费者的消费行为区别于美国消费者的重要消费动机，中国消费者比美国消费者更容易受到声望动机的影响。Bao et al.（2003）也从中美文化对比的角度，对 226 个样本的面子意识与消费决策进行实证检验，结果发现，美国消费者的面子意识相对较弱，更注重商品的内在属性是否满足自我需求，而中国消费者的面子意识较强，对商品的外在形象和名气等方面十分看重。施卓敏等（2017）的实证研究也支持了这一观点，其发现：与面子意识较弱的消费者相比，面子意识较强的消费者更愿意购买炫耀性产品；而且，面子意识的不同类型对炫耀性产品购买意愿的影响存在显著差异。Li et al.（2015）、Sun et al.（2017）和 Jiang and Shan（2016）均认为面子意识对地位消费、奢侈品消费均存在积极的影响。此外，王建明（2013）通过 1330 个消费者调查数据的实证研究也发现，个体责任意识、节约知识、资源节约情感与公众资源节约行为之间的关系受到面子意识的显著调节。因此，本章提出以下假设。

H₃：面子意识的强弱对社会心理诱发因素与高碳消费行为之间的关系具有显著调节作用。

H₃ₐ：面子意识的强弱对社会心理诱发因素与习惯型高碳消费行为之间的关系具有显著调节作用。

H₃ᵦ：面子意识的强弱对社会心理诱发因素与购买型高碳消费行为之间的关系具有显著调节作用。

三、人口统计特征的调节作用

Han et al.（2015）在对中国城镇家庭碳排放决定因素进行实证调查的过程中发现，年轻人、高收入家庭和受教育程度较高的居民产生的碳排放更多。Zhang et al.（2015）基于 69 篇家庭碳排放的文献综述研究也发现，公众的家庭收入越高，越会追求更大面积的房子、更豪华的私家车、更加舒适的生活环境，由此产生的 CO_2 排放也会随之增多。而且，未成年人比成年人和老人的碳排放更多。王春晓和朱虹（2016）发现，中国消费者的物质主义消费倾向较强，而且这种物质主义倾向在人口统计特征上存在显著差异。其中，和女性相比，男性具有更强的物质主义倾向；家庭收入越高的人，物质主义的消费倾向越强；但是，受教育程度的差异和年龄差异在物质主义倾向上的差异不显著。Chekima et al.（2016）也发现，教育水平和性别对绿色购买动机具有显著的正向调节效应，尤其是女性消费者，绿色购买的动机更大。由此可知，性别、年龄、收入、教育等人口统计特征是影响社会心理诱发因素与高碳消费行为之间关系的重要因素。因此，本章提出以下假设。

H₄:社会心理诱发因素与公众高碳消费行为之间的关系受到性别、婚否、年龄、受教育程度、家庭月可支配收入5个人口统计特征因素的显著调节。

H₄ₐ:性别对社会心理诱发因素与高碳消费行为之间的路径关系存在调节效应。

H₄ᵦ:婚姻状况对社会心理诱发因素与高碳消费行为之间的路径关系存在调节效应。

H₄ᵧ:年龄对社会心理诱发因素与高碳消费行为之间的路径关系存在调节效应。

H₄ᵨ:受教育程度对社会心理诱发因素与高碳消费行为之间的路径关系存在调节效应。

H₄ₑ:家庭月可支配收入对社会心理诱发因素与高碳消费行为之间的路径关系存在调节效应。

四、公众高碳消费行为的社会心理诱发机制理论模型的建立

基于以上论述与假设,本章依据扎根理论定性研究构建了公众高碳消费行为的社会心理诱发机制理论模型(见图6-1)。

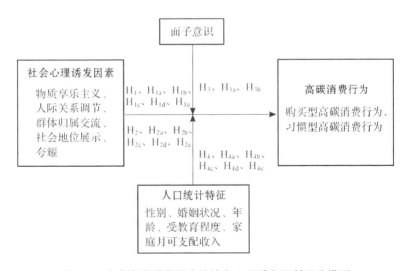

图6-1　公众高碳消费行为的社会心理诱发机制理论模型

第三节　研究变量测量与量表检验

本节主要探索我国公众高碳消费行为的社会心理诱发机制,分析不同的社会心理诱发因素对公众高碳消费行为的影响。研究方法的确定和变量测量工具的开发过程已经在第五章详细介绍,不再赘述。

一、初始量表的生成与修订

为明确研究对象,结合访谈扎根和文献研究,本节对图 6-1 理论模型中的变量进行了概念界定(见表 6-1)。

表 6-1　理论模型中的变量

研究变量	变量界定
购买型高碳消费行为	日常生活中主动购买高碳排放产品或进行奢侈、不合理消费
习惯型高碳消费行为	日常生活中无节制使用高能耗产品
物质享乐主义	消费能带来信息采集和愉快体验等方面的收获
人际关系调节	个体通过消费行为寻求社会关系的协调一致
群体归属交流	个体通过消费寻求对群体人口统计特征、社会经济地位、种族或文化定型等特征的归属或分离
社会地位展示	个体希望通过消费行为来展现自身的成功、财富和声望等社会地位
夸耀	个体购买被他人知道的高价商品,以期获得赞赏或羡慕
面子意识	人们对自我公众形象的感知
人口统计特征	性别、婚姻状况、年龄、受教育程度、家庭月可支配收入

表 6-2 是各研究变量的英文缩写,将用于后续的分析结果呈现。

表 6-2　各测量变量的英文缩写

研究变量	英文缩写	英文全称
购买型高碳消费行为	PHCB	purchased high-carbon consumption behavior
习惯型高碳消费行为	HHCB	habitual high-carbon consumption behavior
物质享乐主义	MH	materialistic hedonism
人际关系调节	IM	interpersonal mediation
群体归属交流	CB	communication of belonging to/ dissociation from a group
社会地位展示	SSD	social status demonstration
夸耀	O	ostentation
面子意识	FC	face consciousness

本章基于扎根理论,建构公众高碳消费行为的社会心理诱发机制理论

模型。因涉及较多的研究变量,所以本章所开发的初始量表中的指标题项
也相对较多。经过多次的完善和修订,形成的初始问卷主要包含公众高碳
消费行为、社会心理诱发因素、被调查者基本信息三个部分,包括 24 道测量
指标题项和 5 道人口统计特征基本信息题,合计 29 道题项(见表 6-3)。

表 6-3　初始问卷中量表的构成

研究变量	维度或因素	参考来源	测量题项
公众高碳消费行为	习惯型高碳消费行为	Lindén and Klintman,2003;《全民节能减排手册》(2007 年发布);《国务院办公厅关于严格执行公共建筑空调温度控制标准的通知》(2007 年发布);	Q1.1—Q1.5
	购买型高碳消费行为	张先峰和姜允珍,2010;杨志,2010;芈凌云,2011;岳婷,2014;Barr et al.,2005	Q2.1—Q2.3
社会心理诱发因素	物质享乐主义	Marcoux et al.,1997;王建明,2013;O'Cass and McEwen,2004	Q3.1—Q3.16
	人际关系调节		
	群体归属交流		
	社会地位展示		
	夸耀		
	面子意识		
人口统计特征	性别	Chung and Poon,2001;Barr,1995;自行开发	Q4.1—Q4.5
	婚姻状况		
	年龄		
	受教育程度		
	家庭月可支配收入		

预调查问卷的构成和设置说明如下。

(一)公众高碳消费行为

能源消费行为高碳化因素的测量主要参考 Lindén and Klintman
(2003)并结合我国公众的生活方式进行调整。高碳消费行为分为习惯型高
碳消费行为和购买型高碳消费行为,其测量指标参考科技部编制的《全民节
能减排手册》中的内容进行自行开发。公众生活方式从公众日常生活中的
衣、食、住、行、用五个方面考虑,并参考《全民节能减排手册》(2007 年发

布)、《国务院办公厅关于严格执行公共建筑空调温度控制标准的通知》(2007 年发布)等自行开发,同时借鉴张先峰和姜允珍(2010)、芈凌云(2011)等对量表进行修正。其中,习惯型高碳消费行为从衣、食、住、行、用五个方面,筛选出对中国普通城市消费者而言,较为普遍、易于观测的消费行为进行设计;购买型高碳消费行为从购买高能耗产品的种类(如家电、汽车)等方面进行开发设计。其中,习惯型高碳消费行为包括 5 道测量题项,购买型高碳消费行为包含 3 道测量题项。

(二)社会心理诱发因素

在自变量测量量表的开发中,根据扎根理论的研究结果,选取了社会地位展示、人际关系调节、物质享乐主义、群体归属交流和夸耀 5 个变量。其中:社会地位展示、人际关系调节、群体归属交流 3 个变量的测量主要参照 Marcoux et al.(1997)的量表进行修订;物质享乐主义的测量主要参照 Marcoux et al.(1997)和王建明(2013)的量表进行修订;夸耀的测量则参照 Marcoux et al.(1997)和 O'Cass and McEwen(2004)的量表进行修订。此外,调节变量面子意识的测量参考王建明(2013),采用两级量表(1 代表是,0 代表否)进行测量,以便更有效地对公众进行群体细分。量表共包含 16 道测量题项。

(三)人口统计特征

人口统计特征因素主要包括性别、年龄、婚姻状况、受教育程度和家庭月可支配收入 5 个因素。问卷共 29 道题项,填答大约需要 5—8 分钟。

二、预调查与量表修订

(一)预调查

为了检验初始量表能否准确表达研究变量的内涵、量表的信度和效度是否良好、测量语句的表达是否通顺易懂、填答时间的合理性等问题,需要开展预调查。预调查在 2017 年 4 月通过在线电子调查完成,共收回有效问卷 98 份。吴明隆(2010)要求,预调查人数需要是问卷中题项最多分量表测量指标的 3—5 倍。本章中自变量"社会心理诱发因素"量表的题项最多,为 16 项,因此,预测样本不应少于 48 份。本章预测样本为 98 份,符合预测要求。

(二)初始量表的检验与修订

检验量表的信度与效度是为了验证量表的可靠性和一致性、旨在保证量表能真实反映研究目标。本节运用 AMOS 22.0 和 SPSS 19.0 进行量表的信度和效度分析,并根据检验结果对初始量表进行修正,形成正式量表和调查问卷。

对量表的信度和效度进行分析后,本章综合考虑信度与效度分析的结果,对预调查量表进行调整:一是在公众生活方式低碳化行为中,购买型高碳消费行为量表中删除题项9。二是在社会心理诱发因素中,物质享乐主义量表中删除题项3;人际关系调节量表中删除题项12;夸耀量表中删除题项15。

综合量表的修正情况见表6-4。经过调整和修改后得到的正式量表共有涉及8个变量的20道指标题项,以及人口进行异质性因素调查的5道题项。

表 6-4　变量测量量表修正情况

变量	英文缩写	原有题项数	删除	修改	增加	正式量表观测题项数
习惯型高碳消费行为	HHCB	5	0	0	0	5
购买型高碳消费行为	PHCB	3	1	0	0	2
物质享乐主义	MH	3	1	0	0	2
人际关系调节	IM	3	0	0	0	3
群体归属交流	CB	3	0	0	0	3
社会地位展示	SSD	3	0	0	0	3
夸耀	O	3	1	0	0	2
面子意识	FC	1	0	0	0	1

三、正式调查与量表检验

(一)正式量表的生成

经过预调查的检验与修订,正式量表题设如表6-5所示。

表 6-5　正式量表题项

变量名称	测量题项	测量题项内容
习惯型高碳消费行为 (HHCB)	$HHCB_1$	喜欢经常买新衣服
	$HHCB_2$	在外吃饭时,点的菜品只多不少
	$HHCB_3$	夏天或冬天,喜欢经常开空调
	$HHCB_4$	喜欢开车出行,不太考虑距离远近
	$HHCB_5$	去超市购物时,总是忘记带购物袋

续表

变量名称	测量题项	测量题项内容
购买型高碳消费行为（PHCB）	PHCB$_1$	买家电更关注品牌和功能，没注意节能等级
	PHCB$_2$	买汽车首选大品牌、动力强的
物质享乐主义（MH）	MH$_1$	与一般人相比，比较注重物质消费
	MH$_2$	人们购买别人没有的高档产品是为了体现自己与众不同
人际关系调节（IM）	IM$_1$	有时会为了让自己在人群中更有魅力而消费高档产品
	IM$_2$	会出于维护与周围人的良好关系而进行高档消费
群体归属交流（CB）	CB$_1$	人们购买高档产品是因为周围的朋友、同事或邻居都有
	CB$_2$	人们购买高档产品是为了获取关注度
	CB$_3$	人们进行高档消费是因为许多人都如此
社会地位展示（SSD）	SSD$_1$	高档消费是一种身份和地位的象征
	SSD$_2$	消费高档产品能体现出一个人事业成功
	SSD$_3$	经常消费高档产品是一种财富的展示
夸耀（O）	O$_1$	带朋友吃饭，更愿意选择高档一点的餐厅
	O$_2$	如果购买了名牌商品，很乐意让朋友知道
面子意识（FC）	FC	相对一般人来说，在生活中比较注重面子

（二）正式问卷调查数据收集

正式调查是以徐州市为案例开展实地调查，这可以为中国东部众多的三线城市引导公众生活方式低碳化提供参考。调查抽样采取分城区抽样的方式进行，在徐州市的鼓楼区、铜山区、泉山区、云龙区等4个主城区各选择一个周边居民小区密集的大型市民广场或大型绿地公园作为调查点。采取一对一的方式进行调查问卷现场发放、现场回收，以保证数据调查的质量。由于正式量表包括20道观测指标测量题项，因此根据结构方程模型的统计原则和抽样计算方法，决定在4个区共发放400份调查问卷，每个区随机发放100份问卷。实际收回396份问卷，查出45份无效问卷，最终351份问卷数据被编码以做进一步分析，问卷的有效率为88.64%。

（三）样本构成分析

样本的人口统计特征分布较为均衡，具有良好代表性（见表6-6）。

表 6-6 样本结构特征描述

项目	类型	人数	比例	项目	类型	人数	比例
性别	男	186	53.0%	受教育程度	初中及以下	41	11.7%
	女	165	47.0%		高中、中专	104	29.6%
婚姻状况	已婚	236	67.2%		大专或本科	185	52.7%
	未婚	115	32.8%		研究生	21	6.0%
年龄	18—20 岁	33	9.4%	家庭月可支配收入	2000 元及以下	38	10.8%
	21—30 岁	138	39.3%		2001—5000 元	167	47.6%
	31—40 岁	128	36.5%		5001—10000 元	114	32.5%
	41—50 岁	40	11.4%		10001—20000 元	27	7.7%
	51—60 岁	7	2.0%		20001—50000 元	4	1.1%
	60 岁以上	5	1.4%		50001 元及以上	1	0.3%

(四)正式量表的信效度分析与正态性检验

在对正式量表数据进行分析和模型验证之前,需要先分析正式量表的信度、效度以及检验其正态性。

1. 信度分析

本章采用 SPSS 19.0 分析正式量表的整体信度。结果显示:整体信度的 Cronbach's α 为 0.806,大于 0.6 的阈值,量表的整体信度良好。之后,对各分量表的信度进行了检验,结果见表 6-7。各个分量表的 Cronbach's α 均大于 0.6,说明分量表的信度较好,量表具有较高的可靠性和一致性。

表 6-7 各分量表的信度检验结果

变量名	变量英文缩写	题项数	Cronbach's α
习惯型高碳消费行为	HHCB	5	0.676
购买型高碳消费行为	PHCB	2	0.613
物质享乐主义	MH	2	0.665
人际关系调节	IM	2	0.771
群体归属交流	CB	3	0.860
社会地位展示	SSD	3	0.864
夸耀	O	2	0.734
面子意识	FC	1	——

2. 效度分析

量表效度包括收敛效度和区别效度。本节采用探索性因子分析和验证性因子分析进行效度检验。根据 Bentler and Chou(1987)的建议,本节将初始概念模型中的研究变量分为因变量和自变量两个组,分别进行区别效度和收敛效度的检验。

(1)因变量的量表效度检验

因变量是公众高碳消费行为,包括习惯型高碳消费行为(HHCB)和购买型高碳消费行为(PHCB),共 7 个测量指标。在运用探索性因子分析进行效度检验之前,先对量表进行 KMO 和 Bartlett's 球形检验,结果如表 6-8 所示。

表 6-8　公众高碳消费行为的 KMO 和 Bartlett's 球形检验结果

检验项目		值
取样足够度的 Kaiser-Meyer-Olkin 度量		0.710
Bartlett's 球形检验	χ^2	362.932
	df	21
	P	0.000

从表 6-8 可以看出,因变量公众高碳消费行为的 KMO 为 0.710(>0.7),Bartlett's 球形检验的 χ^2 较大并具有显著统计性($P=0.000<0.05$),量表适合进行探索性因子分析。

随后,本节采用主成分分析法对公众高碳行为的测量题项提取主成分,并采用最大方差法进行因子旋转,以检验量表的区别效度和收敛效度(见表 6-9、表 6-10)。

表 6-9　公众高碳消费行为变量量表的解释总方差

成分	初始特征值			提取平方和载入			旋转平方和载入		
	合计	方差占比/%	累积/%	合计	方差占比/%	累积/%	合计	方差占比/%	累积/%
1	2.416	34.521	34.521	2.416	34.521	34.521	2.175	31.075	31.075
2	1.281	18.303	52.823	1.281	18.303	52.823	1.522	21.748	52.823

表 6-10　公众高碳消费行为变量测量题项的旋转成分矩阵

变量	测量题项	主因子	
		1	2
习惯型高碳消费行为	$HHCB_1$	0.682	-0.075
	$HHCB_2$	0.707	0.180
	$HHCB_3$	0.733	-0.043
	$HHCB_4$	0.586	0.232
	$HHCB_5$	0.554	0.236
购买型高碳消费行为	$PHCB_2$	0.037	0.849
	$PHCB_5$	0.150	0.807

　　由表 6-9 可以看出，7 道题项共提取了 2 个公因子，且总方差解释率为52.823%，符合要求。由表 6-10 各测量指标在其潜变量上的因子载荷可以看出，各因变量的测量指标都较好地分布在 2 个潜变量上，且测量指标在所测变量上的因子载荷均大于 0.5，收敛效度较好，在其他潜变量上均小于0.5，区别效度符合要求。可见，因变量的整体构建效度良好。

　　尽管探索性因子在检验量表中的变量分维上具有很好的适用性，但其假定的一些条件，例如：所有测度项的残差独立、所有因子旋转后都影响测度项等条件与实际状态会存在偏差。因此，为了更准确地检验测量指标、反映所测变量的真实性，需要进一步进行验证性因子分析。

　　验证性因子分析是在对理论模型的结构、各个研究变量的维度已经了解的基础上，检验数据是否能够拟合假设的模型（王济川等，2011）。本节运用Amos 22.0 对公众高碳消费行为量表进行验证性因子分析，结果如表 6-11 所示。

表 6-11　公众高碳消费行为变量验证性因子分析结果

测量题项	因子载荷
$HHCB_1$	0.516
$HHCB_2$	0.658
$HHCB_3$	0.575
$HHCB_4$	0.517
$HHCB_5$	0.572
$PHCB_1$	0.226
$PHCB_2$	0.797

注：$\chi^2 = 34.715$，df $= 13$，CMIN/df $= 2.670$，$P = 0.001$，RMSEA $= 0.069$，GFI $=0.973$，AGFI $= 0.941$，IFI $= 0.939$，TLI $= 0.292$，NFI $= 0.905$。

由表 6-11 的分析结果可以看出,除 χ^2 受样本容量的影响较大,无法很好地判断模型拟合度之外,其他拟合指数均达到理想状态,且各测量指标项在各潜变量上的因子载荷均大于 0.5。因此,因变量公众高碳消费行为量表的区别效度与收敛效度良好。

(2)自变量效度分析

自变量社会心理诱因主要包含社会地位展示、人际关系调节、物质享乐主义、群体归属交流和夸耀 5 个变量,共 12 道测量题项。

在进行探索性因子分析之前,先进行 KMO 和 Bartlett's 球形检验,结果见表 6-12。

表 6-12　自变量社会心理诱因量表的 KMO 和 Bartlett's 球形检验结果

检验项目		值
取样足够度的 Kaiser-Meyer-Olkin 度量		0.901
Bartlett's 球形检验	χ^2	2219.895
	df	66
	P	0.000

由表 6-12 可以看出,社会心理诱因量表的 KMO 为 0.901(>0.7)且 Bartlett's 球形检验的 χ^2 较大,并达到显著统计性($P=0.000<0.05$),由此可知,量表适合进行因子分析。

本节采用主成分分析法提取自变量社会心理诱因测量题项的主成分,采用最大方差法进行因子旋转。检验结果见表 6-13 和表 6-14。

表 6-13　社会心理诱发因素量表的解释总方差

成分	初始特征值			提取平方和载入			旋转平方和载入		
	合计	方差占比/%	累积/%	合计	方差占比/%	累积/%	合计	方差占比/%	累积/%
1	5.954	49.613	49.613	5.954	49.613	49.613	2.538	21.149	21.149
2	1.344	11.202	60.815	1.344	11.202	60.815	2.438	20.313	41.462
3	0.953	7.939	68.753	0.953	7.939	68.753	1.608	13.402	54.864
4	0.764	6.366	75.119	0.764	6.366	75.119	1.570	13.085	67.949
5	0.594	4.954	80.073	0.594	4.954	80.073	1.455	12.125	80.073

表 6-14　社会心理诱发因素测量题项的旋转成分矩阵

变量	测量题项	主因子				
		1	2	3	4	5
物质享乐主义	MH$_1$	0.085	0.096	0.137	0.445	0.784
	MH$_2$	0.432	0.214	0.108	−0.078	0.765
人际关系调节	IM$_1$	0.202	0.456	0.238	0.626	0.179
	IM$_2$	0.214	0.254	0.279	0.781	0.135
群体归属交流	CB$_1$	0.813	0.250	0.089	0.096	0.231
	CB$_2$	0.821	0.230	0.196	0.118	0.097
	CB$_3$	0.806	0.211	0.087	0.223	0.139
社会地位展示	SSD$_1$	0.344	0.715	0.112	0.212	0.250
	SSD$_2$	0.216	0.820	0.199	0.252	0.100
	SSD$_3$	0.244	0.813	0.248	0.135	0.060
夸耀	O$_1$	0.177	0.178	0.757	0.392	0.000
	O$_2$	0.129	0.272	0.838	0.104	0.218

12 道题项共提取了 5 个公因子,且总方差解释率为 80.073%,提取的公因子对整体变量的解释率较高。由各测量题项在不同自变量上的因子载荷可以看出,各因变量的测量指标都较好地分布在 5 个不同的潜变量上,且测量指标在所测潜变量上的因子载荷大于 0.5,在其他潜变量上均小于 0.5,说明自变量社会心理诱因的量表具有较好的收敛效度和区别效度。

验证性因子分析是在对理论模型的结构、各个研究变量的维度已经了解的基础上,检验数据是否能够拟合假设模型。本节运用 Amos 22.0 对 5 个社会心理诱发因素的量表进行验证性因子分析,结果见表 6-15。

表 6-15　社会心理诱发因素量表的验证性因子分析结果

测量题项	因子载荷	测量题项	因子载荷
MH$_1$	0.770	SSD$_1$	0.805
MH$_2$	0.647	SSD$_2$	0.864
CB$_1$	0.843	SSD$_3$	0.810
CB$_2$	0.809	IM$_1$	0.816
CB$_3$	0.807	IM$_2$	0.770
O$_1$	0.647	O$_2$	0.770

注:$\chi^2 = 128.665$,df $= 44$,CMIN/df $= 2.924$,$P = 0.000$,RMSEA $= 0.074$,GFI $= 0.945$,AGFI $= 0.903$,RFI $= 0.914$,TLI $= 0.942$,NFI $= 0.943$。

　　由表6-15的分析结果可以看出拟合指数均达到理想要求,且各测量指标项在各潜变量上的因子载荷均大于0.5。因此,总体来说社会心理诱发因素量表的区别效度与收敛效度较好。

　　3. 正态性检验

　　在运用结构方程模型(SEM)之前,我们对数据进行了正态性检验。Mardia(1970)指出,观察各测量指标的偏度和峰度可以对多维量表的正态性进行判断。当测量指标的峰度系数和偏度系数的绝对值小于2时,说明量表近似正态分布(Mardia and Foster,1983)。若偏度系数和峰度系数绝对值为2—3,表明数据分布可能略微偏离正态分布,但通常不会对统计推断产生重大影响。当偏度系数和峰度系数绝对值超过3时,需要对数据进行进一步处理(Kline and Santor,1999)。本节利用SPSS 19.0对各分量表的数据进行正态性检验,具体结果见表6-16。由结果可见,各测量指标的峰度系数和偏度系数的绝对值均小于2,数据分布近似正态分布,正态性检验符合要求。

表 6-16　各研究变量测量指标的峰度和偏度系数

题项	偏度		峰度		题项	偏度		峰度	
	统计量	标准误	统计量	标准误		统计量	标准误	统计量	标准误
$HHCB_1$	0.484	0.130	−0.513	0.260	MH_1	0.287	0.130	−0.814	0.260
$HHCB_2$	0.494	0.130	−0.495	0.260	MH_2	0.387	0.130	−0.712	0.260
$HHCB_3$	0.189	0.130	−0.954	0.260	SSD_1	0.145	0.130	−1.073	0.260
$HHCB_4$	0.703	0.130	−0.518	0.260	SSD_2	0.015	0.130	−1.005	0.260
$HHCB_5$	−0.217	0.130	−1.279	0.260	SSD_3	0.144	0.130	−1.045	0.260
$PHCB_1$	0.018	0.130	−1.791	0.260	IM_1	0.485	0.130	−0.396	0.260
$PHCB_2$	0.396	0.130	−1.500	0.260	IM_2	0.526	0.130	−0.588	0.260
CB_1	−0.063	0.130	−0.774	0.260	O_1	0.049	0.130	−0.724	0.260
CB_2	0.020	0.130	−0.812	0.260	O_2	0.346	0.130	−0.606	0.260
CB_3	−0.069	0.130	−0.854	0.260	FC	0.527	0.130	−1.733	0.260

第四节　公众高碳消费行为的社会心理 诱发机制实证检验

一、均值分析

(一)因变量均值分析

本节对习惯型高碳消费行为(HHCB)、购买型高碳消费行为(PHCB)2个因变量的整体均值进行了描述性统计(见表6-17)。

表 6-17　公众高碳消费行为的描述性统计结果

变量	最小值	最大值	平均值	标准差
HHCB	1.00	5.00	2.80	0.787
PHCB	1.00	5.00	2.79	1.491

从整体来看,公众高碳消费行为平均值都不高。对比两类高碳消费行为,习惯型高碳消费行为的均值为 2.80,与购买型高碳消费行为的均值 2.79 相差不大。

本节进一步对高碳组因变量各测量指标的均值与标准差进行分析,结果见表6-18。

表 6-18　公众高碳消费行为各测量题项的描述性统计结果

题项	最小值	最大值	平均值	标准差
$HHCB_1$	1	5	2.81	1.058
$HHCB_2$	1	5	2.48	1.095
$HHCB_3$	1	5	2.98	1.183
$HHCB_4$	1	5	2.37	1.249
$HHCB_5$	1	5	3.34	1.355
$PHCB_1$	1	5	2.98	1.815
$PHCB_2$	1	5	2.59	1.694

习惯型高碳消费行为的均值为 2.37—3.34。其中,$HHCB_4$"喜欢开车出行,不太考虑距离远近"的均值最小,$HHCB_5$"去超市购物时,总是忘记带购物袋"的均值最大,说明相比开车出行,公众在日常购物时

的高碳消费更多。

购买型高碳消费行为的均值为 2.59—2.98。其中,PHCB$_1$"买家电更关注品牌和功能,没注意节能等级"的均值较大,PHCB$_2$"买汽车首选大品牌、动力强的"的均值较小,说明公众在生活方式低碳化过程中,相比购买汽车,在购买家电时对能耗更不关注。

(二)自变量均值分析

本节对社会心理诱发因素的物质享乐主义(MH)、群体归属交流(CB)、社会地位展示(SSD)、人际关系调节(IM)和夸耀(O)5 个自变量的整体均值进行描述性统计,结果见表 6-19。

表 6-19　社会心理诱发因素的描述性统计结果

变量	最小值	最大值	平均值	标准差
MH	1.00	5.00	2.93	0.980
CB	1.00	5.00	3.14	0.983
SSD	1.00	5.00	3.01	1.060
IM	1.00	5.00	2.69	0.978
O	1.00	5.00	2.91	0.976

可见,5 个变量的均值为 2.69—3.14。其中:群体归属交流的均值最大,为 3.14;人际关系调节的均值最小,为 2.69。物质享乐主义、社会地位展示和夸耀的均值相差不大。可见在社会心理诱发因素中,公众群体归属交流的需要最为强烈。

本节进一步对社会心理诱发因素各测量指标的均值与标准差进行分析,结果见表 6-20。

表 6-20　社会心理诱发因素各测量题项的描述性统计结果

题项	最小值	最大值	平均值	标准差
MH$_1$	1	5	2.95	1.129
MH$_2$	1	5	2.91	1.134
CB$_1$	1	5	3.13	1.114
CB$_2$	1	5	3.15	1.100
CB$_3$	1	5	3.15	1.121
SSD$_1$	1	5	2.99	1.204

续表

题项	最小值	最大值	平均值	标准差
SSD_2	1	5	3.03	1.192
SSD_3	1	5	3.00	1.188
IM_1	1	5	2.64	1.054
IM_2	1	5	2.74	1.113
O_1	1	5	3.01	1.091
O_2	1	5	2.81	1.104

物质享乐主义 2 个指标的均值分别为 2.95 与 2.91。其中，MH_1"与一般人相比，比较注重物质消费"的均值较大，MH_2"人们购买别人没有的高档产品是为了体现自己与众不同"的均值相对较小，说明相比于体现自身与他人的不同，公众更重视物质享受。

群体归属交流的均值为 3.13—3.15。其中，CB_2"人们购买高档产品是为了获取关注度"的均值与 CB_3"人们进行高档消费是因为许多人都如此"的均值同为 3.15，而 CB_1"人们购买高档产品是因为周围的朋友、同事或邻居都有"的均值相对较小。

社会地位展示的均值为 2.99—3.03。其中，SSD_1"高档消费是一种身份和地位的象征"的均值较小，SSD_2"消费高档产品能体现出一个人事业成功"的均值较大，说明公众消费高档产品的目标更多地在于体现个人成功。

人际关系调节 2 个指标的均值分别为 2.64 与 2.74。其中，IM_1"有时会为了让自己在人群中更有魅力而消费高档产品"的均值较小，IM_2"会出于维护与周围人的良好关系而进行高档消费"的均值相对较大，说明相比让自己更有魅力，公众消费高档产品更多是为了与周围人有良好的关系。

夸耀 2 个指标的均值分别为 2.81 与 3.01。其中，O_1"带朋友吃饭，更愿意选择高档一点的餐厅"的均值较大，O_2"如果购买了名牌商品，很乐意让朋友知道"的均值相对较小，说明公众认为选高档餐厅请客比买名牌产品更能夸耀自身。

二、人口统计特征的方差分析

本节运用 SPSS 19.0 对公众的习惯型高碳消费行为和购买型高碳消费行为在性别、婚姻状况、年龄、受教育程度、家庭月可支配收入 5 个人口统计特征上的差异性进行检验。其中，对性别、婚否采用独立样本 T 检验，其他人口统计特征采用单因素方差分析。分析结果见表 6-21。

表 6-21　公众高碳消费行为在人口统计特征上的差异性分析结果

人口统计特征	类型	习惯型高碳消费行为（HHCB）			购买型高碳消费行为（PHCB）		
		均值	方差方程的Levene检验		均值	方差方程的Levene检验	
			F	P		F	P
性别	男性	2.87	0.074	0.786	2.76	0.460	0.498
	女性	2.71			2.82		
婚姻状况	已婚	2.75	0.266	0.606	2.78	0.200	0.655
	未婚	2.88			2.79		
年龄	20 岁及以下	2.94	1.919	0.091	2.44	1.928	0.089
	21—30 岁	2.79			2.92		
	31—40 岁	2.83			2.82		
	41—50 岁	2.78			2.81		
	51—60 岁	2.17			1.43		
	60 岁以上	2.12			2.20		
受教育程度	初中及以下	2.46	2.999	0.031	2.59	1.338	0.262
	高中、中专或技校	2.81			2.90		
	大专或本科	2.85			2.71		
	研究生（硕士或博士）	2.94			3.26		
家庭月可支配收入	2000 元及以下	2.49	5.446	0.004	2.50	1.992	0.079
	2001—5000 元	2.70			2.73		
	5001—10000 元	2.92			2.78		
	10001—20000 元	3.13			3.48		
	20001—50000 元	3.35			3.00		
	50000 元以上	5.00			5.00		

性别在习惯型高碳消费行为（$P=0.786>0.05$）和购买型高碳消费行为（$P=0.498>0.05$）上均不存在显著性差异，在均值上可以看到相比于购买能耗产品，男性更倾向于在日常习惯中实施高碳消费行为。

婚姻状况在习惯型高碳消费（$P=0.606>0.05$）和购买型高碳消费行

为（$P=0.655>0.05$）上均不存在显著差异，说明公众生活方式高碳化行为在婚姻状况上均不存在显著差异。

年龄在习惯型高碳消费行为（$P=0.091>0.05$）和购买型高碳消费行为上（$P=0.089>0.05$）均未通过统计检验，说明公众生活方式高碳化行为在年龄上均不存在显著差异。

受教育程度在习惯型高碳消费行为（$P=0.031<0.05$）上存在显著差异，这说明公众习惯型高碳消费行为因受教育程度不同存在显著差异。受教育程度越高，习惯型高碳消费行为越多。受教育程度在购买型高碳消费行为（$P=0.262>0.05$）上差异不显著。

在家庭月可支配收入的差异性检验中发现，公众在习惯型高碳消费行为（$P=0.004<0.05$）均存在显著性差异。均值比较可以看出：随着家庭月可支配收入的增加，公众的习惯型高碳消费行为的均值也有所增大，家庭月可支配收入50000元以上人群的习惯型高碳消费行为的均值最大。家庭月可支配收入在购买型高碳消费行为上不存在显著性差异（$P=0.079>0.05$）。

三、变量间 Pearson 相关性分析

为了探究变量之间的相关程度，为后续的回归分析以及结构方程模型拟合提供基础。本节通过 Pearson 相关系数进行相关分析。相关系数 r 小于 0.3，表示 2 个变量之间是弱相关；相关系数 r 为 0.3—0.5，表示 2 个变量之间是中等相关关系；相关系数 r 大于 0.5，表示 2 个变量之间是强相关关系。相关系数 r 大于 0，表示 2 个变量间为正相关关系；r 小于 0，表示 2 个变量间为负相关关系（张红兵等，2007）。

（一）因变量之间的相关分析

本节采用 Pearson 相关性分析对习惯型高碳消费行为和购买型高碳消费行为之间的相关性进行分析，结果见表 6-22。

表 6-22　公众高碳消费行为之间的相关性分析结果

消费行为	习惯型高碳消费行为	购买型高碳消费行为
习惯型高碳消费行为	1	
购买型高碳消费行为	0.254**	1

注：** 表示在 0.01 水平（双侧）上显著相关。

从表 6-22 可以看出：在 0.01 的显著性水平上，习惯型高碳消费行为与

购买型高碳消费行为之间存在弱相关关系。

(二)自变量与因变量间的相关分析

本节对社会心理诱发因素的 5 个自变量与习惯型高碳消费行为和购买型高碳消费行之间的相关性进行 Pearson 相关性分析,结果见表 6-23。

表 6-23 社会心理诱发因素与公众高碳消费行为的相关性分析结果

变量	HHCB	PHCB	MH	CB	SSD	IM	O
HHCB	1						
PHCB	0.254**	1					
MH	0.264**	0.143**	1				
CB	0.157**	0.026	0.532**	1			
SSD	0.191**	0.085	0.468**	0.603**	1		
IM	0.240**	0.129**	0.489**	0.503**	0.653**	1	
O	0.216**	0.102	0.392**	0.419**	0.551**	0.622**	1

注:** 表示在 0.01 水平(双侧)上显著相关。

从结果中可以看出,在 0.01 的显著性水平上:物质享乐主义与习惯型高碳消费行为和购买型高碳消费行为之间均存在弱相关关系;群体归属交流与习惯型高碳消费行为存在弱相关关系,与购买型高碳消费行为不存在相关关系,与物质享乐主义存在强相关关系;社会地位展示与习惯型低碳消费行为存在弱相关关系,与购买型高碳消费行为不存在相关关系,社会地位展示与物质享乐主义存在中等相关关系,与群体归属交流存在强相关关系;人际关系调节与习惯型高碳消费行为和购买型高碳消费行为之间均存在弱相关关系,与物质享乐主义存在中等相关关系,与群体归属交流和社会地位展示均存在强相关关系;夸耀与习惯型高碳消费行为存在弱相关关系,与购买型高碳消费行为不存在相关关系,与物质享乐主义和群体归属交流存在中等相关关系,与社会地位展示和人际关系调节存在强相关关系。

四、结构方程模型的拟合和修正

(一)公众高碳消费行为的社会心理诱发机理分析

本章运用 AMOS 22.0,采用结构方程模型对公众高碳消费行为的社会心理诱发理论模型进行检验和修正。

根据理论模型,在社会心理诱发因素对公众生活方式低碳化的影响路径中,以社会地位展示、群体归属交流、人际关系调节、物质享乐主义和夸耀

5 个心理因素为前因变量，以面子意识为调节变量，以习惯型高碳消费行为和购买型高碳消费行为 2 个变量为因变量。理论模型显示：5 个心理自变量直接作用于习惯型高碳消费行为和购买型高碳消费行为。根据研究假设和理论模型，建立初始结构方程模型（模型 1），运用 Amos 22.0 对模型进行拟合与分析。本章结合相关性分析的结果和现有理论，在初始模型的基础上逐步释放或修正特定路径，并根据拟合指标进行比较和反复修正，以获得最优的拟合模型，最终得到模型 3。表 6-24 为模型拟合指数。

表 6-24　模型拟合指数

模型	χ^2/df	RMSEA	GFI	NFI	CFI	TLI	IFI
1	6.771	0.128	0.737	0.647	0.679	0.616	0.682
2	4.250	0.096	0.874	0.815	0.850	0.800	0.852
3	2.440	0.064	0.944	0.901	0.938	0.912	0.939

模型拟合与修正步骤如下：对社会心理诱发因素的 5 个维度与公众高碳消费行为关系的初始模型（模型 1）进行检验，拟合指数见表 6-24。结果发现模型拟合指数均未达到标准，且根据临界比率 C. R.，夸耀到高碳消费行为的路径系数最不显著。由此，删除夸耀对高碳消费行为的影响路径，得到模型 2。拟合指数虽然有所改善，但仍未达到标准。此时，群体归属对两类高碳消费行为的影响均不显著，删除这一路径，并根据模型修正指数 MI 对模型进行修正，得到模型 3。模型 3 的各项拟合指标均达到拟合标准，即 CMIN/df＝2.440＜3，GFI＝0.944＞0.9，TLI＝0.912＞0.9，CFI＝0.938＞0.9，RMSEA＝0.064＜0.08，具体见表 6-24。因此，模型 3 为最优拟合模型。图 6-2 为模型 3 的结构方程模型检验结果，各系数均在 $P＝0.05$ 水平显著。

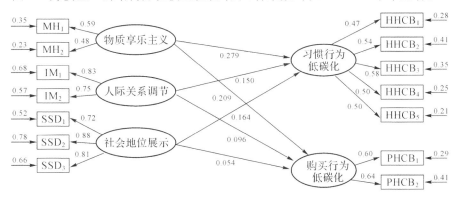

图 6-2　结构方程模型检验结果

　　路径分析是为了检验理论模型中因果关系的准确性、可靠性以及因果关系的强弱。在统计中,通过标准化回归加权值(即 B)来衡量自变量对因变量的作用强度和方向。如果标准化回归系数为正数,则表示某一个变量的增大会引发另一个变量的同向增大。若标准化回归系数为负值,则表示某一个变量的增大会带来另一个变量的反向减小。标准化系数的绝对值小于 0.3 表示小效应,0.3—0.5 表示中等效应,大于 0.5 表示大效应。表 6-25 是最终模型(模型 3)的估计结果。

表 6-25　最终模型的估计结果

路径关系		标准化系数	非标准化系数	S. E.	C. R.	P
物质享乐主义 →	习惯型高碳消费行为	0.279	0.257	0.066	3.893	0.000
物质享乐主义 →	购买型高碳消费行为	0.209	0.486	0.157	3.102	0.002
人际关系调节 →	习惯型高碳消费行为	0.150	0.102	0.044	2.326	0.020
人际关系调节 →	购买型高碳消费行为	0.096	0.174	0.103	1.698	0.089
社会地位展示 →	习惯型高碳消费行为	0.164	0.386	0.033	0.867	0.029
社会地位展示 →	购买型高碳消费行为	0.054	0.033	0.083	0.397	0.691

　　由表 6-25 的结果得知,在社会心理诱发因素的 5 个维度中,物质享乐主义、人际关系调节和社会地位展示对中国公众的习惯型高碳消费行为有显著正向驱动作用。其中,物质享乐主义的影响最大,其次是社会地位展示,人际关系调节的作用最小,而群体归属交流、夸耀的作用均不显著。公众的购买型高碳消费行为只受到物质享乐主义的正向驱动,而其他 4 个维度,即人际关系调节、社会地位展示、群体归属交流和夸耀对公众的购买型高碳消费行为的影响均不显著。

(二)调节效应检验

1. 面子意识的调节效应检验

　　本节将面子意识分为强面子意识和弱面子意识两组,以检验面子意识对社会心理诱发因素与高碳消费行为关系的调节效应。其中,强面子意识组 220 人,弱面子意识组 131 人。本节运用 AMOS 22.0 对所有样本进行调节效应检验,结果见表 6-26。

表 6-26　面子意识的调节作用检验结果

因变量	解释变量	强面子意识组				弱面子意识组			
		标准化路径系数	S. E.	C. R.	显著性水平	标准化路径系数	S. E.	C. R.	显著性水平
习惯型高碳消费行为	物质享乐主义	0.128	0.063	1.560	0.119	0.363	0.204	2.413	0.016
	人际关系调节	0.291	0.061	2.664	0.008	−0.024	0.068	−0.214	0.830
	社会地位展示	0.231	0.045	2.381	0.017	0.116	0.081	1.946	0.052
购买型高碳消费行为	物质享乐主义	0.119	0.210	1.785	0.074	0.116	0.279	0.438	0.661
	人际关系调节	0.146	0.176	1.894	0.058	−0.024	0.039	−0.195	0.845
	社会地位展示	0.105	0.139	1.434	0.152	0.015	0.035	0.244	0.807

注:强面子意识组拟合指标为 CMIN/df=1.800,RMSEA=0.060,CFI=0.952,IFI=0.954,TLI=0.924,NFI=0.902。弱面子意识组拟合指标为 CMIN/df=1.807,RMSEA=0.079,CFI=0.904,IFI=0.910,TLI=0.847,NFI=0.820。

由表 6-26 可见,面子意识只对模型中的人际关系调节、社会地位展示 2 个维度与习惯型高碳消费行为之间的关系,以及物质享乐主义与购买型高碳消费行为之间的关系这 3 条路径具有显著调节作用,对其他维度与高碳消费行为之间的关系路径均没有调节作用。在强面子意识组,公众的习惯型高消费行为主要是由人际关系调节、社会地位展示这 2 个因素驱动,路径系数分别为 0.291 和 0.231;在弱面子意识组,只有物质享乐主义对公众习惯型高碳消费行为具有显著影响,路径系数为 0.363,其他因素均没有影响。H_2 得到部分验证。

2. 人口统计特征的调节作用检验

本节将性别、婚姻状况、年龄、受教育程度、家庭月可支配收入 5 个人口统计特征作为调节变量,通过分群组对比,检验其对社会心理诱发因素与公众高碳消费行为之间的关系是否具有调节效应。结果显示:5 个人口统计特征的调节效应检验模型 RMSEA 均小于 0.08,模型拟合良好,且 5 次分群组比较的结构模型系数均显著($P<0.05$)。社会心理诱发因素对公众高碳消费行为的影响会因性别、婚姻状况、年龄、受教育程度、家庭月可支配收入等人口统计特征的差异而存在显著差异(见表 6-27)。

表 6-27　人口统计特征的调节作用检验结果

人口统计特征		物质享乐主义	人际关系调节	社会地位展示
性别	习惯型高碳消费	√（男）*	√［男］	√［女］
	购买型高碳消费		√（男）	
婚姻状况	习惯型高碳消费	√［未婚］*	√［未婚］	√（已婚）
	购买型高碳消费	√（已婚）	√（已婚）	
年龄	习惯型高碳消费	√（年轻人）	√［年轻人］*	√（年轻人）
	购买型高碳消费	√（年长者）		
受教育程度	习惯型高碳消费	√（高学历）	√（高学历）	√（低学历）
	购买型高碳消费	√（高学历）	√（高学历）	
家庭月可支配收入	习惯型高碳消费	√［高收入］*	√（低收入）	√（低收入）
	购买型高碳消费	√（高收入）		√（高收入）

注：低收入表示家庭月可支配收入≤5000元，高收入表示家庭月可支配收入≥5001元。年轻人表示年龄≤30岁，年长者表示年龄≥31岁。低学历者表示大专及以下的学历，高学历者表示大专以上的学历。√表示相应的人口变量对该路径关系存在调节效应。（）表示对于该人口统计特征，仅（）内的变量有调节作用；［］表示对于该人口统计特征，2个变量均有调节作用，但［］内的变量调节作用更强。例如，√（男）*表示性别对物质享乐主义与习惯型高碳消费行为之间的路径关系存在调节效应，且男性消费者的物质享乐主义对其习惯型高碳消费行为有显著的直接影响（女性消费者的物质享乐主义对其习惯型高碳消费行为没有显著的直接影响）。√［未婚］*表示婚否对物质享乐主义与习惯型高碳消费行为之间的路径关系存在调节效应，且已婚与未婚消费者的物质享乐主义对其习惯型高碳消费行为都存在显著的直接影响，但未婚群体的影响更大更高。

在社会心理诱发因素的 5 个维度中，由于群体归属和夸耀对公众高碳消费行为均没有影响，因此人口统计特征的调节作用主要体现在其他 3 个维度对公众两类高碳消费行为的影响差异上。由表 6-27 可见：性别、婚姻状况、年龄、家庭月可支配收入 5 个人口统计特征对物质享乐主义、人际关系调节、社会地位展示与公众高碳消费行为的关系路径均具有调节作用。

在物质享乐主义对公众习惯型高碳消费行为的影响路径上，对男性（$\beta = 0.187$）、未婚（$\beta = 0.431$）、年轻人（$\beta = 0.303$）、高学历（$\beta = 0.387$）、高收入（$\beta = 0.310$）群体的影响更显著，对已婚（$\beta = 0.375$）、低收入（$\beta = 0.261$）群体的影响相对较弱，对女性、年长者、低学历群体则无影响。在物质享乐主义对购买型高碳消费行为的影响上，对已婚（$\beta = 0.212$）、高学历（$\beta = 0.340$）、高收入（$\beta = 0.198$）群体的影响更显著，而对其他群体的影响均不显著。

在人际关系调节对公众习惯型高碳消费行为的影响路径上,对男性(β=0.302)、未婚(β=0.374)、年轻人(β=0.327)、高学历(β=0.225)、低收入(β=0.363)群体的影响更显著,对女性(β=0.204)、已婚(β=0.346)、年长者(β=0.284)群体的影响较弱,而对低学历和高收入群体无影响。在人际关系调节对公众购买型高碳消费行为的影响路径上,只对男性(β=0.233)、已婚(β=0.211)、年长者(β=0.201)、高学历(β=0.181)群体有显著影响,而对女性、未婚、年轻人、低学历群体无显著影响。

在社会地位展示对习惯型高碳消费行为的影响路径上,对女性(β=0.337)、已婚(β=0.172)、年轻人(β=0.287)、低学历(β=0.311)、低收入(β=0.237)群体的影响显著,而对男性、未婚、年长者、高学历、高收入群体均无显著影响。在社会地位展示对公众购买型高碳消费的影响路径上,只受到家庭月可支配收入的调节。其中,对高收入(β=0.188)群体的影响更加显著。

(三)假设检验结果

对模型进行实证分析后,我们采用结构方程模型,以及回归分析对理论模型进行了检验与修订。根据分析结果,我们将假设检验结果进行汇总,具体见表 6-28。

表 6-28　理论假设检验结果

序号	假设	验证结论
H_1	社会心理诱发因素的 5 个维度均对城市公众的习惯型高碳消费行为具有显著正向驱动作用	部分成立
H_{1a}	物质享乐主义对公众习惯型高碳消费行为具有显著正向驱动作用	成立
H_{1b}	人际关系调节对公众习惯型高碳消费行为具有显著正向驱动作用	成立
H_{1c}	群体归属交流对公众习惯型高碳消费行为具有显著正向驱动作用	不成立
H_{1d}	社会地位展示对公众习惯型高碳消费行为具有显著正向驱动作用	成立
H_{1e}	夸耀对公众习惯型高碳消费行为具有正向驱动作用	不成立
H_2	社会心理诱发因素的 5 个维度均对城市公众购买型高碳消费行为具有正向驱动作用	部分成立
H_{2a}	物质享乐主义对公众购买型高碳消费行为具有正向驱动作用	成立
H_{2b}	人际关系调节对公众购买型高碳消费行为具有正向驱动作用	成立
H_{2c}	群体归属交流对公众购买型高碳消费行为具有正向驱动作用	不成立
H_{2d}	社会地位展示对公众购买型高碳消费行为具有正向驱动作用	成立

续表

序号	假设	验证结论
H_{2e}	夸耀对公众购买型高碳消费行为具有正向驱动作用	不成立
H_3	面子意识的强弱对社会心理诱发因素与高碳消费行为之间的关系具有显著调节作用	部分成立
H_{3a}	面子意识的强弱对社会心理诱发因素与习惯型高碳消费行为之间的关系具有显著调节作用	部分成立
H_{3b}	面子意识的强弱对社会心理诱发因素与购买型高碳消费行为之间的关系具有显著调节作用	部分成立
H_4	5个人口统计特征对社会心理诱发因素与高碳消费行为之间的路径关系存在调节效应	部分成立
H_{4a}	性别对社会心理诱发因素与高碳消费行为之间的路径关系存在调节效应	部分成立
H_{4b}	婚姻状况对社会心理诱发因素与高碳消费行为之间的路径关系存在调节效应	部分成立
H_{4c}	年龄对社会心理诱发因素与高碳消费行为之间的路径关系存在调节效应	部分成立
H_{4d}	受教育程度对社会心理诱发因素与高碳消费行为之间的路径关系存在调节效应	部分成立
H_{4e}	家庭月可支配收入对社会心理诱发因素与高碳消费行为之间的路径关系存在调节效应	部分成立

第五节　实证结论与管理启示

一、实证研究结论

本章运用结构方程模型和多元统计分析方法对公众高碳消费行为的社会心理的诱发机制模型进行了实证检验，主要结论如下：

第一，社会心理诱发因素是引发公众高碳消费行为持续增加的主要因素。在社会心理诱发因素的5个维度中，物质享乐主义的作用最显著，对公众的习惯型高碳消费行为和购买型高碳消费行为都有显著的正向驱动作用。由此可以看出，物质享乐主义已经成为高碳消费行为增加的主要驱动因素，由它主导的消费观已经与中国传统文化倡导的"抑奢、尚俭"的消费文化产生了巨大的背离。一方面可以看出源于西方的消费主义价值观对中国公众高碳消费行为已经产生了巨大的影响,另一方面也可以解释为什么Wei et al.(2016)发现公众的低碳态度与低碳行为之间存在巨大偏差,低碳意识的增强并没有带来实际消费行为的低碳化。

第二,公众的习惯型高碳消费行为主要受到物质享乐主义、人际关系调节和社会地位展示的影响,其中,物质享乐主义的影响最大,其次是社会地位展示,人际关系调节的作用最小,群体归属交流、夸耀的作用均不显著。由此可见,对生活在徐州市这样的中国东部普通三线城市的公众而言,他们日常生活中习惯型高碳消费行为持续增加的主要驱动力是对物质享乐的追求和对展示社会地位、调节人际关系的需求。随着生活水平的提高,公众对舒适、享乐的生活需求逐渐增加,当节能目标与生活舒适或愉快的物质体验之间发生冲突时,人们更容易受到物质享乐主义的刺激。这与Selvefors et al.(2015)的结论一致,即在舒适、享乐与节能目标之间产生冲突时,多数人会选择舒适、享乐。此外,社会地位展示与人际关系调节也是公众日常生活中习惯型高碳消费行为持续增加的重要社会心理诱因。这与孟祥轶等(2010)的结论相似,越在乎社会地位和人际关系的人,越容易实施高碳消费。根据Zajonc(1965)的社会助长理论,公开场合中个体的高碳消费动机会显著增强,在中国特定的关系型社会和高情境文化下更是如此。个体的消费体验是否具有满足感,经常是通过周围人的评价和反馈来获得确认。随着公众收入的增长和生活水平的不断提高,社会心理诱发因素更容易滋生。因此,短期内抑制高碳消费是比较艰难的,如果能从消费价值观的角度,引导公众从高碳消费向低碳消费转变,会更有利于减少公众消费中的碳排放。

第三,公众的购买型高碳消费行为只受到物质享乐主义的正向驱动,而社会地位展示、群体归属交流、人际关系调节和夸耀等对公众的购买型高碳消费行为均没有显著的影响。由此可见,公众的购买型高碳消费行为与习惯型高碳消费行为的驱动因素存在差异,购买型高碳消费行为并非受到社会地位展示和人际关系调节的影响,而是受到消费本身的物质体验影响,这一结果与袁少锋等(2009)、郑玉香和袁少锋(2009)的结论有所不同,其对中国消费者的高档名牌服装和化妆品购买行为的研究显示,社会地位展示、人际关系调节和群体归属交流能显著促进消费。

第四,社会心理诱发因素与公众高碳消费行为之间的关系受到面子意识的显著调节。越是爱面子的人,越容易受到社会地位展示和人际关系调节的影响而实施高碳消费行为。这说明面子意识较强的人更注重自身的社会形象，为维护自己的面子，他们会进行更多的高碳消费。特别是在日常工作生活中的习惯型高碳消费行为上，其受到社会心理诱发因素的影响更大。而面子意识弱的人，其高碳消费行为只受到物质享乐主义的影响。Li and Su(2007)和 Bao et al.(2003)也证实面子意识越强的公众，高碳消费行为越多，而面子意识较弱的公众更注重商品带来的愉快物质体验。可见，面子意识对公众高碳消费行为的影响与对高档名牌产品消费的影响是类似的。因此，通过低碳的社会规范来激励面子意识较强群体减少高碳消费行为更为可行。

第五，社会心理诱发因素与公众高碳消费行为的关系路径受性别、婚姻状况、年龄、受教育程度、家庭月可支配收入 5 个人口统计特征调节。总体而言，物质享乐主义、人际关系调节以及社会地位展示对男性、年轻人、已婚、高学历、高收入群体的高碳消费行为的影响更加显著，而女性、低学历、低收入群体的高碳消费行为只受到社会地位展示的心理所驱动，未婚、年长者群体的高碳消费行为只受到物质享乐主义的影响。这可以看出，对年轻男性而言，受教育程度的提高、收入的增长不仅没有带来更多的低碳消费，反而受社会心理诱发因素的驱动增加了高碳消费行为，这需要引起教育部门的警惕和重视，环保教育的滞后亟待改变。

二、主要管理启示

在实践领域，本章研究结果为如何通过控制社会心理诱因来减少高碳消费行为提供了一些新的启示。

首先，要加强环保教育，倡导低碳的消费价值观，削弱物质享乐主义价值观的影响力。无论是习惯型高碳消费行为还是购买型高碳消费行为，物质享乐主义都是一个重要的驱动因素，而且高学历和高收入群体的高碳消费行为更加容易受到物质享乐主义动机的驱动。可见，中国经济的发展和受教育程度的提高并没有贡献在环保行为上。因此，加强环保教育，特别是将环保教育纳入中小学基础教育体系，从小培养孩子们的低碳行为意识，更有利于其在社会化过程中树立低碳消费的价值观。

其次，政府部门、政府官员、社会名流应该树立低碳榜样，发挥社会地位展示和人际关系调节对消费行为的影响力，培育低碳的社会风气。中国是一个高权力距离的国家，在这种高权力距离文化下，人们对政府部门和组织机构的权力等级的差异具有更高的接纳和认可程度，具有高权力影响力和高社会地位的人的消费行为会影响普通民众的消费心理。如果政府官员、社会名流可以树立低碳消费的榜样,向公众传播低碳消费更能体现社会地位,以及低碳消费更有美德、更受欢迎的新型消费价值观,有利于培育低碳消费的社会风气,形成减少高碳消费行为的长效机制。

最后,政府部门应该鼓励企业开发更多具有时尚性及舒适度的低碳产品,使得公众对低碳产品形成积极的消费体验,同时,需要建构低碳产品的社会符号价值,吸引公众主动实施低碳消费;此外,具有不同人口统计特征的群体,驱动其高碳消费行为的社会心理诱发因素存在显著差异,需要针对不同群体有针对性地开发引导策略。

第六节　本章小结

本章遵循规范的实证研究范式对公众高碳消费行为的社会心理诱因作用机制理论模型进行了实证检验。

首先,按照变量测量工具开发流程,对第四章通过扎根理论构建出的公众高碳消费行为的社会心理诱发机制理论模型中的 8 个研究变量分别进行操作化,形成包括 29 道测量题项的初始量表,通过 98 份预调查数据,检验了初始量表的信度和效度。根据信度和效度的检验结果修正初始量表,删除不符合要求的题项,形成正式量表。正式量表包含 20 道测量指标和 5 个人口统计特征,最终形成正式调查问卷。

其次,以徐州市为代表,开展实地问卷调研。通过分区抽样,最终回收有效问卷 351 份,有效样本量是总题项的 17.55 倍,符合要求。在此基础上,通过对量表数据进行信度、效度和正态性检验,证明了数据的可靠性和可信度,为模型的实证检验提供了优质的数据基础。

再次,采用结构方程模型对公众高碳消费行为的社会心理诱发机制理论模型进行实证检验,包括:四组研究假设;比较各变量及其测量指标的分布特征;通过相关性分析;初步证明模型中研究变量之间关系的合理性、运用结构方程模型检验了 H_1 和 H_2,对初始概念模型进行修正,确立最终模型;通过分析面子意识的调节作用,检验了 H_3 和 H_4。

最后,对研究结果进行了总结,并根据实际情况为如何通过控制社会心理诱发因素来减少高碳消费行为提供了一些新的启示。

第七章　社会心理干预对公众低碳节能
行为作用效果的元分析

第五章和第六章的实证研究解析了社会心理因素对公众低碳节能行为的作用机制,但是由于实证研究是用自我报告的方式进行态度和行为的测量,因此无法客观评估社会心理因素对个体实际行为效果的影响程度。而现场实验的纵向研究则能弥补这一不足,并通过能源消费量的真实变化情况客观地衡量社会心理干预措施的作用效果。然而,目前关于社会心理干预与公众低碳节能行为的实验研究大多在国外开展,且学者们对不同社会心理干预方式的作用效果存在较大争议。因此,本章运用元分析技术,对社会心理干预与公众低碳节能行为关系的现场实验研究进行定量综合检验,以系统评价社会心理干预对公众低碳节能行为的干预效果。此外,本章还选取干预时长、干预时机、干预方式和干预频率4个因素作为调节变量,通过亚组分析检验其调节效应,系统评价社会心理干预对低碳节能行为的作用效果。一方面厘清已有研究产生的争议,另一方面提取核心要素,为后续开展本土化的实验研究提供变量选择依据和实验设计基础。

第一节　元分析的基本原理与研究过程

一、元分析的基本原理

元分析由 Glass(1976)首次提出,被定义为:整合已有研究,并将相关的单独研究结果汇总成大样本数据,进而通过统计分析得出最后的总结性结论。此后,元分析受到学术界的广泛关注,并得到了各个学科研究者的认可。Bullock(1986)认为,元分析是一种科学的定量综述研究方法,定量分析具有同一研究目标且独立的多篇文献,分析各个研究存在的差异,并综合评价汇总后的研究结果。Beaman(1991)将元分析与传统的定性文献综述进行比较,实证结果表明,和传统文献综述相比,元分析具有较高的研究质量。

由此可见,元分析是对已经发表的同一主题下的定量研究进行综合、总结和系统评价的数据荟萃分析方法。与传统文献综述相比,元分析具有以下优势:

第一,具有客观的量化标准。元分析是一种科学、系统的研究方法(Wampler,1982),其最显著的优点是可以整合众多同一主题的研究,通过大量客观数据来判断某一主题下的实验结果或干预效果,也有助于厘清已有研究中的一些争议。由于元分析没有对研究结果做出预设,而是客观整合多个单项研究的结果,通过客观可靠的统计分析得出研究结论,从而避开了传统文献综述先入为主的问题(Bullock,1986)。

第二,充分整合不同的研究结论。元分析本质上是整合多个独立的研究结果,然后对综合效果进行分析和评价,在此基础上进行更深入的分析,得到一个新的总结性结论,以厘清现有的争议或是发现一个新问题(Ankem,2005)。

第三,提高统计有效性。根据统计学原理,样本越大,相关研究越完整,研究结论的误差越小,从而研究的信度和效度也越高。元分析通过整合多个相关研究的结论,可以有效地消除或尽可能减小单个研究中可能存在的测量、抽样等误差。正因如此,元分析的结果往往被当作科学研究的主要证据,在循证研究中发挥着越来越重要的作用。

不可避免的是,元分析本身也存在一些缺点。如无法控制偏差来源,这体现在如果把可能引起偏差的研究纳入元分析的文献中,那么可能会导致不良的统计结果(Hunter and Schmidt,2004)。元分析的另外一大缺点是严重依赖已经发表出来的成果,而这些成果基本上都是显著的并且是支持假设的,这可能会导致"发表偏倚"。

总体而言,元分析尽管存在这些缺点,但其诸多优点更值得被注意。元分析被认为是"一种更正式总结已发表的研究结果的方法",已经成为很多学科领域中非常流行的研究方法。

二、元分析的研究过程

完整的元分析研究一般遵循以下四个基本步骤:确定研究问题与设计研究方案;检索、筛选研究文献;整理、编录和输入数据;分析、解释数据结构(见图7-1)。

(一)确定研究问题与设计研究方案

明确要研究的问题是开展元分析的第一步,也是非常关键的一步。一

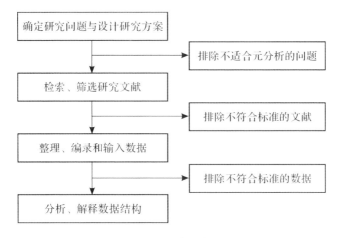

图 7-1　元分析流程

般来说,可以从以下角度出发确定研究问题:第一,总结从未进行过元分析的研究变量;第二,对于存在不一致甚至相矛盾的变量,探讨是否存在调节变量能够解释这一差异;第三,判断和确定被调查变量之间的关系并具体化为研究假设。

(二)检索、筛选研究文献

元分析的必要前提是有一定数量的原始定量研究文献。应制定文献检索策略,尽可能全面地收集相关文献。搜索已发表的文献可以通过以下途径进行:通过搜索引擎或文献数据库;通过主要期刊进行搜索;参考已发表过的关于该研究选题的综述文章的参考文献;搜索未发表的文章,如搜索近期的会议文章,搜索硕博论文数据库等。此外,研究者必须按照研究质量控制基本的标准,如必须是定量研究而不能是定性研究,必须汇报了样本数量,必须汇报了能够转化为研究者需要的值等,根据这些标准进行"过滤",剔除不合格的文献。

(三)整理、编录和输入数据

对于所选择的每一篇文献都应该进行单独的评估,符合纳入标准的文献都应记录重要数据,如样本量、平均值和标准差等。对于信度不足或不符合标准的研究结果,在仔细筛选后将其删除并记录下来以便解释。要对符合标准的数据进行编码。元分析既可以用来评估自变量与因变量之间的整体效应,也可以用来评估自变量与因变量子维度之间的作用关系和影响效应,还可以通过亚组分析潜在的调节效应等。

(四)分析、解释数据结构

首先,要计算统一效应值(effect size)。效应值是指在元分析中和单个研究样本量无关的,从整体上反映自变量和因变量关系强度的统计量(Hunter and Schmidt,2004)。由于纳入元分析的同一主题文献在效应值上会存在不统一的情况,因此,需要将其转化为统一的效应指标才能进行系统综合和再分析。

其次,进行一致性检验。在元分析中,只有具有一致性的同质数据才能进行效应量的统计合并。因此,一致性检验也被称为异质性检验(test for heterogeneity)或同质性检验(test for homogeneity)。这一步骤是将不同文献的研究结果进行合并分析的基础。

最后,修正统计偏误,进行假设检验。元分析中的效应量合并有多种常用模型。其中,固定效应模型(fixed-effect model)与随机效应模型(random-effect model)是目前最常见的两种模型。这两者的区别在于固定效应模型假设元分析包含的研究都来自同一个样本总体,而随机效应模型假定研究反映不同的样本总体。

三、元分析的意义

作为生活能源消费的主体,公众的日常用能行为的节能减排潜力受到越来越多关注。早期关于促进居民节能的研究大多是以"理性经济人"假说为基础,重点关注经济刺激措施对激励公众节能行为的影响(毕凌云等,2017)。然而,随着理论的不断发展,学者们发现经济激励在促进低碳行为持续上的不足(Abrahamse et al.,2005)。因此,在中国具有典型的关系导向和高情境文化社会背景下,如何通过非经济的社会心理干预来促进公众实施低碳节能行为逐渐受到重视,现场实验研究由于能够客观衡量社会心理干预措施带来的能源消费量的真实变化情况而更受青睐。

社会心理干预是运用个体的社会学习、社会对比、社会认同等社会心理而开发的行为干预策略,旨在引导行为主体通过观察他人的行为、对比社会规范等改变认知,进而采取与其他人一致或者被社会规范所接受和认同的能源消费方式。目前,关于公众节能行为的诸多实验研究证实了社会心理干预方式对公众低碳节能行为具有积极的正向作用,但也有学者指出,个体受到社会心理干预而产生的节能行为是不可持续的,并不会带来能源消耗量的减少(Nilsson et al.,2015)。此外,因实验设计的差异,研究者们对不同社会心理干预方式的作用效果和作用方式也存在争议(Carrico and

Riemer，2011；Mizobuchi and Takeuchi，2013）。因此，社会心理干预能否有效促进公众的低碳节能行为？哪些因素对两者关系起调节作用？这两个问题亟待解决。为此，本章运用元分析方法，对 1976—2015 年发表的 26 篇关于社会心理干预与公众低碳节能行为关系的实验类文献进行定量综合检验，评估社会心理干预方式对公众低碳节能行为的干预效果，从而挖掘出现有研究存在争议的根本原因，为政府部门制定促进公众生活方式低碳化的政策措施提供参考。

第二节　社会心理干预与公众低碳节能
行为关系的研究假设

一、社会心理干预与公众低碳节能行为关系的主效应

Barr et al.（2005）将公众节能行为（energy conservation behavior）分为习惯型节能行为（如控制空调温度、房间供暖时关闭门窗等）和购买型节能行为（如购买节能电器、安装双层玻璃等）两类。其中，习惯型节能行为（habitual energy saving behavior）是通过日常生活中调整和改变能耗产品的使用习惯来直接缩减化石能源消耗量以减少 CO_2 排放的行为，这种行为具有重复性和有限理性。购买型节能行为（purchase energy saving behavior）是通过购买高能效产品或"低碳型"的绿色能源产品，以减少碳排放的消费行为，这种行为是一次性的，具有经济理性的特征。人们通过资金的投入来实现耗能产品的能效提升，因此，购买型节能行为具有消费的一次性、投资性和相对理性。相比高能效产品的购买行为，公众日常生活中的习惯型节能行为则是重复性的，比购买型节能行为更能体现出个体生活方式的长期改变（芈凌云，2011）。因此，本章元分析的对象为公众日常生活中的习惯型节能行为。

社会心理干预主要是指利用社会认同、社会比较、社会学习等体现个体作为"社会人"的群体参照心理来促进个体践行低碳节能行为的行为动机干预措施。社会心理学领域经典的社会学习理论（social learning theory）表明，个体的复杂社会行为是对社会情境的一种反应，受到自己所处的社会环境中他人、所归属的群体、社会规范等的显著影响，人们的很多行为是在观察和学习他人行为、示范榜样和社会规范的过程中逐渐形成、加强或者改变的（班杜拉，2015）。Tajfel（1978）提出的社会认同理论（social identity theory）

指出,当个体归属于某个群体之后会形成一种归属感(belongingness),而这种归属感会促使其主动寻求社会认可,进而出现去个性化的现象(张莹瑞和佐斌,2006)。Festinger(1954)的社会比较理论也表明,社会的积极反馈会促进个体表现出更积极的行为,社会比较具有自我增进功能,而当个人缺乏客观依据时,会通过对比和参照他人行为形成自我评价。

众多已有研究证明了社会心理干预方式对节能行为的积极作用。Winett et al. (1985)显示,榜样示范可以促进个体进行社会学习,从而实施节能行为。Handgraaf et al. (2013)发现相比于经济激励,社会对比信息产生的社会激励更能促进节能行为。Peschiera and Taylor(2012)以及Peschiera et al. (2010)需要显示,周围群体的能耗信息、分享同伴能源信息会形成社会参照,并有效地促进节能。为激励节能行为,已有的研究设计了多种社会心理干预方式,如树立节能榜样、公开节能承诺、反馈周围节能信息、提供能耗信息对比、节能社会规范等。然而不同的社会心理干预方式得到的结果并不完全一致。那么,社会心理干预方式能否有效促进公众实施习惯性节能行为? 其整体的干预效果如何? 为了厘清这一问题,我们提出以下研究假设。

H_1:社会心理干预对公众习惯型节能行为具有显著正向促进作用。

二、干预方式的调节作用

通过对已有文献中现场实验类研究的梳理,本章将社会心理干预按内容分为社会对比反馈(social comparison feedback)、榜样示范(modeling)、社会规范(social norm)和公开承诺(public commitment)四种干预方式。其中,社会对比反馈是同时提供给个体自身和周围群体的能源信息,使得个体能通过对比了解自身耗能水平,从而主动节能。榜样示范是指个人通过观察行为的表现和效果,学习社会节能榜样的相关示范行为。社会规范是群体实施标准的能源行为标准或准则,个体根据标准和准则实施行为(Cialdini and Goldstein,2004)。社会规范包括描述性规范(descriptive norm)和指令性规范(injunctive norm)。描述性规范是告知行为人在类似情境下有多少人进行了节能行为及其具体做法,指令性规范则是在特定情境下告知行为人必须做出某种节能行为。公开承诺是指个体在公开场合明确表达自身所要达到的节能目标,从而在社会关注和群体压力下督促自身实施节能行为。

以上四种社会心理干预方式对节能行为的作用机制各有侧重:社会对

比反馈主要通过社会比较心理所产生的自我增进功能来实现节能;榜样示范侧重于利用与发挥社会学习理论中所表明的个体对榜样人物行为的观察、思考、吸收和学习的作用;社会规范和公开承诺则都是借助个体外部的社会关注和群体压力感知来促使个体节能。在已有的文献中,用能的社会对比反馈和对节能目标公开承诺的干预效果受到较多肯定,而对于社会规范的作用,学者们争议较大。因此,为了检验四种不同类型的社会心理干预方式是否存在调节效应,本章提出以下假设。

H₂:社会心理干预与节能行为之间的关系受到干预方式的调节。

三、干预时机的调节作用

Abrahamse et al.(2005)综合研究了来自外部的干预措施对家庭节能行为的影响,根据干预措施实施的时间点,将干预方式分为行为发生之前的事前干预和行为发生之后的事后干预两类。在这两类社会心理型干预方式中,事前干预旨在影响个体在实施能源消耗行为之前的心理,通过榜样示范、社会规范、公开承诺等方式激发个体的节能意识和从众压力,进而促进其实施节能行为;事后干预主要通过告知行为的结果或后效来影响个体的后续用能行为,一般是通过反馈能耗结果的方式来起到引导、提醒的作用,从而促使个体主动实施节能行为。

在本章纳入元分析的 26 篇现场实验类文献中,按照实验干预的时机,可以分为:事前干预、事后干预和两者结合三种类型。其中事后干预方式的节能效果得到了诸多实验的验证(Peschiera and Taylor,2012)。而事前干预方式却存在较多争议。因此,为了进一步厘清干预时机对干预效果的影响,进一步优化干预方式实施的时间,本章提出以下假设。

H₃:干预时机对节能行为具有显著的调节作用。

四、干预时长的调节作用

干预措施持续的时间长度是否会对节能效果产生影响受到了诸多学者的关注。Fischer(2008)发现,干预时间越持久,个体的节能效果越稳固。但这一结果也受到了争议,Schultz et al.(2015)的实验发现,相比控制组家庭而言,接受社会规范干预的家庭在最初的 1 周节能 9%,在 3 个月后却只节能 7%,节能效果随着时间的增长而变差。因此,干预时长对干预效果的影响还需要进一步探究。

为了检验干预时长的调节作用,根据纳入元分析的 26 项实验研究的持续时间,本章将干预时长分为大于 3 个月、1—3 个月、小于 1 个月三类,并提出以下假设。

H_4:干预措施持续的时长对节能行为具有显著的调节作用。

五、干预频率的调节作用

人际行为理论指出,习惯是当前行为的重要前因。Fischer(2008)也发现,要增强行为与行为效果之间的联系,需要快速且及时的信息。因此,干预频率也是大多数实验研究者所关注的对象。研究者们会根据实验需要设置不同的干预频率。根据纳入元分析的 26 项实验研究的实验设计特征,我们将社会心理因素的干预频率划分成四种类型,即总体干预 1 次、每月干预 1 次、每周干预 1 次和每天干预 1 次,并提出以下假设。

H_5:干预频率对节能行为有显著的调节作用。

第三节　元分析的数据收集与编码处理

一、元分析文献的检索

为了保证纳入元分析的文献符合系统评价的要求,本章紧密结合研究主题进行文献搜索。首先,检索具有代表性的几个英文文献电子数据库,即 Web of Science（SCIE、CPCI-S、JCR-S、ESI）、Google School、Elsevier Science Direct 和 Springer 。在其中用 social psychosocial intervention、social influence、social referencing、social learning、social norms、social network、social identity、public commitment、social comparison、block leader、modelling、feedback、group feedback、energy（electricity）conservation、energy(electricity) saving、energy(electricity) usage、car-use、bus-use、public transport、new energy vehicle 等关键词以及这些词的组合进行英文文献的检索,并进一步链接、下载与之相似的文献。对于无法获得全文的文献,在满足元分析要求的情况下,可通过馆际互借和文献传递的方式获得全文。其次,对中文文献进行查找,主要是在中国知网(CNKI)数据库、维普期刊数据库、万方数据库中检索并下载论文的题目、摘要、关键词或主题词中包含"社会影响"、"社会心理"、"社会干预"、"社会学习"、"社会参照"、"社会规范"、"社会认同"、"意见领袖"、"公众承诺"、"社会比较"、"榜样示范"、"群体反馈"、"社会网络"、"能源(电力)消费行为"、"能源(电力)使用行为"、"节能(电)行为"、"低碳消费"、"低碳行为"的相关文献,并通过相关文献的参考文献和引用文献进一步下载相似文献。再次,检索相关综述性研究与已检索到的实验研究的参考文献和被引文献,尽可能地保证文献检索的全面性。最终,检索到英文文献 269 篇,中文文献 67 篇,合计 336 篇。

根据元分析的文献判别要求和研究主题,本章按照以下四个标准对 336 篇文献进行筛选:首先,干预策略中至少包含一项以社会心理干预作为干预措施的研究;其次,必须是实验设计,如随机对照实验或前后测实验,剔除非实验研究;再次,在实验设计中公众的能源消费行为体现为用电、天然气等高碳能源的消费行为,剔除物品回收、资源循环使用、节约用水等间接节能行为;最后,研究中所报告的实验数据完备,能够计算出统一效应量,或者经转换后能计算出效应值,包括实验组与对照组的样本量、均值、标准差、F、t、P 等。

经过上述四个步骤的筛选,最终只有 26 篇现场实验研究的文献符合元分析的要求并且全部为英文文献,其中 SCI 论文占 89%。

二、元分析数据的编码

确定了纳入元分析的文献后,本章对每项研究进行了编码。对文献编码主要从研究描述项和效应量统计项两个方面着手(张徽燕等,2012)。研究描述项主要包括作者、国家、出版年份、题名、期刊名等文献来源信息,以及实验干预变量、目标变量、目标群体、干预的持续时间、干预频率、干预方式等研究特征信息。效应量统计数据主要是计算效应值的相关数据,包括实验组和对照组的样本数量、平均值、标准差(方差)、F、χ^2、t、P(单侧)等。为了保证编码的信度和效度,编码工作由两名经过培训的研究生进行,然后由第三人对这两组编码结果进行审查和比较。如出现编码内容不一致的情况,则由三人回溯原文,最终达成共识。26 篇文献的特征详见附录 5。

三、元分析的主要步骤

根据实验类研究数据特征,本章运用元分析专业软件 Comprehensive Meta-Analysis 2(简称 CMA 2.0)进行数据处理,具体的统计分析包括以下四个步骤(罗杰和冷卫东,2013)。

(一)确定效应指标

元分析需要将收集到的涉及共同目标的多项独立实验的结果进行合并或汇总,形成一个单一的效应量(effect size),也被称为统一的效应尺度

(effect magnitude),以此来评估多个独立研究荟萃后的综合效应。由于本章纳入元分析的 26 篇文献均为现场实验类研究,因此采用标准化均数差作为元分析的统一效应量。每个研究中不同实验的效应量的估计值为:

$$d = \frac{M_e - M_c}{S_w} \tag{1}$$

其中,M_e 为实验组的能耗平均数,M_c 为对照组的能耗平均数,S_w 为实验组和对照组的联合标准差(即两组数据标准差的加权平均)。$|d|$ 越大,表示节能效果越显著。Hedges and Olkin(2014)认为,采用联合标准差比单纯采用对照组的标准差更能有效地减少数据的偏倚和变异,联合标准差为:

$$S_w = \sqrt{\frac{(n_e - 1)S_e^2 + (n_c - 1)S_c^2}{n_e + n_c - 2}} \tag{2}$$

其中,n_e 为实验组的样本量,n_c 为对照组的样本量。若实验设计为前后测实验,对照组为基线期的样本数据。S_e 为实验组的标准差,S_c 为对照组的标准差。

有些文献中并没有报告平均值、标准差或者样本量等信息,而只报告了假设统计量如 t、χ^2、F 或 P,则采用 Glass et al.(1981)提出的方法,将其转换为相关系数,然后再用 Fisher 的 r-Z 转换法计算出效应量估计值 d。

(二)文献的异质性检验与模型确定

元分析是对具有共同目标的多项实验研究结果进行合并检验,为了判断多项研究的同质性,需要对纳入元分析的 26 篇文献进行异质性检验(heterogeneity test)。如果异质性检验的结果不显著,则采用固定效应模型计算合并后的统一效应量;如果异质性检验的结果显著,则采用随机效应模型计算合并统计量(罗杰和冷卫东,2013)。本章采用最常用的 Q 值法进行异质性检验:

$$Q = \sum \omega_i (d_i - \bar{d}) = \sum \omega_i d_i - \frac{(\sum \omega_i d_i)^2}{\sum \omega_i} \tag{3}$$

其中,d_i 为各个研究样本的 d,ω_i 为根据各研究样本大小得到的权重,第 i 个研究的权重为:

$$\omega_i = \frac{2 n_{i1} n_{i2} (n_{i1} + n_{i2})}{2(n_{i1} + n_{i2})^2 + n_{i1} n_{i2} d_i^2} \tag{4}$$

其中,n_{i1} 表示第 i 个研究中对照组的样本量,n_{i2} 表示第 i 个研究中实验组的样本量。

Q 服从自由度为 $K-1$ 的 χ^2 分布(K 为纳入元分析的研究个数),在 95% 的置信区间下,$Q > \chi^2(1-\alpha)$,$P < 0.05$ 则表明异质性显著,适合采用随

机效应模型计算效应值,否则,采用固定效应模型。当异质性显著时,也可以帮助研究者判定是否存在潜在的调节变量,如果有,则需要进一步进行调节效应的检验。

(三)假设检验

元分析中的假设检验主要分为主效应检验和调节效应检验。本章以最常用的 Z 值法作为统计计算方法,在 95% 的置信水平下,通过 P 来判断其显著性。

(四)评估文献的发表偏倚

在元分析中,为了保证研究结论的稳定性,避免得出有偏差的结论,需要评估文献的发表偏倚。发表偏倚是指学术期刊偏向于发表具有肯定性(阳性)的研究结果,否定性(阴性)的或无结论的研究大多被拒绝。因此,为了避免因为发表偏倚而得出有偏差的荟萃分析结果,元分析需要进行发表偏倚检验。

本章采用漏斗图和失效安全系数两种方法相结合的方式来评估发表偏倚。漏斗图中,每项研究的效应值与其标准误差相对应。在漏斗图中,样本量较大的研究倾向在图的顶端往中间聚集,而样本量小的研究出现在底部且往往更加分散,这是因为样本量小,精度低,存在更大的采样误差。如元分析不存在发表偏倚,则会成对称的漏斗图(Viechtbauer,2007)。然而,值得注意的是,漏斗图不对称不一定仅仅是发表偏移所带来的,因此,本章采用定量的失效安全系数方法进一步评估发表偏倚。失效安全系数表示需要增加多少阴性的结果才能逆转当前元分析的结论。计算出的失效安全系数越大,说明元分析的结果越稳定,被推翻的可能性也就越小。失效安全系数为:

$$N_{FS0.05} = \left(\frac{\sum\limits_{i=1}^{k} Z_i}{1.645} \right)^2 - k \tag{5}$$

其中,k 为纳入元分析的实验个数,Z_i 为各项独立研究的 Z 值。$FS0.05$ 表示对应于统计显著性水平 $\alpha = 0.05$ 的 Fail-Safe(失效安全)1.645 是对应于统计显著水平 $\alpha = 0.05$ 的 Z 分数。

第四节　社会心理干预对公众低碳节能行为影响效果的元分析

一、主效应检验

本章元分析纳入 1976—2015 年发表的 26 篇文献,共 4171 个有效被试样本。首先,为保证各个实验产生效应值的代表性,参照 Bollen(1989)提出的方法剔除极端值;接着,将每项实验产生的效应值作为独立样本进行处理,本章纳入元分析的 26 篇文献共包含 63 个实验干预,即 63 个效应值;最终,将 63 个效应值纳入元分析进行主效应检验。

运用 CMA 2.0 分析社会心理干预方式对公众低碳节能行为影响的主效应检验结果见表 7-1。

表 7-1　社会心理干预方式对节能行为作用效果的主效应检验结果

模型	k	异质性检验			双尾检验		效应值 (d)	95% 置信区间	失效安全系数(N)
		Q	df (Q)	P	Z	P			
随机效应模型	63	95.260	62	0.004	13.135	<0.0001	0.487	(0.415, 0.660)	4279

由表 7-1 可见:$Q=95.260(P<0.05)$,说明各项研究中社会心理干预与公众低碳节能行为之间的效应值具有异质性,从而可以进一步进行调节效应的检验。因此,本章采用随机效应模型计算合并统计效应量。结果显示:在 95% 的置信区间(0.415,0.660)下,社会心理干预对公众节能行为影响的主效应值 $d=0.487$。根据 Cohen(1992)的检验标准:$d<0.2$ 为弱效应,$0.2<d<0.5$ 为中等效应,$d>0.5$ 为强效应。由此可见:社会心理干预能够有效减少公众的能源消耗量,并且对低碳节能行为的干预效果显著($Z=13.135,P<0.0001$),达到中等偏高强度。H_1 得到支持。

本节元分析发表偏倚的漏斗图检验结果见图 7-2。横轴为单个研究的效应量,纵轴为单个研究的标准误。可见,大部分效应量都呈现在漏斗图顶部,而且聚集在效应量的均值附近,出现在底部的效应量很少,漏斗图呈现

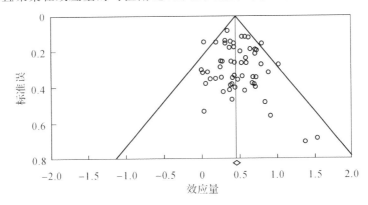

图 7-2　社会心理干预对节能行为影响的元分析发表偏倚的检验漏斗图

基本对称的特征。这说明,元分析得出的结论出现发表偏倚的可能性很小。表 7-1 显示,检验文献的发表偏倚的定量指标失效安全系数 N 为 4279,也就是说,需要 4279 篇阴性研究结果的报告才能逆转本章元分析的研究结论,由此可见:社会心理干预对公众低碳节能行为作用效果的元分析主效应结果很稳定,不存在发表偏倚。

二、调节效应检验

异质性检验显示,社会心理干预与公众低碳产能行为的关系中存在调节变量。因此,在检验主效应的基础上,需要进一步检验调节效应,从而深入剖析现有研究产生争议的原因(魏江等,2012)。亚组分析(subgroup analysis)是最常用的调节效应检验方法,本节在检验社会心理干预对低碳节能行为影响的主效应基础上,对影响两者间关系强度的调节变量进行亚组分析。根据对每项研究的编码结果,我们筛选出干预方式、干预时机、干预时长、干预频率 4 个因素作为调节变量,通过亚组分析进行调节效应检验,结果见表 7-2。

表 7-2　社会心理干预方式对习惯性节能行为元分析中的调节效应检验结果

调节变量	异质性检验			类别名称	独立样本	效应值 (d)	95% 置信区间		双尾检验	
	Q	df (Q)	P				下限	上限	Z	P
干预方式	8.277	3	0.041	榜样示范	12	0.467	0.290	0.643	5.178	0.000
				公开承诺	7	0.660	0.361	0.960	4.326	0.000
				社会对比反馈	22	0.613	0.486	0.740	9.447	0.000
				社会规范	22	0.401	0.305	0.496	8.234	0.000
干预时机	4.718	1	0.030	事前干预	40	0.434	0.350	0.517	10.205	0.000
				事后干预	23	0.598	0.475	0.721	9.538	0.000
干预时长	6.786	2	0.034	1 个月以下	3	0.199	−0.169	0.567	1.061	0.289
				1—3 个月	41	0.538	0.458	0.618	13.113	0.000
				3 个月以上	19	0.364	0.223	0.506	5.047	0.000
干预频率	3.906	3	0.272	干预 1 次	12	0.612	0.455	0.769	7.623	0.000
				每天 1 次	11	0.397	0.228	0.566	4.607	0.000
				每月 1 次	30	0.490	0.373	0.608	8.207	0.000
				每周 1 次	10	0.441	0.298	0.584	6.044	0.000

对比社会心理干预的不同干预方式的干预效果可见,榜样示范、公开承诺、社会对比反馈、社会规范四种社会心理干预方式对公众的低碳节能行为均具有显著的促进作用,但效应强度存在差异性($Q=8.277,P=0.041<$ 0.05)。具体来说:公开承诺产生的公众能耗减少最多($d=0.660,P<$ 0.0001),达到强效应水平;其次是社会对比反馈($d=0.613,P<0.0001$),同样达到了 0.6 以上的强效应水平;榜样示范($d=0.467,P<0.0001$)和社会规范($d=0.401,P<0.0001$)促进节能的作用效果也比较显著,均达到 0.4 以上的中等效应水平。H_2 通过了检验。

从干预时机来看,事前的社会心理干预措施和事后的社会心理干预措施均能促进低碳节能行为,但其干预效果具有显著差异($Q=4.718,P=$ 0.030<0.05)。事后干预的节能效果($d=0.598$)显著强于事前干预($d=$ 0.434),说明对于公众低碳节能行为而言,在公众用能行为发生之后进行社会心理干预更有效,H_3 通过了检验。

从社会心理干预的干预时长的检验对比可见,干预时长对公众低碳节能行为的干预效果组间差异显著($Q=6.786,P=0.034<0.05$)。具体而言:1—3 个月的干预时间最能促进公众节约能源($d=0.538$),达到强效应水平;干预时长大于 3 个月,节能效果大幅减弱($d=0.364$)。值得注意的是,对公众进行小于 1 个月的社会心理干预不会带来显著的节能效果($P=$ 0.289>0.05)。因而,H_4 部分通过检验。

在社会心理干预的干预频率的检验对比中,没有发现显著的组间差异($P=0.272$),说明干预频率的提高并不能有效地带来社会心理干预对居民节能行为的促进作用。H_5 通过检验。

第五节　元分析结论与管理启示

本章通过对 26 项关于社会心理干预与公众低碳节能行为关系的现场实验研究进行元分析,得到以下主要结论:

第一,整体而言,社会心理干预能促进公众节能行为的显著增加,对低碳节能行为具有积极的促进作用,且主效应达到中等强度水平($d=0.487$)。由此可见,社会心理干预能有效促进公众的低碳节能行为,充分发挥社会参照心理、社会比较心理、社会学习心理等的作用,不仅可以促进公众实施低碳节能行为,还有利于节能减排社会风气的形成。

第二,干预方式能显著地影响社会心理干预对公众节能行为的干预效果。具体来说，公开承诺最能促进公众的节能，社会对比反馈和榜样示范的效果次之，社会规范所发挥的作用效果最小。研究结果呼应了 Abrahamse et al.(2005)，即具有社会互动的干预方式对个体低碳节能的影响更显著。相比于其他干预方式，公开承诺使得个人的节能行为变得具体且公布于社会，个人能强烈地感受到社会带来的压力，从而产生强烈的内在动机。而社会规范与节能行为之间的作用路径没有如此具体，效果相对较差。因此，在干预中建立良好的社会互动关系，优化个体行为与社会心理干预的直接作用路径就显得极为重要。

第三，干预时机能显著影响社会心理干预对公众节能行为的干预效果，且事后干预更有效。这一结论验证了组织行为学中的自我知觉理论(罗宾斯和贾奇，2008)。根据自我知觉理论，个体基于直接经验和行为结果形成的事后态度，对未来行为能够进行更准确的预测。而现实生活中常见的描述性规范和媒体示范虽利于改善个人的节能态度，但由于与自身联系不紧密，个人很难将低碳节能意识转换到实际行动上，由此社会中出现了节能"态度—行为"缺口现象，形成了节能困境。

第四，干预时长能显著影响社会心理干预对公众节能行为的干预效果。具体来讲，干预时长在1—3个月最能促进公众的低碳节能行为，大于3个月的干预时长次之，而小于1个月的干预效果最不明显。根据社会学习理论，个体的观察学习需要经历注意过程、保持过程、动力复制过程和强化过程四个阶段，个体从观察到形成节能习惯需要经历一段时间，因而在较短时间内，干预效果不显著。但是，随着干预时间的延长，社会规范、榜样示范等干预方式开始发生作用，个体的主动节能行为开始增多。但经过一段时间之后，随着生活必需的刚性能源需求比重增加，个体的节能潜力开始减小，个体的节能难度也随之变大，因而节能效果减弱。可见，把握好干预时长能有效强化单位干预时长带来的节能效果，进而以更小的时间成本取得更好的效果。

第五，与预期不同，干预频率对社会心理干预与习惯性节能行为并没有显著的调节作用。原因可能来自两方面。从26项纳入元分析的实验研究来看，在实验设计中，干预频率高的实验一般干预时长较短，干预频率低的干预时长一般较长，频率与时长的效果可能相互抵消；个体低碳节能行为带来的节能效果会受到多种复杂因素的影响，干预频率并不是主要的促进因素，因此虽可能存在差异，但因其影响力较弱，促进效果不显著。

第六节　本章小结

本章主要运用元分析技术，对 1976—2015 年发表的 26 篇实验研究文献（含 4171 个被试样本）进行了综合定量检验，以评估社会心理干预对公众低碳节能行为的干预效果。对于纳入元分析的文献，本章从研究描述项和效应量统计项两个方面进行编码，进而对已有研究中社会心理干预对公众低碳节能行为的作用进行了主效应检验和调节效应检验。分析发现：社会心理干预能够有效促进公众的低碳节能行为，且主效应达到中等强度；干预方式、干预时机、干预时长 3 个调节变量对社会心理干预与公众的低碳节能行为之间的关系具有显著调节作用。具体来说：在干预方式上，公开承诺带来的节能效果最好，其次是社会对比反馈和榜样示范，而社会规范效果最差；在干预时机上，事后干预的节能效果显著优于事前干预；在干预时长上，持续 1—3 个月的干预效果最好；干预频率不存在调节作用。

值得注意的是，本章纳入元分析的 26 项实验研究均在国外开展，国内关于社会心理干预与公众低碳节能行为关系的现场实验研究还十分匮乏。中国社会具有特殊的人际关系导向、高情境文化和差序格局的特征，人际交往中重视事件发生时所依赖的是情境而不是内容。因此，面子文化、从众心理等社会心理因素对个体能源消费行为的影响也更复杂。为了进一步检验在中国情境下社会心理干预方式对公众低碳节能行为的效用，我们将开展规范的本土化现场实验研究。此外，可能受到实验设计或文化差异的影响，社会心理干预频率的调节作用没有通过检验，在后续的实验研究中，我们将通过更细化的本土化实验研究进一步探析干预频率对激励公众节能的作用效果。

第八章　社会比较反馈对家庭节能行为作用效果的纵向实验研究

　　本章以促进私人领域的城市居民家庭节能为目标,在第四章扎根理论建构的公众生活方式低碳化的多重社会心理路径理论模型的基础上,以社会心理驱动因素主范畴中的社会比较、社会规范和行为结果反馈中的反馈内容、反馈频率为依据,结合第七章元分析的结果,开展了一项为期 18 周的随机对照纵向现场实验。实验采取 2(每周 1 次 VS 每周 2 次)×2(自我对比反馈 VS 他人对比反馈)＋对照组的混合实验设计,测试了四种不同的社会对比反馈方式对激励中国城市居民主动实现节能目标的效果。实验在真实的生活环境中进行,评估实验效果的家庭能耗数据来自电力供应商的实时计量系统。实验采用协方差分析,研究了不同的反馈内容和反馈频率对公众低碳节能行为的作用效果,证实了社会对比反馈对激励中国城市家庭实现节能目标的有效性,同时弥补了国内关于居民低碳节能行为的研究中缺乏应用真实数据进行纵向现场随机对照实验的不足。

第一节　随机对照现场实验的基本原理

一、实验研究的基本逻辑与构成

　　对于心理和行为而言,实验研究有两大特征:其一,用实验法操纵一个变量,然后测量另外一个变量,减弱了结果解释的模棱两可性;其二,实验法试图控制干扰变量,排除所有潜在的无关变量对因变量的影响(科兹比和贝茨,2014)。

　　实验研究具有 5 个基本的要素:①假设,假设就是建立变量之间的逻辑关系,是实验开始前的必要要素;②操纵,实验过程中,自变量是被操纵的变量,与此同时进行因变量的观测,通过自操纵变量得到不同处理条件,并通过观测变量得知不同实验条件下的结果;③控制,在实验过程中控制自变量和因变量之间的关系不被其他因素干扰;④比较,将不同条件下的结果进行

比较,用其差异性说明操纵的不同影响程度;⑤重复,实验程序和操作必须
能够重复进行(格雷维特尔,2005)。实验研究的基本逻辑与构成成分见图
8-1。

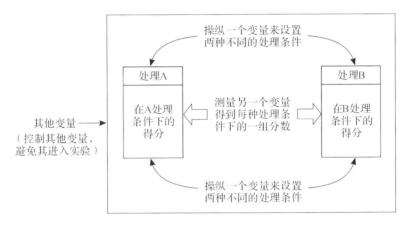

图 8-1　实验研究的基本逻辑与构成成分

按照实验条件的不同,实验法一般分为自然实验法(natural
experiment)和实验室实验法(laboratory experiment)。自然实验法是指在
真实的自然情境下开展实验,研究结果具有外部性,更加接近真实生活场
景,推理性较强。实验室实验法是指在实验室条件下开展实验研究。由于
其可控性更强,其结果受外部因素干扰更少,得到的结果更加准确,但结果
的推论性要差一些(张学民,2010)。自然实验法和实验室实验法的优劣对
比如表 8-1 所示。

表 8-1　自然实验法和实验室实验法的优劣对比

类别	实验室实验法	自然实验法
接近现实的程度	低	高
不相干因素的干扰	少	多
被试者是否易察觉参与了实验	是	否
检验因果关系的能力	好	差
实验花费	低	高

本章的研究目的是探讨节电目标和对比式反馈对激励城市家庭主动节
电的影响效果,因此选用自然实验法进行随机对照现场实验,采用用户真实
用电数据作为实验材料,以增强实验的外部性,提高实验结果的可应用性和
可推广性。实验研究的基本步骤如图 8-2 所示。

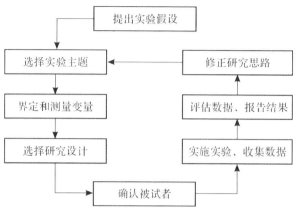

图 8-2　实验研究的基本步骤

二、实验设计基本术语

实验设计中会有常用基本术语。本章涉及的实验术语及其定义如表 8-2所示。

表 8-2　实验术语及其定义

术语	定义
自变量（independent variable）	刺激变量，由主试选择、控制的变量
因变量（dependent variable）	被试的反应变量，是主试观察或测量的行为变量，是由自变量引发的结果
控制变量（controlled variable）	又称无关变量或控制变量，是指除了实验因素（自变量）以外的影响实验结果的变量
混淆变量（confounding variable）	能够影响或歪曲研究结果，可以伴随 2 个研究变量发生系统性变化的额外变量
水平（level）	用来定义变量所处的不同处理情境或取值
外部效度（external validity）	实验结果能够向外推广的程度
内部效度（internal validity）	能将因变量的变化归结为对自变量的操作的程度，体现的是对实验的控制程度
单独效应（simple effect）	同一因素不同水平间的单独的平均差别（均方）
主效应（main effect）	某一因素各个水平之间的总均差
交互效应（interaction effect）	某因素各个单独效应随着另一因素变化而变化，且相互之间的差别超出随机波动的范围

三、实验设计的分类

传统的实验组（experimental group）和控制组（control group）实验设计是一种常用的实验设计方法，此类方法对实验组和控制组进行比较，进而探究处理条件对个体行为的影响。在应用此类设计方法时，一般首先选取一个实验组和一个控制组，在实验过程中对实验组进行条件处理，而对控制组不进行任何处理。随后，对后续组别进行同样的处理测试。在实验结束后，如果实验组和控制组的结果有显著差异，那么显著差异是由处理条件产生的，就可以认为实验的处理条件会对实验对象的心理或行为产生一定影响（张学民，2010）。一般来说，此类实验设计可以分为仅后测实验和"前测—后测"实验两种实验设计（科兹比和贝茨，2015）。

仅后测实验设计需满足以下三个条件：一是获得两个相同水平的参与组。二是引入自变量。三是测量自变量对因变量的效应。仅后测实验设计如图 8-3 所示。

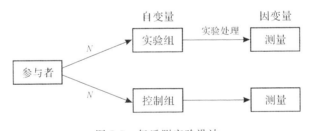

图 8-3　仅后测实验设计

注：N 表示参与者数量或被试个数。

仅后测实验设计具有较高的内部效度。这种实验设计首先选择参与者，将他们随机分配到实验组和控制组中；随后，选择两个自变量的水平；最后，测量自变量的效应。由于引入自变量之前两个组处于同等水平，并且也没有干扰变量，所以在因变量上任何差异都能够归因于自变量效应。

"前测—后测"实验设计就是在实验操作之前增加了前测的部分。这样的实验设计目的在于明晰实验组和控制组在实验开始前的一致性。样本量越大，在操纵自变量之前，小组在任何系统方面存在差异的可能就会越小。有一个正式的程序可用来决定要检测到统计显著效应所需要的样本量，但是，按照经验，每个条件最少需要 20—30 个被试者。并且在某些研究领域，可能需要更多的被试者（科兹比和贝茨，2015）。"前测—后测"实验设计如图 8-4 所示。

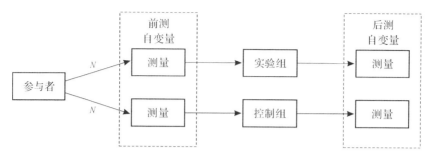

图 8-4 "前测—后测"实验设计

注：N 表示参与者数量或被试个数。

仅后测实验设计和"前测—后测"实验设计具有实验结果分析较为简单的特点，只要做相应的统计检验就可以发现有实验处理与无实验处理之间是否存在显著差异，进而发现实验处理的效果或作用。在有些实验研究中，实验者只需要了解实验处理是否有效果，而不需要了解其他方面的信息以及自变量在不同水平上对因变量的影响的变化过程。在这种情况下，实验组和控制组实验设计是一种简便易行的实验设计方法，既可以节省时间又能够很快得到实验结果和结论。

上述两种实验设计中，考查的都是 1 个自变量和 1 个因变量的关系，然而，行为心理学实验一般都应用了 2 个或 2 个以上的自变量，通常想要对某一个问题提出多种可能的解释，然后通过实验法来排除其中的某些解释。包含 2 个或更多因子的实验设计即析因设计。析因设计最简单的形式就是实验中有 2 个自变量，每个自变量各有两种处理水平，即 2×2 的析因设计，共有 4 种可能的实验条件组合（见表 8-3）。析因设计不仅可以考查每个因子对因变量的影响，还可以研究各因子彼此间的影响或交互效应（张学民，2010）。

表 8-3　2×2 析因设计

B 因素	A 因素	
	A_2	A_1
B_1	$A_1 B_1$	$A_2 B_1$
B_2	$A_1 B_2$	$A_2 B_2$

确定实验条件后，有两种基本方法将参与者分配其中：一种方法是参与者被随机分入各种条件组中，且每个参与者只能参加一个组，这种分配方法叫作独立组设计（independent-groups design），也称为被试间设计（between-subjects design）。另一种方法是参与者参加全部的条件组。因

为每个参与者都是在接受了自变量的各个水平后测量的,所以这种方法称为重复测量设计(repeated-measures design),也叫作被试内设计(within-subjects design)。使用被试间设计时,用随机分配法(random assignment)将不同的参与者分配到每一个实验条件组中,即个体进入特定实验条件的分配决策是随机的,不受研究者的影响,随机分配可以防止出现系统性偏差。

被试内设计是指同一个被试接受所有处理条件,对其在各种处理条件下的心理和行为进行观测记录(见图8-5)。被试内设计的主要优点是需要的实验参与者较少。当参与者的数量不足时,或者当实验中每个个体的运作成本很高时,使用被试内设计会是一种更好的选择。被试内设计的另一个优点是它对达到统计显著性的组间差异极度灵敏,这是由于实验中两种条件下的数据均来自相同的人。但是,这种实验方法也存在着参与者中途退出实验所带来的参与实验人数减少,导致实验参与者无法完成长时间的一系列测量而影响实验结果的风险。而且,由于每个参与者都要经历一系列的干预处理和测量,先前的干预结果会对实验后续的进行产生影响,降低了实验的内部效度。

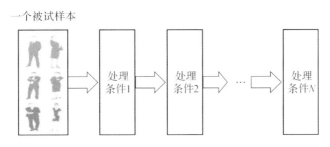

图 8-5 被试内实验设计的结构

本章现场实验的目的是评估不同的信息干预方式对居民实现节电目标的影响效果,因此实验采用了混合因子的被试间析因设计,以分析各个影响因素的主效应和它们之间的交互效应。

第二节 社会对比反馈与家庭节能
行为关系的实验设计

一、实验目标的确定

随着中国经济的快速发展和城市化进程的不断加快,能源需求量已经显著增加(Zhang et al.,2017;Huo et al.,2018;Liu et al.,2015)。与此同时,家庭用电量的比例也明显提高(Cabeza et al.,2014;Pothitou et al.,2017)。2020 年,中国全社会用电量为 7.51 万亿千瓦时,居民生活用电量为 1.09 万亿千瓦时,比 2019 年增长 6.9%。居民生活用电增量占全社会用电增长总量的 31.2%。然而,至 2019 年底,中国 62.15% 的电力仍然依赖于高碳型的燃煤发电。以煤炭为主的能源供给结构成为中国的 CO_2 减排的重要制约因素(芈凌云等,2020)。为了应对气候问题和实现我国的 CO_2 减排目标,本章以城市居民家庭为实验对象,研究节能行为干预措施引导城市家庭主动节约用电的作用机制。

在激励节能行为的干预措施中,尽管人们认为节省金钱是他们节能的主要动机,但是人们的实际行动与认知之间存在较大偏差(Emberger-Klein and Menrad,2018),非财务措施带来了更持续、更有效的节能(Abrahamse et al.,2005)。其中,目标设置和反馈体现出了有效性(Mccalley and Midden,2002;Harding and Hsiaw,2014;Karlin et al.,2015)。关于目标设置理论的研究认为,目标对个体行为的激励作用因国家之间的文化差异而显著不同(Erez and Earley,1987;Ma et al.,2017)。目前,关于目标设置对家庭节能影响的研究大部分是在北美、欧洲等西方国家进行的,这些国家具有个人主义和低情境文化的社会特征(Erez and Earley,1987),人们重视事件发生时所依赖的内容而不是情境,因此目标设置的激励作用较为显著。而在具有集体主义和高情境文化的中国社会中,人们的能源消费行为会受到他人行为和社会对比的影响。面子意识、炫耀性动机都是影响居民能源消费行为的重要前因(Mi et al.,2018),目标设置是否依然对中国城市居民节能行为具有显著的激励作用? 这需要在中国的高情境社会文化下通过现场实验研究做进一步检验。

此外,目前关于居民节能行为的对比信息反馈的研究主要关注了反馈内容和反馈频率(Fischer,2008;Karlin et al.,2015)。根据反馈信息的参照对象不同,可以将信息反馈内容分为自我对比反馈和他人对比反馈两种。自我对比反馈就是在反馈信息中增加家庭历史能耗信息,与当前能耗信息形成对比,使用户更加方便而直接地评估自己当前的能源消费水平和变化情况,这可以激活个人规范,引起居民对节能的重视(Fischer,2008;Erez and Earley,1987);他人对比反馈是指在向用户提供自家用能信息的同时,还向其提供所在社区、周围或类似群体的用能信息作为参照,使其不仅清楚自家能耗的绝对数量,还了解其在周围群体或相似群体中所处的相对水平,进而利用社会对比的自我增进心理来促进节能。根据反馈频率的不同,现有的研究一般分为每周反馈 1 次、每 2 周反馈 1 次或者每月反馈 1 次(Allen and Janda,2006;Fischer,2008;Abrahamse et al.,2015),但反馈频率对居民节能行为的作用效果是不是越频繁越好,具体反馈频率设置为多少最有效,还没有达成共识。

　　因此,本章以目标设置理论为基础,结合中国社会高情境文化的特征,开展了一项为期 18 周的随机对照现场实验。探索使用目标和对比式反馈来激励中国城市家庭主动节电的有效性。本章的研究目的是回答以下四个问题:在为居民设置同一个具有挑战性的节电目标之后,设计怎样的反馈方式能够更加有效地激励居民为实现目标而持续努力? 在设置相同目标的情况下,不同的对比反馈内容和反馈频率在激励居民节电上是否存在显著的差异? 在停止反馈的情境下,目标本身对居民节电行为的激励作用是否具有可持续性? 在中国社会的高情境文化下,对比式反馈策略在促进居民实现节能目标中发挥着怎样的作用? 为了回答这些问题,本章以中国东部江苏省徐州市的主城区居民为例,开展了一项以江苏省徐州市为例的随机对照纵向现场实验。

二、实验假设的提出

(一)节电目标的设置

　　目标设置理论是研究目标对个体行为激励作用的经典理论,可以有效地用于任何个人对结果有一定控制权的领域(Becker,1978;Locke and Latham,2002,2006;Craney and Surles,2002;Allcott,2011;Buchanan et al.,2015;罗宾斯和贾奇,2016;Hermsen et al.,2016;Shen et al.,2016;Jaeger and Schultz,2017;Neenan et al.,2019),因此,也受到节能行为研究者的关注。目标设置理论指出,合理的目标设定具有显著的激励作用,它能把个体的需要转变为动机,使个体行为朝一定的方向持续努力(Locke and Latham,2006)。合理的目标设置具有两个典型特征,一是目标的明确性,二是目标的挑战性(Locke and Latham,2002),这也是本章在节电实验中进行目标设置时考虑的两个要素。

　　明确的目标可以准确表达节能期望,让居民清楚认识到自身需要付出的努力。相较于"减少你的碳足迹"、"缩减一些能源消费支出"等相对模糊的目标,"离开房间随手关灯"、"随手关掉水龙头"等明确的目标更能被参与者接受。

目标的挑战性影响着个体在节能活动中的投入水平,进而影响节能的效果。目标确定后,人们会根据目标难度调整自己的努力程度。一般而言,具有挑战性的目标会激励个体付出更多的努力,表现出对任务更强的坚持性,从而绩效更好。不过,当目标超出了个人的能力范围时,绩效会下降(Locke and Latham,2006)。Becker(1978)是较早关于目标与节能关系的研究,其在实验中为参与家庭分别设置了节电 20% 和节电 2% 两种难度的节能目标。其中,对一半家庭进行每周 3 次的反馈干预,另一半家庭作为控制组,不接收反馈。结果发现:接受高目标(节电 20%)且每周反馈 3 次的实验组的家庭节电效果最好(节电 13%),也是唯一与控制组之间存在显著差异的实验组。这表明,较高难度目标和反馈的联合作用可以有效促进节能。然而,节电 2% 的简单目标组的节能效果不显著,这可能是因为节电 2% 的目标被认为太简单而不值得他们付出太多努力。后来,Harding and Hsiaw(2014)在一项让消费者自主选择节电目标并进行节能小技巧及用电信息的定期反馈的实验中发现,那些选择了积极且相对现实的节能目标的参与者实现了约 11% 的节电效果,而那些选择了不现实的高目标的实验组和选择了很低目标的实验组都没有产生显著的节电效果。基于上述已有研究可见,10%—20% 的节电目标是居民通过努力可以达到的一个具有一定挑战性的目标。因此,在本次实验中,我们为各实验组家庭设置目标时,选择的是相对现实而具有挑战性的节电 15% 的目标,并提出以下假设。

H₁:为居民设置一个具有挑战性的节电 15% 的目标,并配合对比式反馈,可以带来显著的节电效果。

(二)对比式反馈设计

目标设置属于事前干预措施,反馈属于后果干预措施(Abrahamse et al.,2005)。自我知觉理论(self-perception theory)认为,行为发生之后,根据个体对已发生行为的态度可以更准确地预测未来的行为(罗宾斯和贾奇,2016)。尽管个人的用能习惯是随着时间推移逐渐形成的,但是积极的节能态度依然能够抑制坏习惯的产生,提供反馈就是增强个体节能意识的一种有效途径(Fischer,2008),因此,反馈对于节能行为的作用受到了越来越多的关注。研究者们认为,信息反馈能够有效促进居民节能(Delmas et al.,2013;Hermsen et al.,2016)。但是,在与目标设置相关的研究中,反馈环节只被用来告知参与者目标的实现情况,反馈的内容是能源消费数量信息和金钱信息,反馈是被动存在的,没有受到足够的重视。甚至有的研究认为,当不设置节能目标时,反馈在鼓励节能方面并不成功(Mccalley and

Midden,2002)。为了探索主动设计的对比式反馈信息能否促进居民努力实现一个具有挑战性的节电目标,我们在设定目标后,从反馈内容和反馈频率两个方面主动设计了对比式反馈策略。

1. 反馈内容

Delmas et al.(2013)的一项元分析发现,反馈信息可以解决信息不对称的问题,增强行为与结果之间的联系,是矫正行为的重要手段。但是,反馈的有效性会因不同的反馈内容而产生显著差异。传统的信息反馈主要是提供居民一段时间内的用电量信息,但是,即使是使用家庭智能显示器向居民反馈用能信息,也并没有取得预期的节能响应(Buchanan et al.,2015)。Anderson and Lee(2016)发现,在反馈信息中增加历史能耗对比信息或增加与参照群体对比的信息会比传统的反馈更有效。因此,如何发挥对比式反馈在激励居民节能中的作用值得深入探究。

规范焦点理论(the focus theory of normative conduct)指出,人们做出好的行为(如环保行为)并不一定是因为自己先有一个好的目的或态度,而是遵从社会规范的结果(Cialdini et al.,1991)。社会规范可以为一定情境下的社会群体提供行为准则,促使个体做出与社会规范一致的行为。Jaeger and Schultz(2017)证实了提供社会规范信息对节能的积极作用。社会比较理论认为,社会比较具有自我增进功能,当一个人通过社会比较获得肯定性情感满足时,会表现出更多积极行为(Festinger,1954)。Handgraaf and Jeude(2013)发现,为能源用户提供社会对比信息所产生的社会激励比金钱激励能更有效地促进节能行为。想要使居民减少电量消耗,需要一个可以参照的点,这个参照点既可以是消费水平相近的居民,也可以是地理位置相近的居民。Peschiera et al.(2010)通过实验研究发现,向用户提供个人能耗信息的同时,还提供与其家庭消费处于同一水平的其他用户的能耗信息,可以显著地促进节能。Allcott(2011)给参与实验的家庭邮寄家庭能源报告,该报告不仅包含了参与者家的用电信息,还包含了其与邻居用电信息的对比,结果发现这一措施对参与实验的家庭产生了 2% 的节能效果。Shen et al.(2016)的实验研究也证实,在收到自身用电量信息的基础上,还同时收到与其居住在同一街道的其他居民的用电信息的实验组,其节能效果更显著。

尽管自我对比反馈和与他人对比反馈在激励节能行为上都体现出了积极作用,但是与他人对比反馈的激励功能似乎更受认可。考虑到中国社会所具有的关系型社会和高情境文化特征,人们的消费行为更容易受到他人行为的影响,与他人对比反馈能否激励中国城市家庭为实现一个具有挑战性的节电目标而持续努力? 这是一个值得探究的有趣问题。

中国城市居民大多居住于公寓楼。公寓楼位于封闭或半封闭的居民小区内。居民小区大部分设有围墙和大门,由物业公司负责人员的出入管理。小区内的公寓楼一般由多个单元组成,每个单元内的楼上与楼下住户的居住户型和住宅面积是相同的,因此,建筑结构的能耗类似。综合考虑已有的研究结论并结合我国城市居民的实际状况和居住特征,与他人对比反馈信息采用与实验参与者居住在同一住宅单元的全部居民的平均用电量,自我对比反馈信息为参与者家庭的历史用电量。本章通过这两种对比反馈信息的干预,来评估社会对比反馈的节能效果。因此,本章提出以下假设。

H_2:他人对比反馈比自我对比反馈更能促进居民实现节电目标。

2. 反馈频率

目前,关于反馈频率对居民节能行为作用效果的研究并没有达成共识。一类观点认为,反馈越频繁越有效。Abrahamse et al.(2005)认为,足够频繁的反馈信息才更有效,每周反馈用能信息能够减少家庭整体能耗的12.3%—25.0%,节能效果优于每 2 周 1 次或者每个月 2 次。Fischer (2008)进一步指出,频繁的信息可以增强行为与行为效果之间的关联,进而增强行为人的行动意识。然而,另一类观点则认为,反馈并不是越频繁越好。Allen and Janda(2006)与芈凌云等(2016b)发现,在促进节约能源上,实时反馈并未显示出比每月反馈或每周反馈更有效,反馈并不是越频繁越好。Neenan et al.(2009)发现,每月反馈的节能效果略好于实时反馈,每月反馈节能 9%,每日和每周反馈节能约 8%,实时反馈节能 7%。由此可见,节能效果是否会随着信息反馈频率的提高而增强在已有研究中是存在较大争议的。因此,本章的实验设计在保持其他条件具有一致性的基础上,将进一步检验信息反馈频率对城市家庭节电的影响。考虑到中国大部分普通城市尚未普及智能电表,居民大多按月缴纳电费,同时兼顾实验中干预频率的可操作性与干预措施的普及性,本次实验设置了每周 1 次和每周 2 次的两种信息反馈频率,并据此提出以下假设。

H_3:反馈频率的提高对居民实现节电目标具有显著促进作用。

三、社会对比反馈内容与反馈频率设计

本次现场实验的目的是探究在为居民设置一个具有挑战性的节电15%的目标时,不同反馈频率和不同反馈内容对家庭居民实现该目标的影响,因此实验采用混合因子的析因设计。析因设计是将 2 个及以上因素的各种处理水平进行排列组合,对其影响因素的作用进行全面分析,以便提供更多的实验信息,而且析因设计更符合真实情景。实验以实验期间五组居民每周的平均用电量为因变量,以两种信息反馈内容与两种反馈频率耦合形成的四种干预条件为自变量。

反馈频率分为每周 2 次和每周 1 次两种,反馈内容分为他人对比信息与自我对比信息两种。自我对比信息反馈是向用户提供自家的当期用电量以及与上周相比用电量的变化情况;他人对比信息反馈是不仅向用户反馈自己家庭的用电量,还反馈与其同住在一个单元内全部居民的当期平均用电量。具体的信息反馈内容设计见表 8-4。

表 8-4　社会对比反馈干预实验的反馈内容设计

项目	自我对比信息反馈	他人对比信息反馈
定义	及时为居民提供用电信息。主要告知居民每周的用电量,提醒家庭节约用电	及时为居民提供用电信息。主要告知居民自家每周的用电量以及周围邻居的用电量,并提醒家庭节约用电
具体内容	尊敬的户主,您好。本周(日期区间)您家的用电量为_____kWh,与上周相比,节约(多使用)了_____kWh,节电比例为_____,您家的目标是本月实现_____的节电量,具体节电行为可以参照我们发给您的节电贴士,感谢您的参与	尊敬的户主,您好。本周(日期区间)您家的用电量为_____kWh,与上周相比,节约(多使用)了_____kWh,节电比例为_____,您家的目标是本月实现_____的节电量。您家所在单元的住户平均用电量是_____kWh。具体节电行为可以参照我们发给您的节电贴士,感谢您的参与
反馈方式	短信	短信

第三节　实验对象与实验过程

一、实验样本的收集

实验在江苏省徐州市进行。徐州市的经济发展水平在三线城市中具有一定的代表性和典型性。徐州市与中国大多数三线城市一样,没有全面推广智能电表,大多数居民通过网络支付工具或银行卡代扣等方式缴纳电费。2017 年 7 月,我们在徐州市 2015 年以前建成入住的、规模在 500 户以上的社区中,随机抽样选取 3 个居民小区,含 82 栋居民楼,共 4554 户居民。我们从每栋楼随机抽取 10 户,合计 820 户居民形成样本群,对样本群内住户逐一进行入户拜访,邀请其加入实验。凡是同意加入的住户,会请他们完成一份基础信息调查问卷,并签名同意获取他们的家庭用电数据,同时登记联系方式,以便能及时与其进行沟通。经课题组 12 名成员历时 10 天的登门拜访,本次实验最终成功征集到 175 户实验参与家庭。这些样本家庭的位置分布涵盖全部的 82 栋居民楼,样本的代表性良好。之后,在当地电力部门的合作下获得实验参与家庭每天实时用电数据及历史用电数据。通过整理 175 户样本居民的入户调查信息和其近 1 年用电数据后,剔除历史用电信息不完整的 7 户居民,本实验最终获得 168 户成为实验样本。将其按照反馈方式和反馈内容的不同组合随机分为 4 个干预实验组和 1 个无干预对照组。实验参与家庭的统计特征如表 8-5 所示。

表 8-5　实验参与家庭的统计特征

项目	类型	人数	比例
家庭月可支配收入	2000 元及以下	11	6.55%
	2001—5000 元	62	36.90%
	5001—10000 元	61	36.31%
	10001—20000 元	21	12.50%
	20001—50000 元	4	2.38%
	50000 元以上	2	1.19%
	缺失	7	4.17%
家庭常住人口	1 人	3	1.79%
	2 人	33	19.64%
	3 人	84	50.00%
	4 人及以上	48	28.57%
住宅面积	60m² 以下	2	1.19%
	60—90m²	27	16.07%
	91—110m²	57	33.93%
	111—140m²	58	34.52%
	140m² 以上	23	13.69%
	缺失	1	0.60%

二、实验的实施过程

实验阶段分为拜访期、实验干预期和后续跟踪期。我们在拜访期内，对随机抽样选中的家庭进行逐户拜访，征集实验参与家庭，同时填写基础信息问卷和书面授权书，使我们了解到家庭基本信息。在实验干预期，我们根据不同组别实验设计的要求，定期对居民进行目标和反馈信息干预并为其发放节电小贴士。持续 14 周后停止反馈，进入后续跟踪期，我们只为实验组的所有参与家庭提供目标提醒，希望他们仍然以 15% 的节电目标来要求自身的用电行为，继续观察和记录 4 个实验组和 1 个对照组家庭的用电变化情况，以此来探究在反馈取消后，单纯依靠一个具有挑战性的节电目标，居民的节电行为是否具有可持续性。

实验干预期于 2017 年 7 月 23 日开始，10 月 28 日结束，共计 14 周。各住户的用电数据每周由辖区供电局提供 2 次。在实验开始前 1 天，即 7 月 22 日，我们通过短信通知所有实验参与家庭去年同期家庭用电数据以及本次实验开始日期，希望他们实现 15% 的节电目标。实验参与家庭回复短信，确认对实验的知晓。实验过程中，按照反馈频率和反馈内容的不同将参与实验的家庭分为 4 个实验组和 1 个对照组，即每周 1 次自我对比反馈组、每周 2 次自我对比反馈组、每周 1 次他人对比反馈组、每周 2 次他人对比反馈组和无信息干预的对照组。具体的实验阶段及分组见表 8-6。实验过程中，由于实验组 4 中 1 户居民用的电数据出现异常小的值，因而这 1 户被剔除，该组样本量变为 32 户。

后续跟踪期于 2017 年 10 月 29 日开始，到 11 月 25 日结束，共持续 4 周。10 月 28 日，我们向实验参与家庭发送最后一条反馈短信，并提醒他们继续以实验期间 15% 的节电目标要求自己平时的用电行为。之后的 4 周持续记录各组别实验参与家庭每周的用电信息，作为后续观察期的数据。

表 8-6　实验设计

实验分组	拜访期 （2017 年 7 月 10—19 日）	实验期 （2017 年 7 月 23 日— 10 月 28 日）	后续跟踪期 （2017 年 10 月 29 日— 11 月 25 日）
实验组 1 （N＝33）	调查问卷	15% 的节电目标和 每周 1 次自我对比反馈	15% 的节电目标 （无反馈）
实验组 2 （N＝34）	调查问卷	15% 的节电目标和 每周 2 次自我对比反馈	15% 的节电目标 （无反馈）

续表

实验分组	拜访期 （2017 年 7 月 10—19 日）	实验期 （2017 年 7 月 23 日— 10 月 28 日）	后续跟踪期 （2017 年 10 月 29 日— 11 月 25 日）
实验组 3 （N＝34）	调查问卷	15％的节电目标和 每周 1 次他人对比反馈	15％的节电目标 （无反馈）
实验组 4 （N＝32）	调查问卷	15％的节电目标和 每周 2 次他人对比反馈	15％的节电目标 （无反馈）
对照组 （N＝34）	调查问卷	无	无

第四节　社会比较反馈的节能效果数据分析

一、基线期数据分析

因变量是居民在实验期每周的平均用电量，设置基线期并分析基线期间数据是为了尽量减少偶然因素对居民用电量的影响，真实反映居民的实际用电水平。同时，将基线期的用电数据设置为控制变量，能够更有效地测量自变量对因变量的影响效果，提高实地实验的内部效度。我们选取实验开始之前的 4 周（2017 年 6 月 25 日至 7 月 22 日）作为基线期，采集各组居民的周平均用电量用于观察现在的用电习惯。我们以实验条件为自变量，采用独立样本的单因素方差分析进行基线期数据分析。结果显示，Levene 统计量为 0.284，$P＝0.888＞0.05$，满足方差齐性检验。同时，各组用电量未达到统计显著水平，$F(4,162)＝0.274$，$P＝0.894$，表明各组居民基线期的用电量处在相同的水平上，不存在显著的组间差异。

二、实验期数据分析

实验期剔除 10 月 1—7 日的用电量，因为该段时间为我国法定节假日，许多居民外出旅行，在家居住时间不定，该段时间的数据不能代表居民家庭的真实用电量，因此该段时间的数据被剔除。实验期最终数据为 13 周用电量数据的平均值。表 8-7 为各组居民的电力消费量在基线期和实验期的均值、标准差以及实验组和对照组在实验期的用电量差异。其中，实验期各组用电量均高于基线期，主要是因为随着实验的进行，天气越来越热，居民用电量普遍提高。但是，在同等气温条件下，与对照组相比，实验组 4 和实验组 3

表 8-7　各组基线期与实验期的描述性分析

组别	干预方式	N	基线期	实验期	改变量/kWh	改变率/%
1	节电 15% 的目标＋每周 1 次自我对比反馈	33	52.80 (25.05)	67.74 (26.75)	−5.94	−8.06
2	节电 15% 的目标＋每周 2 次自我对比反馈	34	58.79 (29.47)	66.05 (30.93)	−7.63	−10.36
3	节电 15% 的目标＋每周 1 次他人对比反馈	34	55.76 (27.72)	62.03 (26.66)	−11.65	−15.81
4	节电 15% 的目标＋每周 2 次他人对比反馈	32	56.23 (33.95)	60.49 (29.80)	−13.19	−17.90
5	对照组	34	59.46 (30.21)	73.68 (28.65)	—	—

注:括号内为标准差。

的节电效果更显著,分别节电 17.90% 和 15.81%。但在实验期内,各组的周平均用电量是否在统计学上有显著差异还需要进一步验证。

尽管 5 组居民的用电量在基线期不存在显著的组间差异,但是,基线期时居民的用电习惯很可能是影响实验期各组居民用电量的重要因素。基线期和实验期的周平均用电量的 Pearson 相关系数为 0.800,在 0.01 水平上显著相关,因此居民基线期的用电习惯对实验期用电量的影响是不应忽视的。

由于实验组别是分类变量,基线期的周平均用电量是连续的定量变量,我们考虑使用加入定量变量的虚拟变量回归分析法来分析实验组与对照组在实验期间的周平均用电量是否存在显著差异。在对组别构建虚拟变量时,以对照组为参照组,G_1、G_2、G_3 和 G_4 为 4 个虚拟变量,旨在捕捉 5 类变量组别里的全部信息。其中,G_1 代表实验组 1,G_2 代表实验组 2,G_3 代表实验组 3,G_4 代表实验组 4,组别的虚拟变量编码见表 8-8。

表 8-8　组别的虚拟变量编码

组别	G_1	G_2	G_3	G_4
实验组 1	1	0	0	0
实验组 2	0	1	0	0
实验组 3	0	0	1	0
实验组 4	0	0	0	1
对照组	0	0	0	0

本章建立的虚拟变量回归模型如下:

$$Y_i = \alpha_0 + \alpha_1 G_{1i} + \alpha_2 G_{2i} + \alpha_3 G_{3i} + \alpha_4 G_{4i} + \beta X_i + \mu_i \qquad (1)$$

其中,Y_i 为实验期的周平均用电量,X_i 是基线期的周平均用电量,α_0 是截距项,μ_i 是随机误差项,G_1、G_2、G_3、G_4 是虚拟变量。

运用 SPSS 19.0 进行虚拟变量回归分析得到的各相关因素的系数如表 8-9 所示。调整 R^2 为 0.651,说明方程的拟合效果较好;每个解释变量的方差膨胀因子(VIF)为 1.007—1.595,说明解释变量基本不存在多重共线性(Craney and Surles,2002)。DW 为 2.237,接近 2,说明残差间相互独立。

表 8-9   实验期虚拟变量回归系数

模型	非标准化系数		标准系数	t	P	共线性统计量	
	B	标准误差				容差	VIF
(常量)	26.928	3.955		6.809	0.000		
G_1	−0.703	4.144	−0.010	−0.170	0.865	0.629	1.590
G_2	−7.099	4.102	−0.100	−1.731	0.085	0.628	1.593
G_3	−8.739	4.105	−0.123	−2.129	0.035	0.627	1.595
G_4	−10.645	4.168	−0.147	−2.554	0.012	0.636	1.571
基线期	0.786	0.045	0.800	17.391	0.000	0.993	1.007

注:调整 R^2=0.651,DW=2.237

由表 8-9 中的虚拟变量回归系数可以看出:当把基线期的周平均用电量剔除后,实验组 1 与对照组在实验期的周平均用电量上的差异为 −0.703 kWh,没有达到显著性水平(P=0.865>0.05)。实验组 2 节电 7.099 kWh(P=0.085>0.05),在 α=0.05 水平上也不显著。然而,与对照组相比,实验组 3 节电 8.739 kWh(P=0.035<0.05),节电比例达到了 11.86%;实验组 4 节电 10.645 kWh(P=0.012<0.05),节电比例达到了 14.45%。实验组 3(每周 1 次他人对比反馈)和实验组 4(每周 2 次他人对比反馈)都具有显著的节电效果,H_1 得到验证。

三、反馈频率和反馈内容的析因分析

由上文的实验期数据分析可知,在为居民设置了节电 15% 的目标时,每周 2 次和每周 1 次的他人对比反馈都带来了显著的节能效果,而且每周 2 次的与他人对比反馈的节能比例达到了 14.45%,与节能 15% 的目标最接

近。但是,究竟是反馈内容发挥的作用更大,还是反馈频率发挥的作用更大?我们仍不得而知。在实验过程中,居民已有的用电习惯和气温是难以控制的,属于实验的无关因素,可以通过增加控制变量或者增加同时事件来消除无关因素的影响(芈凌云等,2020)。在实际的执行中,居民用电受到气温变化很大的影响,但由于居民均处在同一地区,天气状况相似,气温变化可以忽略不计。而对于居民已有的用电习惯,我们在统计阶段利用协方差分析(简称 ANCOVA),即把基线期这个连续变量作为协变量,以消除居民固有用电习惯的影响。我们对析因设计的 4 个实验组进行协方差分析,来探究是反馈频率还是反馈内容更有助于激励居民节电。

在运行 ANCOVA 之前,我们分别进行了线性回归检验、方差齐性检验和回归斜率同质性检验。用 SPSS 19.0 进行数据分析,结果如表 8-10 所示,反馈频率和基线期的周平均用电量、反馈内容和基线期的周平均用电量交互作用的 P 都不显著($P=0.747>0.05$,$P=0.343>0.05$),符合回归斜率同质性假设,可以继续进行协方差分析。运用协方差分析对 4 个实验组进行主效应检验的结果见表 8-11。

表 8-10　主体间效应检验结果

源	Ⅲ 类平方和	df	均方	F	P
修正模型	71785.163[a]	5	14357.033	52.392	0.000
截距	9421.477	1	9421.477	34.381	0.000
反馈频率	60.076	1	60.076	0.219	0.640
反馈内容	5.878	1	5.878	0.021	0.884
基线期的周平均用电量	67942.109	1	67942.109	247.934	0.000
反馈频率 * 基线期的周平均用电量	28.545	1	28.545	0.104	0.747
反馈内容 * 基线期的周平均用电量	248.542	1	248.542	0.907	0.343
误差	34802.199	127	274.033		
总计	653120.011	133			
修正后总计	106587.363	132			

注:$R^2=0.673$(调整 $R^2=0.661$)。* 表示"交互"即反馈频率与基线基的周平均有电量交互项。

表 8-11　实验干预的主效应检验结果

源	Ⅲ类平方和	df	均方	F	P
校正模型	71710.744[a]	4	17927.686	65.796	0.000
截距	10198.173	1	10198.173	37.428	0.000
基线期	70854.173	1	70854.173	260.041	0.000
反馈频率	719.486	1	719.486	2.641	0.107
反馈内容	1297.580	1	1297.580	4.762	0.031
反馈频率 * 反馈内容	200.093	1	200.093	0.734	0.393
误差	34876.618	128	272.474		
总计	653120.011	133			
校正的总计	106587.363	132			

注:$R^2=0.673$(调整 $R^2=0.663$)。

表 8-11 列出了 ANCOVA 的结果,结果显示:调整 R^2 为 0.663,说明包含在 ANCOVA 中的变量可以解释因变量 66.3% 的变异。但由于居民的用电行为会受到很多不能预测的因素的影响,这个水平的解释程度是合理且可以接受的。此外,反馈内容的主效应在统计上显著[$F(1,128)=4.762$,$P=0.031<0.05$],即自我对比反馈和他人对比反馈对居民节电行为均有显著性影响;反馈频率的主效应在统计上并不显著[$F(1,128)=2.641$,$P=0.107>0.05$],即每周反馈 1 次和每周反馈 2 次对居民的节电行为没有显著性影响。表 8-12 是反馈频率和反馈内容的估计边际均值,结果表明他人对比反馈($M=61.047$,$SD=2.017$)的作用效果要优于自我对比反馈($M=67.298$,$SD=2.033$),并且反馈内容的主效应在统计上显著,H_2 得到了验证;反馈频率为每周 2 次($M=61.838$,$SD=2.020$)的作用效果虽然优于每周 1 次($M=66.506$,$SD=2.036$),但由于反馈频率的主效应并不显著,因此 H_3 没有得到验证。

表 8-12　反馈频率和反馈内容的估计边际均值

项目	反馈形式	均值(M)	标准误差(SD)	均值差值	95% 置信区间 下限	95% 置信区间 上限
反馈频率	每周 1 次	66.506	2.036	4.668	62.477	70.535
	每周 2 次	61.838	2.020		57.842	65.835
反馈内容	自我对比反馈	67.298	2.033	6.251	63.275	71.321
	他人对比反馈	61.047	2.017		57.055	65.038

注:基线期的周平均用电量为 55.9123。

此外,反馈内容和反馈频率的交互作用并不显著[$F(1,128)=0.734$, $P=0.393>0.05$],两者之间没有相互影响(如图 8-6)。

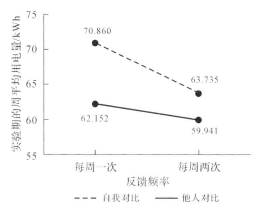

图 8-6　反馈内容和反馈频率的交互作用

四、后续跟踪期数据分析

反馈实验阶段结束之后,我们继续跟踪观察只设置节电 15％的目标而没有反馈情况下各个实验组居民用电情况的变化。从 2017 年 10 月 29 日至 11 月 25 日,连续跟踪了 4 周,与实验期的处理类似,后续跟踪期虚拟变量回归结果如表 8-13 所示。停止反馈 4 周后,不同组别的用电量不再有差异。可以看出,4 个实验干预组的用电量虽然相对于对照组都有一定的减少,但已经不足以达到显著性水平,也就是说,当撤销定期反馈干预后,单一的目标设置本身对激励居民节电的可持续性不足。

表 8-13　后续跟踪期虚拟变量回归结果

模型	非标准化系数		标准系数	t	P	共线性统计量	
	B	标准误差				容差	VIF
(常量)	21.693	4.466		4.858	0.000		
G1	-5.197	4.729	-0.095	-1.099	0.273	0.614	1.628
G2	-5.644	4.692	-0.104	-1.203	0.231	0.610	1.638
G3	-4.063	4.691	-0.075	-0.866	0.388	0.611	1.638
G4	-2.976	4.761	-0.054	-0.625	0.533	0.620	1.612
基线期	0.389	0.052	0.511	7.516	0.000	0.995	1.005

注:调整 $R^2=0.247$,DW=1.941。

第五节 实验结论与政策启示

一、实验结论

本章以中国的江苏省徐州市为例,开展了一项持续 18 周的随机对照现场实验,探究在给城市家庭设置一个具有挑战性的节电目标时,怎样的反馈方式更能激励城市家庭为实现节电目标而持续努力。本章的研究结论如下:

第一,为普通城市居民设置节电 15% 的目标与对比式信息反馈耦合干预的节电效果显著。挑战性的节电目标与他人对比反馈相结合是激励居民节电的有效策略。由此可见,经典的目标管理模式不仅适用于企业绩效管理,也适用于居民节电行为管理。目标管理的本质是建立了一个激励系统,它通过设置较为明确的目标并对绩效进行及时反馈实现对组织绩效的管理(德鲁克,2009)。设置较有挑战性并且明确而具体的目标,并及时反馈居民的成果,会让居民产生成就感,居民会有更强的信心和积极性去加速达成目标。

第二,自我对比反馈和他人对比反馈对于节电目标的实现具有不同的激励效果,他人对比反馈的激励效果优于自我对比反馈。实验将住户所在单元全部住户的平均用电量作为与他人对比信息反馈给居民,产生了显著的节电效果,而提供居民自家的历史能耗信息的自我对比反馈的节电效果则明显较弱,可见他人对比反馈信息在激励节能中的作用不容忽视。Festinger(1954)的社会比较理论表明,在缺乏客观依据的情况下,个体会以他人作为参照的尺度,通过对比他人行为形成自我评价。基于社会比较的自我增进功能,个体如果通过社会对比反馈得到了肯定性的情感满足,会表现出更多积极行为。在中国特定的关系型社会和高情境文化下,社会比较对能源消费行为的影响更为重要。个体的消费体验是否具有满足感,经常是通过与周围人的对比、评价和反馈来获得确认的(Wei and Yu,2012)。

第三,对中国家庭居民来说,提高信息的反馈频率并不能显著优化居民节电效果,每周 1 次反馈与每周 2 次反馈的节电效果没有显著差异。本章的发现也与 Allen and Janda(2006)、芈凌云等(2016b)和 Neenan et al.(2009)的研究结论类似,验证了反馈频率的提高没能带来更好的节能效果。反馈频率的提高没有从本质上改变信息的内容,这可能是节能效果不显著的原因之一。此外,每周反馈 2 次和每周反馈 1 次在反馈频率方面的差异并不大,这也可能是反馈频率的提高没有带来节能效果显著优化的原因之一。在未来的研究中,可以考虑分析即时反馈、每周反馈和每月反馈对城市居民家庭用电量的影响是否存在差异。

第四,当停止反馈后,目标本身对激励居民节电行为的可持续性不足,目标设置必须与对比式的信息反馈相结合才能有效激励居民为实现一个具有挑战性的节电目标而持续努力。由此可见,在中国城市居民节电行为激励上,以目标设置作为单一的信息干预措施,效果并不显著,单纯的目标设定并不能带来长久、持续的行为改变。德鲁克(2009)在关于目标管理的论述中提出,目标管理的 4 个特征要素是明确的目标、参与决策、明确的期限和绩效反馈。对中国城市普通居民而言,目标这个单一要素不足以持续激发节电动机。Thondhlana and Kua(2016)也认为,不同信息干预措施联合使用比单独使用能够更有效地促进节能。因此,发挥节能目标对居民节电行为的最大激励效果,需要兼顾目标管理的多个要素进行综合干预。

后续跟踪期单一目标激励的干预效果逐渐减弱直至消失,一方面,可能与霍桑效应有关,即当人们意识到自身的行为被实验者观察时,会刻意地改变自身的行为。当实验干预期结束后,实验对象对行为受到观察的感知减弱,自我克制也可能随之减弱,日常的行为习惯会被不同程度地释放,由此导致节电效果减弱直到消失。另一方面,实验干预期为 7—10 月,其中有 2 个月是在夏季,会导致高能耗的空调等家电使用频繁,用电量较多,节电空间也会相应较大,后续跟踪期的时间主要在秋季(11 月),用电需求相对平稳,节电的空间也会变小,这也可能是实验组与对照组相比,节电效果不显著的一个原因。

二、政策启示

本章的研究结论为如何通过社会对比反馈等非财务策略来激励中国城市家庭主动节能提供了一些新的政策启示:

第一,主动设计的他人对比反馈可以激励中国城市家庭为实现一个具有挑战性的节能目标而持续努力,因此,反馈信息内容的设计是激励家庭节能的关键要素,在停止反馈的情况下,目标本身对家庭节电的激励作用不可持续。在中国社会的高情境文化特征下,反馈与他人对比的用能信息比提供自我对比信息更能激励家庭节能。

第二,将事前干预与事后反馈相结合,重视并发挥"目标设置＋信息反馈"的非财务措施在激励家庭节能领域的作用。尽管中国政府在媒体上不断加大宣传力度,倡导家庭节能,但是由于宣传目标的模糊和反馈信息的不足,效果并不理想。因此,运用目标管理原理,为居民设置一个明确、具体、具有一定挑战性的节能目标并配合提供具有社会对比功能的用能信息反馈会更有利于激励中国的城市家庭节能。虽然单一的目标设置对于城市家庭的节电行为没有长期的激励效果,但是在用电高峰期,将其他激励措施与节电目标设置相结合能够更好地促进家庭节电行为。

第三,发挥邻居等参照群体在激励家庭节能中的积极作用,重点需要关注并开展以社区居民楼为基本执行单位的节能活动。目前,中国大部分普通城市居民收到的家庭能耗账单都只包括当期能源消费数量和成本费用的信息,即使 APP 等即时查询软件,也只提供自我对比的反馈信息。因此,发挥邻居等参照群体在激励家庭节能中的积极作用应该引起管理部门的重视。距离相近的家庭更容易成为参照对象,因此,以社区或者单元为单位进行用电信息的对比反馈更能够起到良好的节电效果。

第六节　本章小结

本章旨在探究不同反馈内容和反馈频率对城市家庭居住者的节电行为的影响效果。本章研究设计了一个随机对照纵向现场实验,研究了目标设置、自我对比信息反馈、他人对比信息反馈和反馈频率等不同组合的信息干预策略对激励城市家庭居住者节电行为的效果。实验探究了在给定的节电目标的情况下,进行不同频率、不同内容的信息反馈能否带来显著的节电效果。结果发现:第一,为普通城市居民设定一个具有挑战性的节电目标,并与持续的对比式信息反馈耦合,节电效果十分显著,挑战性的节电目标与他人对比反馈相结合是激励居民节电的有效策略;第二,信息反馈的内容不同会对居民的节电目标实现产生不同的影响,他人对比信息反馈所带来的节电效果要好于自我对比信息反馈;第三,提高信息反馈的频率对于中国的城市家庭居住者来说,并没有带来节能效果的显著提高,每周 1 次反馈与每周 2 次反馈的节电效果没有明显差异;第四,当停止反馈后,目标本身对激励居民节电行为的可持续性不足,目标设置必须与对比式的信息反馈相结合才能有效激励居民为实现一个具有挑战性的节电目标而持续努力。

第九章 社会规范和对比反馈对群体节能行为作用效果的现场实验研究

公众的能源消费是生活领域 CO_2 排放的直接来源,在私人领域之外,公共领域的公众群体的节能行为也不容忽视,公众生活能源消费是碳排放持续增加的原因,其中既有家庭的高能耗的,也有高校集体住宿的高密度能耗,高校大学生群体的年人均能耗是全国人均生活用能的 4.32 倍。第八章的实验研究表明,社会对比反馈在促进家庭节能方面体现出了有效性,但与家庭不同的是,中国大部分高校的学生并不会收到关于他们能源消耗的信息。而且,一个宿舍的电费是由宿舍成员共同承担的,每个人用能的财务成本和收益均不可见,所以本章通过一项为期 12 周的随机对照现场实验,评估社会规范和社会对比反馈等社会心理干预方式对于集体居住者节能是否依旧有效。实验中的干预变量选择是基于第四章扎根理论构建出的公众生活方式低碳化多重社会心理路径理论模型中的社会心理驱动因素主范畴中的社会比较、社会规范和宣传教育子范畴以及行为结果反馈主范畴,结合第六章元分析所得到的结果。本章设计耦合两种宣传信息和两种对比反馈,形成四种信息框架,针对大学宿舍集体住宿者的群体节电行为开展了一项随机对照现场实验,实验采取事前信息与反馈信息耦合的 2×2+对照组的混合实验设计,测试四种不同的耦合信息框架对激励中国大学宿舍的群体节电效果。

第一节 群体节能行为的实验目标确定

2009—2017 年,中国大学的在校生人数以每年 3.36% 的速度增长,2017 年,总规模达到了 3779 万人(中华人民共和国教育部,2008、2016)。我国大学生群体数量在不断攀升,因此大学生的能源消耗量也不容小觑。根据住房和城乡建设部(2008)对 45 所大学能耗数据的统计测算,中国高校总能耗占全国生活能源消耗总量的 7%,大学生的年人均能耗是全国人均生活用能的 4.32 倍。因此,我国高校具有巨大的节能潜力。此外,我国高校普遍实行的是在读大学生集体住宿制度,一个宿舍一般会有4—8人共同居住,居住环境人口密度高、能源消费密集,高校的宿舍是高校能源消耗的重要部分。鼓励大学生在宿舍节能,一方面有利于直接降低大学校园的能源消耗量;另一方面对于我国形成持续的节能氛围也大有帮助。首先,中国目前的在校大学生是中国计划生育政策下诞生和成长起来的一代,大多数还是独生子女,在各自的家庭中备受重视,他们的节能意识与节能行为会带动家庭、社区的节能行动,有利于中国社会形成低碳节能的社会风气。其次,中国大部分的大学生自进入大学才真正离开家乡,开始完全独立的生活,他们会经历4年左右统一的集体住宿生活。生活环境的巨大改变是形成新的习惯的关键时期(Verplanken and Wood,2006),也是在大学生个体消费习惯形成之前引入节能意识的最佳时机(Chiang et al.,2014)。在此期间,如果可以通过信息干预激励大学生主动节能,那么信息干预将成为帮助大学生养成节能习惯的有利途径和机会。大学生们在信息干预后培养的节能习惯还会在他们未来的职业生涯和生活中产生辐射效应与示范效应,为中国建设资源节约型和环境友好型的社会做出贡献。目前,关于促进中国家庭住户节能行为的文献已经越来越多(Jia et al.,2018;Ding et al.,2017),我们在第八章也已经对居民家庭的节电行为进行了实验研究。但是,如何激励中国高校大学宿舍的群体节能行为,目前还没有受到重视。因此,本章以大学生群体为研究对象,结合第四章扎根理论和第七章元分析的结果,采用信息干预的方式,以大学宿舍的集体居住者为研究对象,探究信息干预对大学生群体节能行为的影响。

大学宿舍与家庭住宅建筑存在显著不同,大学的本科生宿舍建筑具有结构特点相似、每个宿舍的房间规模与布局相同、学校统一配备的电器种类与数量相同、共同居住者可以自由增加的能耗产品种类受到学校严格限制等特征,而且实验参与者的人口统计特征(如年龄、受教育程度等)也具有相似性,这些条件有利于现场实验的开展,也可以更有效地将居住者的节能行为归因于信息干预,从而比较和评估怎样的耦合信息框架更能激励中国大学宿舍居住者的群体节能行为,为中国高校建设节能型校园提供有力的建议。

本章旨在回答已有研究还没有厘清的几个问题:根据社会对比、社会规范、宣传教育等社会心理驱动因素所设置的耦合信息干预策略能否激发大学宿舍居住者的群体节能潜力?不同的耦合信息框架在激励宿舍群体层面的节能效果存在怎样的差异?这些信息干预在多大程度上导致了宿舍群体居住者的行为变化和能源使用量的减少？为了回答这些问题，我们以中国东部的一所综合性大学的本科生宿舍为案例，开展了一项为期 12 周的随机对照现场实验，评估四种不同的耦合信息框架对激励中国高校本科生宿舍居住者的群体节电效果。实验采取 2×2＋对照组的混合实验设计方式。

第二节 社会规范和对比反馈与群体
节能行为的实验设计

一、实验假设提出

（一）宣传教育与节能

Stern et al.（1999）的"价值—信念—规范"理论（value-belief-norm theory）指出，个体对环境问题的认知、价值判断和后果意识会激发个体的环境责任感，继而形成亲环境行为。宣传教育就是在未产生用能行为时就向用能者提供关于节能环保的价值意义、知识技能、行动规范等信息，激发用能者的节能动机，进而促进其实施节能行为的信息策略。宣传教育策略中常用的是环保教育信息，环保教育信息被认为可以提供节能的知识、激发个体节能的内在动机。Brandon and Lewis（1999）在对英国 120 个家庭能源节约的研究中发现，环保教育信息可以持续有效地促进家庭实施节能行为。Ouyang and Hokao（2009）也认为，环保教育带来了居民近 10% 的节能。Kamilaris et al.（2015）认为，向员工提供有针对性的节能方法信息是促进个人工作台节能行为最有效的方式。但是，也有学者发现，环保教育信息往往只能带来知识水平的提高和自我报告的节能行为增加，并不能带来实际能源使用量的减少（Abrahamse et al.，2005）。Chankrajang and Muttarak（2017）认为，即使是在学校开展正规的环保教育，人们对于全球变暖的关注度对实际环保行动的影响也达不到显著水平。

对环保教育信息的作用，学者们存在诸多争议。然而，规范信息在促进节能上的积极作用却受到越来越多的重视和认可。Cialdini and Trost（1998）的规范焦点理论指出，人们做出好的行为并不是出于好的意识或态度，而是主要受到社会规范的强烈影响。通常情况下，在个体可以自主控制的行为决策情境下，提供社会规范信息能够缓慢地引导人们做出与社会群体中的大多数一致的行为。Allcott（2011）对美国 Opower 公司出具的家庭能源报告的效果进行了评估，证明社会规范可以低成本、高效率地促进节能行为,效果相当于短期电价上涨 11%—20%。Babutsidze and Chai(2018)指出,消费者在实施温室气体减排措施(greenhouse gas mitigation practices,MPs)时,节能行为存在显著的和邻居选择相同类别和数量的趋势。Liu et al.(2016)考察了描述性规范对大学生在公共建筑节能请愿书上签名的影响,发现提供规范信息能有效地促进大学生签署节能请愿书,并带来 5% 的节能效果。Bator et al.(2014)以位于纽约的 1 所大学的 308 名大学生为研究对象开展的电脑用能行为实验也发现,规范信息对促进节能具有积极作用:如果学生在使用电脑之前,这台电脑是关闭的,那么当用完电脑离开时,有更多的人会主动关闭电脑。此外,其他学者在对酒店住户的毛巾重复利用行为(Terrier and Marfaing,2015)和学生的能源节约(Delmas and Lessem,2014;Bergquist and Nilsson,2016;乔丽洁,2021)的研究中,也都证实了规范形成的外部压力对于促进个体节能行为具有积极作用。

综上可见,宣传教育信息对激励节能的效果会因不同的信息内容而存在显著差异。其中,环保教育信息的节能效果在已有研究中存在的争议较大,而规范信息的作用受到较多的研究者认可。值得注意的是,当前中国政府和主流媒体开展的节能宣传与教育中,使用的主要是环保教育信息,规范信息很少使用。中国是一个具有高情境文化特征的国家,个体的自我认知和行为选择更容易受到他人行为的影响。而且,相比于环境价值观,主观规范对居民实施低碳消费的驱动作用更大(芈凌云等,2016a)。因此,如何发挥规范信息在激励节能行为上的积极作用,尤为重要。

由于大学宿舍节能是同一宿舍共同居住者群体用能行为的结果,个体的节能收益具有外部性,个体节能的贡献难以显示,也无法衡量。环保教育信息和规范信息对私人领域的个体节能行为的影响力在群体行为层面上是否依然适用,还不清楚。因此,为了评估环保教育信息和规范信息对宿舍居住者群体节能行为的作用效果,对比两种信息内容的作用效果差异,本章提出以下假设。

H_1:宣传教育信息能够显著促进大学宿舍的群体节电行为,且群体规范信息的节电效果优于环保教育信息。

(二)比较信息反馈与节能

信息反馈干预是通过为个体提供已有行为的相关信息,将用能行为与行为结果联系起来,使行为人能够观察到其行为的有效性,进而改变之后的用能行为。提供反馈信息解决了信息的不对称问题,增强了行为结果与行为之间的关联,是矫正行为的重要手段(Delmas et al.,2013)。Karlin et al.

(2015)通过回顾已有的信息,反馈干预对节能行为影响的研究发现,信息反馈能够激励居民节约 8%—12% 的能源。但是信息反馈的有效性会因反馈内容的不同而具有显著差异。传统的信息反馈主要是提供居民一段时间内的用电量信息,但是,即使是使用家庭智能显示器向居民反馈用能信息,也并没有取得预期的节能响应(Buchanan et al.,2015)。Anderson and Lee (2016),在反馈信息中增加历史能耗对比信息或者与参照群体的对比信息会比传统的反馈更有效。因此,根据比较对象的不同,可以将反馈信息分为指向自我的自我对比反馈和指向他人的群体对比反馈两种。自我对比反馈就是在反馈信息中增加居住者自身的历史能耗信息,与当前能耗信息形成对比,使用户能便利而直接地评估当前自身的能源消费水平及其变化情况,有利于建立个人规范,使得居民对节能更加重视(Karlin et al.,2015);群体对比反馈是指在向用户提供自身能耗信息的同时,还提供与其类似的群体或周围群体的能源使用信息,使群体中的每个人通过对比其他群体的能耗情况了解自身能耗水平在群体中的相对位置,进而利用社会对比心理来激励节能。

信息反馈的有效性会由于比较对象的不同而具有显著差异。Wilhite and Ling(1995)在挪威开展了一项研究,对 1286 个家庭进行了持续 3 年的研究,发现在传统能耗账单上增加家庭以往的历史用电信息,可以减少大约 10% 的电力消费。但是,Gulbinas and Taylor(2014)却发现,历史对比反馈的节能效果并不显著,相反地,群体对比反馈对激励节能更有成效。Handgraaf et al.(2013)也发现,提供社会对比信息产生的社会激励比经济激励更能促进节能行为。社会比较理论认为,社会比较具有自我增进功能,如果人们通过与他人或其他群体的社会比较获得积极的情感满足,在之后会实施更多积极行为(Festinger,1954)。因此,为了激励居住者持续节约用电,需要提供一个可以对他们的节能努力进行评价的参照点。作为参照点的群体,可以是与其地理位置相近的,也可以是与其消费水平相近的。Peschiera et al.(2010)的实验发现,提供与居民家庭消费状况处于同一水平的家庭的用电信息,可以显著地促进节能。Shen et al.(2016)开展的实验研究也发现,居民在收到自己家用电量信息反馈的基础上,同时收到与他们居住在同一街道的居民的平均用电量信息,节能效果会更好。Delmas and Lessem(2014)对加州大学洛杉矶分校 66 个大学宿舍的节能行为研究也发现,私人信息的反馈并不能带来能源消费的减少,而公开的评级反馈能够有效促进大学宿舍的节能行为。由此可见,相比于自我对比反馈,利用社会对比心理,提供与他人进行对比的信息在激励居民节能上更有效。当然,也有学者认为,在工作场所中提供与他人比较的团队能耗对比信息并不能取得显著的节能效果,还可能会在办公室工作人员之间产生一种他们不想拥有的竞争感从而引发隐私问题(Kamilaris et al.,2015)。

中国的大学宿舍共同居住者的群体用能行为既与私人领域的居民用能行为有所不同,也与工作场所有竞争性的同事关系不同。因此,哪一种反馈信息更能促进群体节能行为还需要进一步检验。

中国的大学宿舍大多为高校内完整而集中布局的公寓楼,所有公寓楼都由学校统一管理。每个公寓楼由多个大学宿舍组成,每个宿舍的规模和面积相同,由4—8名学生共同居住。借鉴已有研究的结论,结合中国大学宿舍的居住特征和实际情况,我们设计了两种反馈信息,分别是自我对比反馈和群体对比反馈。自我对比反馈是在反馈自身宿舍当期用电量的基础上,提供每周用电量变化的对比信息;群体对比反馈是在反馈自身宿舍当期用电量的基础上,反馈参与实验的宿舍的平均用电量和本宿舍的排名信息。因此,本章提出假设。

H_2:信息反馈能够显著促进大学宿舍的群体节电行为,且群体对比反馈的节电效果显著优于自我对比反馈。

(三)耦合干预与节能

相对于单一的信息宣传或信息反馈,耦合信息干预(coupling information intervention)是通过将不同的单一信息框架进行两两组合来激励节能行为的干预策略。前期的研究对多种措施联合干预的节能效果已经达成了共识(Abrahamse et al.,2007;He and Kua,2013;Scott et al.,2013)。Abrahamse et al.(2007)在荷兰开展的现场实验研究以189个家庭为样本,持续了5个月,结果发现,事前信息干预与事后信息反馈相结合的耦合干预可以使实验组的家庭实现平均节能5.1%,而对照组却增加了0.7%的能源消耗。He and Kua(2013)通过对新加坡151户家庭的实验研究表明,综合提供事前节电信息的海报和节能措施咨询的家庭节能15.8%,而接受单一节能措施咨询的家庭只节能7.1%。Karlin et al.(2015)采用元分析的方法分析了42篇实验研究后也认为,事后信息反馈结合其他干预措施的节能效果比单独的信息反馈能更有效地激励家庭节能。Casado and Hidalgo(2017)指出,结合具体行为指导方针和能效的信息比仅仅基于任一种单一的信息更有效。因此,本章基于已有的研究提出以下假设。

H₃:耦合宣传信息与反馈信息的组合干预策略能显著促进大学宿舍居住者群体主动节电,不同耦合干预策略的效果存在显著差异。

二、实验内容设计

在反馈干预的方式方面,我们基于扎根理论以及元分析的结果,确定了信息宣传和行为结果反馈作为本次大学生实验的干预方式。使用信息干预的方式来修正个体用能行为在激励家庭住户节能的私人结果上体现出了有效性(Abrahamse et al. ,2005;Fischer,2008;芈凌云等,2016b)。但这些信息策略对于激励大学宿舍居住者的群体节能行为结果上是否依然有效?我们还知之甚少。通过对已有的关于家庭住户节能行为的研究进行回顾,我们发现,宣传等先行信息干预与反馈等后果信息干预对促进个体的节能行为具有积极作用(Komatsu and Nishio,2015;Shen et al. ,2016;Jaeger and Schultz,2017),但是,单独的宣传或单独的反馈对实际节能的效果并不理想(Gulbinas and Taylor,2014;Yeomans and Herberich,2014),多种策略组合干预的节能效果更好(Schultz et al. ,2016;Thondhlana and Kua,2016)。因此,本章研究采用信息宣传和用能行为结果反馈相结合的干预策略。

在信息干预的内容方面,影响家庭用能行为的信息框架主要有财务(financial)信息和非财务(non-financial)信息。尽管财务信息被证实对家庭住户具有显著的节能效应(Mizobuchi and Takeuchi,2013;Abrahamse et al. ,2005),但与家庭消费者不同的是,中国大部分高校的学生并不会收到关于他们能源消耗的账单信息,而且一个宿舍的电费是由宿舍成员共同承担的,宿舍中每个人用电的财务成本并不可见,个人的节能选择和用能行为的改变对所在宿舍集体能耗结果的影响无法直接被感知和衡量,个人节能也不会带来个人收益的增加。这就意味着个人节能是无法通过财务动机来激励的。除此之外,在第四章扎根理论的构建模型的结果中,社会心理促进因素包含社会对比、社会规范及宣传教育子范畴;第七章元分析的结果显示,社会参照型干预策略能够有效促进节能行为。由此,本章研究采用了第七章中涉及的社会对比、社会规范及宣传教育信息,设置了环保教育信息、群体规范信息、自我对比反馈和群体对比反馈四种信息框架作为大学生实验的干预内容。实验期间发送的干预信息内容具体如下。

环保教育信息是向大学生描述节约用电对环保的重要性,实验信息内容被设计为:“保护环境,人人有责。据统计,每节约 1 度电,相当于减少 0.997 千克 CO_2、0.272 千克碳粉尘、0.03 克二氧化硫、0.015 克氮氧化物等污染物的排放。积少成多,节约用电可以为保护环境、促进全社会节能减排做出巨大贡献。"

群体规范信息是通过告知参与本次节电活动的人数所占的比例来呼吁大学生参与到节电行动中。具体实验信息内容表述为:"本次活动共有 480 名同学和您一起参与。大学生群体的综合素养和行为准则关系到中国未来的可持续发展,最近的一项面对全国高校学生节电行为的调查结果显示,有 75% 的同学能够做到有意识地节约用电。"

自我对比反馈是告知参与实验的宿舍每周该宿舍的用电量以及与上周相比宿舍用电量的增减变化情况,具体为:"同学,您好! 第＿＿周结束,您所在的宿舍本周用电量为＿＿kWh,比起上周节约用电(多用电)＿＿kWh。希望你们宿舍能够为节约电力继续努力。"

群体对比反馈是给参与者提供本周用电量和所在实验组/对照组全部宿舍的用电量均值,以及该宿舍用电量的组内排名,具体表述为:"同学,您好! 您所在的实验小组共有 12 个宿舍。第＿＿周结束,您所在的宿舍本周用电量为＿＿kWh,与你在同一组的全部宿舍的平均用电量为＿＿kWh,你们宿舍的用电量排第＿＿位。希望你们能够继续为节电而努力。"

三、实验过程设计

实验以大学宿舍实际的电力消费量为因变量,以两种宣传和两种反馈信息分别耦合形成的四种干预策略为自变量,检验四种不同的信息干预策略对促进大学宿舍节电的作用效果。

实验设计采取的是 2(环保教育信息 VS 群体规范信息)×2(群体对比反馈 VS 自我对比反馈)的被试间析因设计。因此,设置了 4 个实验干预组和 1 个无干预对照组。实验采取析因设计有 3 个原因:首先,析因设计更接近"现实"的生活情景,可以比隔离考查单一因子的实验设计提供更多的实验信息,而且,行为通常会同时受到各种因子的共同作用,因而采用两因素的析因设计更加符合现实情境。其次,由于实验时间的跨度较长,天气逐渐变热,实验结果可能会受到夏季高温的影响,为检验实验干预的真实效果,故设立控制组进行参照对比。最后,如此设计也可以排除霍桑效应带来的结果偏差。因此,将 60 个参与实验的大学宿舍随机分配分成 5 个不同的条件组:实验组 1 接受环保教育信息和自我对比反馈的耦合干预,实验组 2 接受群体规范信息和自我对比反馈的耦合干预,实验组 3 接受环保教育信息和群体对比反馈的耦合干预,实验组 4 接受群体规范信息和群体对比反馈的耦合干预,第 5 组为无干预对照组。每个组均包含了 12 个宿舍,每个宿舍 8 名共同居住者,共 96 人。实验设计及分组情况见表 9-1。

表 9-1　实验设计及分组情况

时期	实验组 1 (N=12)	实验组 2 (N=12)	实验组 3 (N=12)	实验组 4 (N=12)	对照组 (N=12)
拜访期	基础信息调查	基础信息调查	基础信息调查	基础信息调查	基础信息调查
基线期	记录电力数据	记录电力数据	记录电力数据	记录电力数据	记录电力数据
实验期	提供环保教育信息和每周 1 次自我对比反馈	提供群体规范信息和每周 1 次自我对比反馈	提供环保教育信息每周 1 次群体对比反馈	提供群体规范信息和每周 1 次群体对比反馈	记录电力数据

　　实验分为拜访期、基线期和实验期。拜访期内,我们对学生宿舍进行入户拜访,征集宿舍同学作为志愿者加入实验,并填写一份基本信息调查问卷。基线期为期 4 周。设置基线期是为了尽量减少已有用电习惯、偶然因素等对宿舍用电量的干扰,真实反映实验开始前宿舍群体的实际用电水平和实验随机分组的有效性。我们选取了实验干预开始之前的 4 周为基线期,用于观察各宿舍已有的用电习惯和组间差异。

　　基线期结束后,为期 8 周的实验期开始,我们为实验宿舍分别发放并张贴课题组设计的环保教育信息海报和群体规范信息海报。之后,以每周 1 次的频率对实验宿舍进行用电信息反馈。

第三节　实验对象与实验过程

一、大学宿舍实验样本收集

　　本次实验选择在教育部直属的 1 所"211"大学的本科生宿舍实施。这所大学位于江苏省北部,是中国南北气候的交接地带,该大学的学生来自全国各地,能源消费习惯也具有南北交融的特征,具有一定的代表性。学校中本科生宿舍楼共有 19 栋,每栋楼中有 217 间规模一致的独立宿舍,每个独立宿舍内住有 8 名学生。每个宿舍都有相同的供暖系统和空调系统,且每个宿舍都包含了 2 间卧室、1 间洗浴室、6 盏照明灯、2 台风扇、1 台洗浴用热水器、1 台饮水机等设备。除此之外,宿舍的每个学生还有台灯、手机、电脑、iPad 等电器设备。

　　本科生在宿舍的居住时间是以学校的教学日历为依据。该学校每年春季和秋季学期的教学时间均为 20 周。春季学期一般从 2 月底或 3 月初开始,到 7 月初或中旬结束。秋季学期一般从 8 月底或 9 月初开始,到第二年的 1 月中旬结束。每学期开学前,来自全国各地的学生会回到学校开始集体宿舍生活。大多数本科生会在学校连续居住 4 年。所有的本科生在确定入住后一般在 1 年之内不再更换宿舍。

　　考虑到大三、大四的学生由于外出实习、外出找工作等情况,宿舍日常稳定居住人数不确定,故实验排除了大三、大四的宿舍,以大一和大二的本科生宿舍为主,采用随机抽样的方式选取样本,再以入户拜访的方式征集愿意参与实验的志愿宿舍。考虑到该重点大学是理工科专业占显著优势,因此在校本科生中男生偏多,男生比率约为 68.1%,女生比率约为 31.9%。因此,我们抽样时兼顾了学校在读本科生的男女性别比例。经过 1 周的招募之后,共征集到 63 个全体 8 名成员均同意参与实验的志愿宿舍。之后核对信息时,剔除了 2 个宿舍成员信息不全的宿舍和 1 个因有 1 名成员长期在外实习,平时居住人数不足 8 人的宿舍。最终,确定参与本次实验的样本宿舍为 60 个,合计 480 名本科生。其中,女生宿舍占 28.33%,男生宿舍占 71.67%。样本特征与该校本科生性别构成基本一致。

二、实验研究过程

　　首先,在实验开始前,收集所有宿舍从 4 月 28 日到 5 月 25 日为期 4 周的用电数据作为基线期数据。在基线期内,对所有的宿舍都不采取任何干预措施。5 月 26 日,实验正式开始,当天在实验组 1 和实验组 2 的每个宿舍张贴环保教育信息的宣传海报,在实验组 3 和实验组 4 的每个宿舍张贴社会规范信息的宣传海报,并通知参与者实验开始的时间。随后,通过短信向宿舍成员反馈每周该宿舍的用电量对比信息。实验干预历时 8 周,从 5 月 26 日到 7 月 20 日。因为 7 月 21 日开始放暑假,宿舍成员陆续回家,各宿舍居住人数不定,不再满足 8 人同时居住的要求,因此 7 月 20 日之后停止干预。在实验期间,每周为实验组的宿舍提供相应的反馈信息,而对照组的宿舍在此期间不提供任何干预。

　　每个大学宿舍的用电数据通过大学管理部门的电力计量系统获取。每周日上午采集各宿舍的实时用电量,将采集的用电数据整理后,按实验干预要求反馈给 4 个实验组的宿舍。

第四节　社会规范和对比反馈的节能效果分析

一、基线期的数据分析

为检验随机分组的有效性,我们以实验条件为自变量,以 4 周基线期内各组的周平均用电量为因变量,采用独立样本的单因素方差分析对 5 个组(4 个实验组、1 个对照组)的用电量进行组间差异分析。结果发现,在 0.05 的显著性水平下,各组用电量在统计上不显著,$F(5,59)=0.380,P=0.822$。由基线期的用电水平可见,4 个实验组与 1 个对照组的大学宿舍在实验开始之前不存在显著的组间差异,这为实验干预提供了有效的基础。

二、实验期的数据分析

(一)基线期与实验期用电量的描述性分析

表 9-2 展示了参与实验的 5 组本科生宿舍基线期和实验期的电力消费均值、标准差,同时也报告了实验期间实验组与对照组的用电量差异。各组在实验期的用电量均高于基线期,主要是因为随着实验的进行,天气越来越热,用电量普遍提高。但是,在同等气温条件下,与对照组相比,实验组 2、实验组 4、实验组 3 的节电比例比较大,分别为 16.58%、16.48% 以及 15.28%。但各组在实验期的周平均用电量是否在统计学上有显著差异,还需要进一步验证。

表 9-2　各组基线期与实验期的用电量描述性分析

组别	条件	基线期/kWh	实验期/kWh	改变量/kWh	改变率/%
实验组 1	环保教育信息＋自我对比反馈	21.420 (6.920)	57.156 (8.560)	2.442	4.463
实验组 2	群体规范信息＋自我对比反馈	22.022 (7.671)	45.640 (10.629)	−9.074	−16.584
实验组 3	环保教育信息＋群体对比反馈	20.034 (6.213)	46.355 (9.391)	−8.359	−15.278
实验组 4	群体规范信息＋群体对比反馈	22.803 (7.706)	45.699 (6.514)	−9.015	−16.477
对照组	对照组	23.468 (8.431)	54.714 (9.810)	—	—

注:括号内为标准差。

(二)四种耦合信息干预策略的节电效果分析

为了验证四种耦合信息干预策略对节电效果的影响,本章以实验条件(组别)为自变量,实验期的周平均用电量为因变量构造回归方程。在回归分析中,由于实验组和对照组的大学宿舍都在同一个地理区域内,面临的天气条件相同,因此,对照组的加入可以减少天气、宿舍已有用电习惯等不可控因素对干预效果的影响。由于实验条件(组别)是分类变量,实验期间各组的周平均用电量是连续的定量变量,我们考虑使用加入虚拟变量的回归分析来检验四种耦合信息干预策略对大学宿舍节电的干预效果。构建回归方程见式(1):

$$EEU = \alpha_0 + \beta_1 G_1 + \beta_2 G_2 + \beta_3 G_3 + \beta_4 G_4 + \beta_5 B + \beta_0 + \varepsilon \tag{1}$$

其中,EEU 是实验期平均用电量,α_0 为截距项,ε 为随机误差项,G_1 到 G_4 代表实验组 1 到实验组 4 的耦合作用,为虚拟变量。B 是基线期的平均用电量。

方程回归结果如表 9-3 所示。每个解释变量的方差膨胀因子(VIF)均小于 10,由此可见,解释变量不存在多重共线性的问题。表 9-3 显示,把基线期的周平均用电量剔除后,实验组 1 与对照组在实验期的用电量差异为 2.813kWh,其结果不显著($t=0.756$,$P=0.453$)。实验组 2($t=-2.374$,$P=0.021$)、实验组 3($t=-2.065$,$P=0.044$)和实验组 4($t=-2.400$,$P=0.020$)的结果均达到显著水平。其中,与对照组相比,实验组 2 节电 8.813kWh,节电比例为 17.46%;实验组 4 节电 8.895kWh,节电比例为 17.63%;实验组 3 节电 7.737kWh,节电比例为 15.33%。由此可以看出,实验组 4(群体规范信息+群体对比反馈)策略的节电效果最好,其次是实验组 2(群体规范信息+自我对比反馈),"环保教育信息+群体对比反馈"的效果略逊于前两者。H₃ 得到验证。

表 9-3　四组信息干预策略的节电效果回归分析结果

模型	非标准化系数		标准系数	t	P	共线性统计量	
	B	标准误差				容差	VIF
(常量)	50.463	4.669		10.807	0.000		
G_1	2.813	3.719	0.112	0.756	0.453	0.620	1.613
G_2	−8.813	3.712	0.351	−2.374	0.021	0.622	1.607
G_3	−7.737	3.747	0.309	−2.065	0.044	0.611	1.637

续表

模型	非标准化系数		标准系数	t	P	共线性统计量	
	B	标准误差				容差	VIF
G_1	-8.895	3.706	0.355	-2.400	0.020	0.624	1.601
基线期	0.181	0.165	0.130	1.100	0.276	0.973	1.028

注:因变量为实验期平均用电量。

(三)宣传信息与对比反馈信息的析因分析

上述分析已经证实,两种事前宣传信息与两种事后比较反馈信息耦合形成的四种干预策略中,有三种耦合干预策略是有显著节能效果的,而且,三种耦合干预策略的节能效果存在差异。因此,在此基础上,本章进一步用析因分析探究两种宣传信息中哪种更有效,两种对比式反馈信息中哪种更有效。在析因分析中,采用协方差分析的方法,以基线期平均用电量为协变量,将用电习惯等对因变量的影响从自变量中分离出去,进而获得更加精准的结果。

析因需要满足以下条件:一是各组资料都来自正态总体,且各组方差相等;二是各组总体回归系数相等且不相交。因此,在运行协方差分析之前,需要进行方差齐性检验以及回归系数假设检验,也被称作斜率同质性检验。本章以实验期的周平均用电量为因变量,四种信息干预方式为自变量,基线期周平均用电量为协变量进行斜率同质性检验和方差齐性检验。

方差齐性检验($F=1.238,P=0.307$)结果不显著,检验通过。反馈内容和基线期的周平均用电量($F=0.636,P=0.430$)、宣传信息和基线期的周平均用电量($F=0.046,P=0.830$)的交互作用均不显著,符合斜率同质性假设,因此,可以进一步进行协方差分析(见表9-4)。

表 9-4　主体间效应的检验结果

源	Ⅲ类平方和	df	均方	F	P
校正模型	1106.319	5	221.264	2.637	0.037
截距	7506.782	1	7506.782	89.465	0.000
反馈内容	158.146	1	158.146	1.885	0.177
宣传信息	80.983	1	80.983	0.965	0.332
基线期平均用电量	248.282	1	248.282	2.959	0.093
反馈内容 * 基线期的周平均用电量	53.388	1	53.388	0.636	0.430

续表

源	Ⅲ类平方和	df	均方	F	P
宣传信息 * 基线期的周平均用电量	3.900	1	3.900	0.046	0.830
误差	3524.127	42	83.908		
总计	118528.918	48			
校正的总计	4630.446	47			

注:因变量是实验期平均用电量。

主效应检验结果如表 9-5 所示,反馈信息($F=4.390,P=0.042<0.05$)、宣传信息($F=6.773,P=0.013<0.05$)的结果显著,即反馈信息和宣传信息均对大学生节电有影响。另外,反馈信息和宣传信息的交互作用显著($F=4.070,P=0.00499<0.05$),故继续进行简单效应检验。

表 9-5　主效应检验结果

源	Ⅲ类平方和	df	均方	F	P
校正模型	1357.268	4	339.317	4.458	0.004
截距	7785.916	1	7785.916	102.248	0.000
反馈内容	334.143	1	334.143	4.390	0.042
宣传信息	515.586	1	515.586	6.773	0.013
基线期平均用线量	212.730	1	212.730	2.795	0.102
反馈内容 * 宣传信息	309.845	1	309.845	4.070	0.050
误差	3273.178	43	76.120		
总计	118528.918	48			
校正的总计	4630.446	47			

注:因变量是实验期平均用电量。

单纯主效应检验得到的反馈信息和宣传信息的估计边际均值结果如表 9-6 所示。由数据结果可以看出:当事前宣传为环保教育信息($P=0.010<0.05$)的条件下,给予群体对比反馈的实验组($M=46.517,SD=2.624$)的节电效果要显著优于给予自我对比反馈的实验组($M=56.994,SD=2.624$)。当事前宣传为群体规范信息时,自我对比反馈和群体对比反馈之间节电效果的差异未达到显著水平($P=0.950>0.05$)。当反馈内容为自我对比反馈($P=0.008<0.05$)的时候,事前提供群体规范信息的实验组($M=45.579$,$SD=2.819$)的节电效果显著优于事前提供环保教育信息的实验组

表 9-6　反馈信息和宣传信息的估计边际均值结果

变量		F	P	M	标准误差	95%置信区间	
						下限	上限
自我对比反馈	环保教育信息	8.551	0.008	57.217	2.819	51.353	63.080
	群体规范信息			45.579	2.819	39.715	51.442
群体对比反馈	环保教育信息	0.324	0.575	46.940	—	—	—
	群体规范信息			45.113	—	—	—
环保教育信息	自我对比反馈	7.925	0.010	56.994	2.624	51.537	62.450
	群体对比反馈			46.517	2.624	41.061	51.937
群体规范信息	自我对比反馈	0.004	0.950	45.780			
	群体对比反馈			45.558			

（$M=57.217$，$SD=2.819$）。当反馈内容为群体对比反馈的时候，事前宣传环保教育信息和群体规范信息的节能效果没有显著的差异。因此，H_1、H_2得到验证。

第五节　实验结论与管理启示

一、主要研究结论

本章大学生实验研究的主要目的是探究宣传和反馈耦合干预对于大学宿舍群体节电效果的影响。我们通过一个现场实验，为参与者分别提供不同的信息和反馈进行干预，并对其用电量进行了观测。本章研究发现，恰当的非财务信息能够有效激励集体居住者的主动节电行为。而且，不同耦合信息的节电效果存在显著差异：群体规范信息与群体对比反馈的耦合信息框架相较于其他的信息框架能带来最好的节电效果，其次是群体规范信息与自我对比反馈的耦合干预策略，再次是环保教育信息与群体对比反馈的耦合干预。此外，事前信息与反馈信息存在交互作用。在环境教育信息条件下，群体对比反馈比自我对比反馈具有更好的节能效果。当反馈为自我对比反馈时，群体规范信息带来的节能效果优于环保教育信息。具体结论如下：

第一，事前宣传教育信息和事后比较反馈信息耦合的干预策略能够有效地激发大学宿舍群体实施节电行为，并带来显著的节电效果。在本次干预实验中,除了"环保教育信息＋自我对比反馈"组的节电效果不显著外,"群体规范信息＋群体对比反馈"组的节电比例达到 17.63％,"群体规范信息＋自我对比反馈"组的节电比例达到 17.46％,"环保教育信息＋群体对比反馈"组的节电比例达到 15.33％。3 组相对控制组均实现了显著节电。这一结论与 Dolan and Metcalfe(2015)的结论相似。本研究中耦合干预的 3 组的节电效果要优于其他研究中单独宣传信息的 10％的节能效果(Ouyang and Hokao,2009),也要优于其他研究单独反馈带来的 8％—12％的节能效果(Karlin et al.,2015)。事前信息增加了学生的环保知识,强化了其对于群体规范的感知。比较反馈增强了学生对本宿舍用电变化的感知和评估,使大学生在清晰地知晓本宿舍当前的节电水平的同时,还知道自身宿舍在同类群体中的相对节电水平,促使他们能够及时调整当前的用能行为。宣传教育信息和对比反馈信息的共同作用带来了大学宿舍的电力消费量的有效减少。根据规范激活理论(norm activation theory),当大学生感知到节能知识或群体规范信息,并认为会对他产生影响的时候,就会产生相应的节电行为(Schwartz,1977;Vining and Ebreo,2002)。因此,非经济措施在激励中国大学宿舍群体节电中扮演着重要的角色,为了促进大学宿舍群体主动节能,使用耦合宣传和比较反馈的信息干预策略应该受到大学管理部门的重视。

第二,宣传信息与比较信息反馈之间存在交互作用。在主效应检验中,宣传信息与比较信息反馈分别对大学宿舍群体具有显著的影响,但其不能完全解释宣传信息与比较信息反馈结合之后各条件组之间的差异。交互作用的出现揭示了事前信息与事后反馈的共同作用对大学宿舍的节电行为会产生促进作用。这与 Steg and Vlek(2009)的观点一致。Steg and Vlek(2009)在回顾以往亲环境行为实证研究后认为,同时使用信息和结构化干预策略可以最大化环保活动的有效性。

第三,在激励大学宿舍居住者群体节电的信息干预中,当信息反馈的内容为自我对比反馈的时候,事前提供群体规范信息的实验组的节电效果显著优于事前提供环保教育信息的实验组。这与 Liu et al.(2016)所持的观点一致,即在公共建筑中提供规范信息能有效地增强大学生的节能意愿。这一结论验证了规范焦点理论(Cialdini et al.,1990),即人们做出的很多好的行为,如节能行为,主要是受到了社会规范的影响,而类似于保护环境、贡献社会和节约成本等这样的宣传教育信息对实际节能的作用效果没有预期的那么显著(Wesley et al.,2008)。人们关心自己的公众形象、社会表现以及他人的评价(Hwang,1987)。群体规范信息可以使个体感知群体规范,进而做出与周围群体一致的行为。当人们发觉自己的行为与重要参照群体存在差距时,就会产生改变行为的意愿(Hori et al.,2013)。由此可见,短期内通过宣传教育来培育大学生的主动节能的社会规范,减少大学生实施节能行为的外部制约(如增强信息的可见性等),对于激发大学生的节能行为较为重要。

第四,在宣传信息为环保教育信息的条件下,群体对比反馈的节电效果要显著优于自我对比反馈。大学生接收到其他宿舍的用电信息比接收到自己宿舍的历史用电信息更能有效促进节能。这与 Schelly et al.(2011)以及 Dixon et al.(2015)关于组织层面的个体节能行为的研究结论一致,也进一步验证了社会比较理论在激励群体节能上的有效性:当群体居住者通过社会比较可以获得积极的情感满足时,他们就会表现出更多积极的行为(Festinger,1954)。中国人倾向于在社会交往中积极地展现自己,对他人的评价非常敏感。人们处在社会环境中,希望被其他人所接受,并会将自己与其他人进行比较,追求声望和归属感(Hammerl et al.,2016)。为学生提供用电的排名情况会让学生把自己宿舍与其他宿舍的排名和用电量进行对比,反馈的排名信息会激发其提高排名的欲望(Handgraaf et al.,2013)进而会采取节电行为,产生显著节电效果。

二、主要管理启示

本章实验的结果可以帮助中国高校的管理部门更好地通过信息干预来激励大学宿舍节能减排。

首先,学校管理部门需要建立便利的信息渠道,在传统的节能宣传基础上,充分利用规范信息和对比反馈信息来提高大学生节能的主动性。特别是对于刚离开家庭开始独立生活、还没有形成强烈能源节约意识的本科生而言,提供合理的信息宣传和用能信息反馈对塑造积极节能行为十分必要。

其次,重视群体规范和人际互动对大学宿舍节能有促进作用,能构建良好的群体节能氛围。中国大学生主要集中居住于校园内部完整而集中的宿舍楼,居住群体均为年龄相仿的学生,他们处于行为习惯形成的关键阶段,且接受新事物能力强,人际交流需求较大,社会规范和群体参照的信息对他们具有激励与约束的双重功效。因此,学校可以组织各种以群体为单元的校园节电活动,通过内群体偏好和群体参照心理激励更多学生以群体方式参与节能活动,营造绿色节能的校园氛围。

最后，可以建立以宿舍为单位的节能竞争机制和节能荣誉机制，通过提高参与度促进学生主动节能。竞争是社会比较的一种形式，当个体通过社会对比反馈获得肯定性情感满足时，会表现出更加积极的行为。Petersen et al.(2015)发现，在竞争状态下，大学宿舍整体会节约4%的电力，前10名的宿舍节电高达28%。因此，举办节能竞赛活动、评选"节能之星"荣誉宿舍等是一些可行的策略。

第六节　本章小结

本章在第八章家庭居民节电的现场对照实验的基础上，针对在大学宿舍中群体居住的、个人节能贡献并不能获得反映的大学生群体进行了信息干预实验研究。本章实验干预信息略有别于第八章居民实验的干预信息，基于第四章扎根理论以及第七章元分析所得到的结果，设计了宣传信息（环保教育信息、群体规范信息）和比较信息反馈（自我对比反馈、群体对比反馈）两种信息策略，并将其进一步耦合形成四种信息策略。实验结果显示，宣传信息与比较信息反馈耦合的三种非财务信息框架可以有效地激励集体居住者节电，其中，收到群体规范信息和群体对比反馈的宿舍节约用电最多（达到17.63%），其次是收到群体规范信息和自我对比反馈以及环保教育信息和群体对比反馈的宿舍。在环保教育信息条件下，群体对比反馈比自我对比反馈具有更好的节能效果。当比较信息反馈为自我对比反馈时，群体规范信息带来的节能效果优于环保教育信息。

第十章 公众生活方式低碳化的多层次社会心理促进机制建议

本章在系统总结前面各项研究的主要结论的基础上,分别从个人、家庭、社区和社会四个层面提出了公众生活方式低碳化的社会心理促进机制的管理方式和政策建议,每个层面包括激励机制和约束机制两个方面,以期为政府及相关部门提供决策参考。

第一节 主要研究结论

本书以公众生活方式低碳化的多重社会心理路径为切入视角,综合运用文本量化分析、扎根理论定性研究法、行为实证研究法、元分析法以及随机对照现场实验法等开展系统化的微观行为研究,发现影响公众生活方式低碳化的社会心理因素主要包括三重路径,分别是行为前因驱动路径、行为前因障碍路径和行为后效反馈路径。不同路径上的影响因素、作用机制和作用效果存在显著差异,主要研究结论如下。

一、公众生活方式低碳化现状及政策工具现状评估的主要结论

本书以统计年鉴的数据和生态环境部环境与政策研究中心发布的调查报告为基础,从公众能源消费碳排放、生态环境行为低碳化、互联网情境下的低碳行为三个方面对我国公众低碳行为的现状进行了分析。结果显示,近年来我国公众在生活消费的多个方面的低碳意识都在不断增强,但是相应低碳行为的践行上却存在显著滞后。"高意识—低行为"的缺口较为突出,知易行难的现象依然普遍,这成为公众生活消费领域碳排放呈现持续增长趋势的一个重要原因。为了促进节能减排,我国政府也颁布了一系列直接和间接引导公众节能减排的政策。为了评估这些政策的现状及特征,本书基于毕凌云和杨洁(2017)的政策量化研究成果,将引导公众生活方式低碳化的政策工具分为命令控制型、经济激励型、信息型和自愿参与型四种,进而从政策力度、政策措施、政策目标、政策反馈四个方面建立评估模型,对

1996—2020 年我国政府发布的 151 项引导公众节能减排的政策文本进行了政策效力的量化评估,得出以下结论:

第一,从政策发布的整体水平来看,1996—2020 年,我国政府发布的引导公众生活方式低碳化的政策整体效力与政策文件的发布数量的变动方向是基本相同的,而且各年之间波动较大;然而,政策的年平均效力水平则平稳变化且偏低。由此可见,政府引导公众生活方式低碳化的政策文件的内容效力主要是依靠政策数量的增加来驱动,政策本身的内容效力还不足,需要考虑政策对象的特征和行为引导的关键点,不断优化"政策—行为"的干预路径。

第二,分析、评估政策效力的四个维度后发现,政策措施和政策目标的平均得分相对较高,但是,政策力度偏低,政策反馈不足。这影响了政策的执行力度,可能是政策的综合效力达不到预期的原因之一。为了更有效地促进公众生活方式的低碳化,政府需要重视政策力度、政策目标和政策反馈与政策措施的协同性,提高所颁布政策的综合效力。

第三,四类政策工具的政策效力与其低碳化效果出现显著的偏差。数量上,命令控制型政策最多,占 35.1%,但是在效果上,信息型政策和经济激励型政策带来的公众低碳化效果更好,而命令控制型政策和自愿参与型政策的效果并不显著。

二、基于扎根理论建模的公众生活方式低碳化的多重社会心理路径研究结论

遵循扎根理论自下而上建立理论模型的研究规范,我们以理论抽样的方式选取符合条件的访谈对象,通过一对一深度访谈和焦点小组访谈获取原始资料并进行三级编码和逐层提炼分析,最后从公众生活方式低碳化的社会心理驱动因素、社会心理障碍因素及行为后果反馈三个方面得到公众生活方式低碳化的多重社会心理路径理论模型。结果显示:

第一,促进公众生活方式低碳化的社会心理驱动因素主要有参照依赖、榜样示范、社会规范、社会比较以及宣传教育。

第二,抑制公众生活方式低碳化的社会心理障碍因素主要有社会地位展示、炫耀性心理、物质主义、面子意识以及群体归属。

第三,除了影响公众生活方式低碳化的社会心理前因之外,行为发生之后,关于行为后果的反馈对后续的低碳行为具有不容忽视的影响。对行为后果的反馈形成了低碳行为持续的社会心理强化机制,反馈内容、反馈方式

以及反馈频率等都会对公众生活方式低碳化行为的选择产生显著影响。

三、公众生活方式低碳化的社会心理因素作用机理的实证研究结论

在扎根分析建立的理论模型的基础上,本书分别从促进公众低碳行为的驱动因素和诱发公众高碳消费的低碳障碍因素两个对立面开展了两项行为实证研究,解析不同方向社会心理因素的作用机制,得到以下主要结论:

第一,群体参照心理对公众生活方式低碳化有显著促进作用,然而,信息性影响、功利性影响以及价值表现性影响这三种群体参照心理的影响力均不能直接作用于因变量,而是通过低碳意愿这一中介变量间接驱动公众生活方式低碳化。因此,充分发挥参照群体的积极作用,借助群体参照心理来促进公众生活方式低碳化的重点在于激发公众的低碳意愿。

第二,群体参照心理在增强公众低碳意愿的过程中,信息性影响和功利性影响均是正向促进公众低碳意愿的因素,且功利性影响的作用强于信息性影响,而参照群体的价值表现性影响则抑制了公众的低碳意愿。由此可见,在中国社会的高情境文化下,功利性影响所产生的群体规范对公众个体生活方式低碳化有着最强的间接促进作用。因此,发挥参照群体的功利性影响是促进公众生活方式低碳化的一条重要心理途径。此外,价值表现性影响并不能带来公众低碳消费意愿的强化,更不能进一步带来其低碳消费行为的增加。即在目前中国的人际关系型社会中,低碳行为并不能成为公众表达自我和展示自身形象的因素,这可能与目前崇尚物质享乐主义的消费价值观有关。因此,从群体参照心理的功利性影响入手,使得低碳行为成为提升公众形象的一种新时尚,是促进公众生活方式低碳化的一个值得努力的方向。

第三,群体参照心理对公众低碳意愿的影响在性别、婚姻状况、年龄、受教育程度、家庭月可支配收入等人口统计特征上表现出显著的差异性。男性、未婚以及低收入群体更容易受到参照群体的功利性和价值表现性的影响,而女性、已婚以及高收入群体则更容易受到参照群体的信息性影响;此外,年轻人更容易受到参照群体的价值表现性影响,年长者更易受参照群体的功利性影响;然而,群体参照心理影响力的三个维度对高学历群体都有显著的影响,对低学历群体而言,则只有信息性影响具有显著作用。因此,政府在制定相关政策时可以考虑更多的人口统计特征差异,对不同人群(性别、婚姻状况、年龄、受教育程度、家庭月可支配收入等)采取有针对性的心理干预与引导政策,发挥参照群体的积极作用,同时抑制参

照群体的消极影响。

第四,公众高碳消费的社会心理诱因主要体现在五个方面,分别为物质享乐主义、人际关系调节、群体归属交流、社会地位展示和夸耀。其中,物质享乐主义、人际关系调节与社会地位展示均对诱发公众的习惯型高碳消费行为有显著驱动作用,成为形成低碳消费长效机制的重要社会心理障碍。然而,公众的购买型高碳消费行为则只受到物质享乐主义的驱动。在社会心理诱发因素的 5 个维度中,物质享乐主义的作用最显著,对公众的习惯型高碳消费行为和购买型高碳消费行为都有显著的直接正向驱动作用,成为诱发公众高碳消费的主要诱因。在习惯型高碳消费行为的影响因素中,物质享乐主义的影响作用也是最大的,其次是社会地位展示,人际关系调节的作用相对较小,群体归属交流、夸耀的作用均不显著。公众的购买型高碳消费行为与习惯型高碳消费行为的驱动因素存在差异,购买型高碳消费行为不受社会地位展示和人际关系调节的影响,而受物质享乐主义影响。因此,如何遏制物质享乐主义的消费取向,倡导简约适度、低碳消费的新消费观,是减少公众高碳消费行为、促进公众生活方式向低碳化转变的一个重要着力点。

第五,面子意识是公众高碳消费的又一重要社会心理诱因,其显著地正向调节了社会地位展示、人际关系调节与公众高碳消费行为之间的关系。而且,社会地位展示和人际关系调节更容易引起面子意识较强的群体发生高碳消费行为;而对于面子意识较弱的群体,只有物质享乐主义能够影响其高碳消费行为。因此,在中国“爱面子”的文化情境中,需要考虑如何营造“低碳消费更有面子”的消费新时尚和“低碳消费更光荣”的社会消费风气,减少面子意识引发的高碳消费行为,让“爱面子”的面子意识成为促进公众生活方式向低碳化转型的一个积极的社会心理。

第六,社会地位展示、人际关系调节、物质享乐主义等社会心理与公众高碳消费行为的关系路径受到性别、年龄、婚姻状况、受教育程度、家庭月可支配收入 5 个人口统计特征的调节。总体而言,物质享乐主义、人际关系调节以及社会地位展示对男性、年轻人、已婚、高学历、高收入群体的高碳消费行为的影响更加显著;而女性、低学历、低收入群体的高碳消费行为只受到社会地位展示的心理驱动;未婚、年长者的高碳消费行为只受到物质享乐主义的影响。从个体异质性着手来寻求公众生活方式低碳化的途径,也是干预政策制定时需要关注的重点之一。

四、元分析中社会心理干预对公众低碳节能行为作用效果的研究结论

本书通过对 26 篇关于社会心理干预与公众低碳节能行为关系的现场实验研究进行综合定量检验，并通过元分析对社会心理干预的作用效果进行客观系统评价，得到主要结论如下：

第一，社会心理干预措施对公众节能行为有显著的促进作用，且社会心理干预对公众节能行为的作用效果会因不同的调节变量而呈现不同的效果。干预时机、干预方式、干预时长这 3 个调节变量均显著调节了社会心理干预与节能行为之间的关系。

第二，从干预方式来看，公开承诺、社会对比反馈、榜样示范和社会规范均能促进公众主动节能。其中，效果最为显著的是公开承诺，同样处于强效应水平的是社会对比反馈，榜样示范与社会规范的作用效果弱于前两者，但也达到了中等效应水平。

第三，从干预时机来看，行为发生前的事前干预和行为发生后的事后干预都能对低碳节能行为产生显著影响，但相比于事前干预，在行为发生之后实施的事后干预展现出更好的节能效果。

第四，从干预时长来看，1—3 个月的干预时长节能效果最好，其次是大于 3 个月的干预时长，干预时长小于 1 个月的节能效果则不显著。

五、现场对照实验研究中社会心理因素对公众生活方式低碳化的作用效果研究结论

根据第四章的扎根理论和第七章的元分析结果，本书分别针对私人领域的城市家庭节能行为和公共领域的大学宿舍的群体节能行为开展了两项随机对照现场实验，通过纵向跟踪实验比较在家庭节能收益内部化和大学宿舍节能收益外部化这两种情境下，社会规范、群体规范、社会比较反馈等干预措施带来的真实节能效果。主要结论如下：

第一，设置具有挑战性的节电目标并与社会对比反馈耦合的社会心理干预策略能有效激励城市家庭的主动节电行为。实验结果显示，为城市家庭设定具有挑战性的节电 15% 的目标并配合每周邻里对比式用电信息的持续反馈，可以带来显著的节电效果，然而，当停止反馈后，单独的目标设置本身对激励居民节电的可持续性不足。由此可见，明确的具有挑战性的目标并配以行为结果的他人对比反馈是促进居民主动实施节能行为的有效措

施。因此,设置合理的节能目标并借助社会对比心理及时反馈行为的相对效果,是促进公众生活方式低碳化的一条低成本且有效的社会心理干预路径。

第二,不同的对比反馈的信息内容对激励城市家庭实现节能目标的影响也具有显著差异,他人对比反馈的节电效果显著优于自我对比反馈。将实验组居民家庭的用电量与同一居住单元内其他邻居的用电量进行对比并反馈给居民,能够产生显著的节电效果,然而,提供居民自身家庭的历史用电量信息产生的效果相对较弱。由此可见,在中国特定的关系型社会和高情境文化下,充分利用社会比较心理来促进公众生活方式低碳化是一个积极且高效的途径。

第三,行为后果的反馈频率对实际节能效果并没有显著的影响。本书在实验中设置了不同的信息反馈频率,即每周1次反馈与每周2次反馈,最终结果显示这对于居民家庭实际节能效果的影响并没有显著的差异。由此可见,在反馈的信息内容无实质差异时,信息反馈频率的提高或降低并不能带来实际节能效果的改变。在考虑发挥行为后果对后续行为的引导和强化功能时,反馈的内容比频率更重要,尤其是可以激发社会对比心理的反馈内容,其效果更优。

第四,在激励公共领域的大学宿舍的群体节能行为方面,将事前宣传教育信息与事后对比反馈信息耦合形成的干预策略总体上能产生积极的节能效果。但是,不同耦合干预策略的节能效果存在显著差异。具体而言,四种耦合干预策略中,"群体规范信息＋群体对比反馈"的实验组、"群体规范信息＋自我对比反馈"的实验组,以及"环保教育信息＋群体对比反馈"的实验组均实现了显著的节电,节能效果依次减弱。只有"环保教育信息＋自我对比反馈"组的节电效果未达到显著性水平。由此可见,非财务措施在激励公共领域大学宿舍群体节能行为中扮演着重要的角色,为了促进没有显著财务动机的群体用能者主动节能,将群体间对比反馈与宣传教育进行耦合设计,并强化宣传信息中的群体规范或社会规范等信息是一条能够促进公共领域群体节能行为的低成本且有效的社会心理路径。

第五,析因分析发现,在对行为后果反馈的信息内容均为自我对比反馈的条件下,事前信息中的群体规范信息比环保教育信息的节电效果更好。这表明了群体规范的作用对于促进节能行为的重要性,因此,通过向群体用能者传达更多的群体规范信息,减少其实施节能行为的外部制约,让其意识到主动节能是对群体规范的遵从,是激发其主动实施节能行动的一条有益路径。

第六，在事前宣传内容为环保教育信息的条件下，群体对比反馈比自我对比反馈的节电效果更好。实验结果显示，大学宿舍接收到其他宿舍的用电信息比接收到自身宿舍的历史用电信息更能有效促进节能。为学生提供用电的排名情况能让学生把自身宿舍与他人宿舍的排名和用电量进行对比，反馈的排名信息会激发其提高排名的欲望进而促使其采取节电行为，产生显著节电效果。因此，高校管理者应当积极提供宿舍用电量的对比信息，提高用电排名信息的透明度，从而激发宿舍群体的节能行为。

第二节　社会心理促进机制的基本思路

本书通过扎根理论自下而上建立公众生活方式低碳化的多重社会心理路径理论模型，在此基础上，通过两项行为实证研究、一项行为效果元分析以及两项随机对照现场实验系统，解析了促进公众生活方式低碳化的多重社会心理路径中各主要因素的作用机制和作用效果。本章第三到六节将从个体、家庭、社区和社会四个层面探究公众生活方式低碳化的社会心理促进机制，包括激励机制和约束机制两个方面，分层次由小到大、由点到面地提出管理方式与政策建议。

公众生活方式向低碳化转型需要社会生活中每个人的主动参与和实践。然而，在中国高情境文化和关系型社会的背景下，个体更多地嵌入到社会生活的各种人际关系网络中，其行为选择与决策更容易受到社会心理因素的影响。有些因素形成了行为动力，有些因素形成了行为阻力；有些因素是驱动行为的前因，有些因素是强化行为的后效。为了系统解析公众生活方式低碳化的社会心理因素及其作用机制，本书运用扎根理论发展的定性研究方法，自下而上建立了公众生活方式低碳化的多重社会心理路径理论模型，在此基础上，通过两项微观的心理与行为实证研究、一项元分析和两项纵向随机对照现场跟踪实验，系统地解析了公众生活方式低碳化的多重社会心理路径中行为的驱动因素、障碍因素、强化因素的作用机制和实际作用效果。这些研究结论为从个体、家庭、社区和社会四个层面设计公众生活方式低碳化的社会心理促进机制提供了理论依据。

在个体层面，个人是社会生活的最小细胞。个人是否实施低碳行为的决策不仅会受到自身环境态度、环境价值观等主观心理动机的影响，还会受到他人行为、参照群体、社会规范等社会心理动机的影响。本书实证研究结果显示，群体参照心理、物质享乐主义、面子意识、社会地位展示、人陈关系调节、社会对比反馈等引发的社会心理动机都会对个体是否采取低碳行为产生影响,因此,个体层面的社会心理促进机制的设计需要着重考虑如何充分利用群体参照心理、社会比较心理、"爱面子"心理等激发、引导和培育个体的消费理念与生活方式向低碳化转型。

家庭是个体成长和生活的主要场所,是生活用能和生活消费最集中的地方,也是个体消费理念形成和转变最关键的地方。家庭成员的低碳消费会受到低碳意识、环境知识、价值规范(如价值观、社会规范等)和经济因素(如对环保产品的支付意愿与支付能力、对能源价格水平的感知程度等)的影响。与此同时,家庭的消费偏好也会受到周围参照群体、邻居、社会规范等的影响。本书实验研究结果显示,目标设置、邻里间的对比信息反馈等干预策略会影响家庭是否主动节约生活用能。因此,家庭层面的生活方式低碳化的促进机制需要重视通过环境知识、价值规范和群体参照心理激活家庭成员的低碳消费意识,从而推动家庭消费习惯向低碳化转变。

社区是在某一地域里个体和群体的集合,社区内成员在生活、心理以及文化上都存在一定的联系。社区内的家庭及个体都会受到社区制度的约束与规范。社区作为团体或组织的聚集形式,拥有更多的资源与社会连接,其制度措施发挥空间大、影响范围广。社区成员之间的共同学习、相互影响以及社区的集体行动等更易于通过激发公众的社会心理,使低碳化的生活方式潜移默化地形成。因此,社区的低碳化不仅涉及社区内资源结构的优化,还需要通过社区内的榜样示范、完善的低碳服务体系等来增强公众的低碳意识。要想促进社区层面低碳化,就要把低碳理念运用到社区管理的各个方面,将低碳生活方式更加便捷地引入到居民的日常生活中。

社会为个体、家庭、社区等单位服务,影响范围最广。社会是家庭及社区的载体,不仅为个体、家庭、社区等提供生存环境与社会规范,还可以为实现低碳生活而制定法律法规、调动社会资源,从更为宏观的角度向包括学校、企业、政府部门在内的各类、各级组织传达应该做什么以及如何做的信息。因此,社会层面的措施将会在更广泛的领域内促进公众低碳观念的形成。将低碳观念与技术创新融合起来将有助于改变人们崇尚享乐主义、物质主义等的消费观,从而增加低碳消费和低碳排放的行为模式,因此,加强环境教育和促进低碳消费的社会规范的形成与发展等将有助于推动形成践行低碳生活方式的社会风气。

基于此,本章将从个体、家庭、社区和社会四个层面探究公众生活方式低碳化的社会心理促进机制,包括激励机制和约束机制两个方面,分层次由

微观到宏观、由点到面地提出管理建议。公众生活方式低碳化的多层次社
会心理促进机制的思路框架见图 10-1。

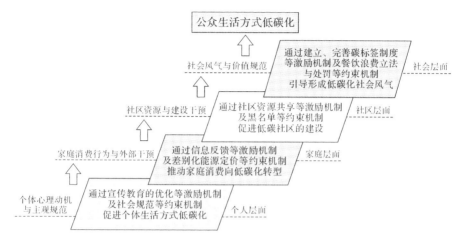

图 10-1　公众生活方式低碳化的多层次社会心理促进机制的思路框架

第三节　个体层面生活方式低碳化的促进机制建议

个体是社会生活的最小细胞，个人生活方式低碳化是建设低碳社会的
底层基础。促进个人生活方式低碳化可从激励与约束两方面进行。激励机
制是通过管理措施使个人愿意或增加实施低碳行为的管理方式，约束机制
是通过管理措施使个人不愿或减少实施高碳行为的管理方式。依据前面关
于公众生活方式低碳化的社会心理机制的研究结论，个人层面主要从宣传
教育机制、目标管理机制、榜样示范机制等方面设计激励机制，从社会规范
约束、个人信息约束、消费端的碳税等方面设计约束机制，以期为相关决策
提供参考。

一、激励机制

(一)宣传教育机制

本书第五章的低碳行为实证结果显示，参照群体的信息性影响和功利
性影响通过低碳意愿正向促进公众日常生活中低碳购买与低碳习惯行为的
产生，而价值表现性影响则具有抑制低碳行为的反作用。同时，第六章的高
碳行为诱因研究进一步发现物质享乐主义、社会地位展示等是引发公众高
碳消费行为的直接驱动心理。这些结论都揭示出改进宣传教育机制的重要

性。根据上述结论,本书提出如下建议:

第一,重视发挥群体参照心理对促进公众生活方式向低碳化转变的影响力,通过主流媒体的持续宣传形成"低碳消费光荣""低碳消费更时尚"的舆论氛围和社会价值观。一方面,可以通过宣传社会名流、成功人士等践行低碳消费的实际行动,发挥参照群体的信息性影响和功利性影响对低碳消费的正面促进作用;另一方面,削弱参照群体的价值表现性影响和物质享乐主义价值观对低碳行为的抑制作用,引导公众形成低碳消费更能体现高成就、高社会地位的新消费价值观,推动形成社会性的"低碳消费新时尚",通过形成低碳消费的社会规范来促进个体消费行为的低碳化。

第二,优化宣传教育的知识类型,在系统知识的基础上,加大对低碳消费行动知识和效力知识的宣传教育力度。2020年,生态环境部发布的《公民生态环境行为调查报告》指出,公众在绿色消费意识和实际执行行动间存在较大缺口,有93.3%的受访者知道绿色消费很重要,但只有57.6%的受访者认为自己在行动上做得不错。芈凌云等(2019)对居民低碳行为中"认知失调"的成因进行的一项实证研究中,将低碳知识细分为系统知识、行动知识和效力知识三类,发现中国城市居民在低碳消费上存在"认知失调"的原因之一是行动知识和效力知识的不足。现有的宣传教育机制侧重于告诉公众低碳环保的重要意义和不环保的后果这些系统知识。系统知识的宣传有效地激发了公众的低碳意识,但是,缺少具体如何做的低碳行动知识和多种行为方式中哪种方式更低碳的效力知识,阻碍了公众低碳意识向实际低碳行动的转化。因此,宣传教育机制中需要细化、区分知识和信息的类型,加强对行动知识和效力知识的宣传应成为宣传教育机制优化的重点。

第三,将"绿色、低碳、节能、环保"的价值观培养纳入中小学基础教育中,让低碳环保的价值观从小深入人心。基础教育阶段是孩子价值观形成的关键时期,也是孩子接受社会化塑造的关键时期。这一时期孩子能形成"绿色、低碳、节能、环保"的价值观,对其家人和之后的生活方式都会产生积极的影响。为此,可以将相关价值理念、"如何减少碳排放"的行动知识和"哪种方式更有利于减少碳排放"的效力知识引入中小学基础教育教学内容中,从小培养孩子们对低碳的认知与行动,并形成生态友好的集体主义价值观和长期取向价值观是一个标准叫法与长期取向的价值观(Mi et al.,2020a)。

第四,从公众"易接受、广传播、可参与、有体验"的视角不断创新宣传教育的内容和形式,充分发挥社会规范的正面引导作用。例如:借助主流媒体和新媒体平台开展公众可以广泛参与的低碳知识或技能趣味比赛和环保公益竞赛;通过政府部门推广"低碳校园""低碳社区""低碳机关""低碳企业"创建评选活动;利用新媒体平台推广"低碳消费"公益广告等,宣传"如何减少碳排放"的生活小窍门等;同时,对日常生活中的高碳消费做法进行舆论批评,增强个人保护环境、践行低碳生活方式的主动性和责任意识。

(二)目标管理机制

目标设置理论证明了合理地设定目标对个体行为具有显著的激励作用,它能把个体的需要转变为动机,使个体行为朝一定的方向努力。本书第八章的实验研究也证实,为中国普通城市居民设置一个具有一定挑战性的节电目标(如节电 15%),加上与持续的对比式信息反馈耦合的持续干预,能够有效地促进居民家庭主动节电,有效的目标管理是公众生活方式低碳化促进机制的一个有效途径。为此,本书提出以下建议:

第一,在生活用能领域,重视发挥社会对比心理对目标激励的支撑作用。政府相关管理部门可以开展"低碳目标行动计划"之类的活动。低碳目标可以私下承诺,也可以公开承诺,但是必须与社会对比反馈相结合才会持续有效。同时,在有条件的情况下,鼓励参与者通过公开承诺的方式进行目标确认。公开承诺的低碳目标与社会对比反馈这两种具有社会互动的干预方式相结合,促进个体节能的效果更好(芈凌云等,2017)。对于公开承诺目标并实现的人,可以通过榜样塑造的方式给予更多的荣誉激励或社会信用激励,从而形成示范效应。

第二,在工作场所中,管理者可将低碳目标纳入绿色人力资源管理实践中,通过人力资源管理职能为企业的低碳发展提供规制支撑。例如:在人员招募、配置环节,关注"个人—组织"的环境价值观的匹配(Mi et al.,2020b),优先甄选具有亲环境价值观和亲社会价值观的员工;在绩效管理中,将低碳节能目标作为绩效关注点之一,将"绿色指标"纳入绩效考核并建立反馈机制;在绩效评估中,将对组织的绿色绩效贡献纳入绩效评价指标;在绩效反馈阶段,公开员工环保绩效的实现程度等社会对比信息,形成群体压力。员工在同时面临完成绿色绩效目标的任务压力和与同事相比较的社会心理压力时,会在工作场所更重视并主动践行低碳行为。当然,对于实现低碳目标的个人和团队组织,要及时给予积极反馈并配合荣誉和奖励,从而形成正强化的良性循环。

第三,在实施集体住宿的大学和中学校园,管理部门可以设置群体性节能目标,通过对比反馈、竞赛等形式,激发个体的内群体偏好,进而促进公共领域的群体性低碳行动。以大学宿舍的用电管理为例：管理者可首先设立免费额度，仅对超过既定额度的用电收取费用，这无形中为大学生设置了用电目标；也可以举办一些环保竞赛活动，如"优秀环保宿舍""节能先进宿舍"等评选活动，并为表现优异者提供荣誉或经济奖励。已有研究证明，社会对比产生的激励效果比经济激励更有效（Handgraaf et al.，2013）。例如：以宿舍为单位定期公布每个宿舍的用能信息及排名情况，让每个宿舍成员明确自己宿舍的耗电水平处于群体中的哪个层次和位置，通过群体间的对比，激发个体的内群体偏好，从而促进个体的主动低碳节能行为。

（三）榜样示范机制

社会学习理论表明，个体行为不仅仅受到结果的影响，同时也受观察学习和知觉的影响。人们的复杂社会行为是通过对他人行为、示范行为、社会规范的观察和模仿得以形成、改变或强化的。在观察学习过程中，被观察的对象称为示范者或者榜样，观察进程会受到示范者被观察的活动的影响，影响这一观察进程的过程就叫作示范作用。个体观察、学习到社会认可的行为与做法后，会做出调整以规范自身的行为。

本书第四章对公众生活方式低碳化的社会心理动机的扎根理论的建模结果显示，榜样示范是促进公众生活方式低碳化的重要的社会心理驱动因素之一，而且第五章中关于群体参照心理对居民低碳行为的实证研究也显示，参照群体的价值表现性影响和信息性影响确实是居民低碳行为的正向驱动力量，而且，其对居民低碳习惯行为的影响力大于对居民购买行为的影响，更有利于建立低碳消费的长效机制。因此，对于如何发挥榜样示范的社会学习功能，建立榜样示范机制，本书提出如下建议：

第一，政府部门率先垂范，制定日常办公的低碳行为准则并纳入评优。同时，政府部门主要领导在公开的言行举止中着力体现出低碳主导的行为方式，进而通过宣传报道，形成榜样示范效应。在中国具有高权力距离的社会文化中，政府部门的行为模式和具有较高社会地位的政府官员的行为方式备受公众关注，也是公众学习和参照的行为榜样，因此，政府部门的率先垂范和政府官员的公开行为方式是低碳环保的，是一个非常重要的社会榜样示范。而且，对"爱面子、讲排场"的高碳消费行为，政府部门的影响和示范作用也不容小觑。因此，无论是促进低碳行为还是遏制高碳行为，政府部门的榜样示范作用都是十分关键的。

第二，建立"公众人物低碳行动公益榜单"并定期发布。通过媒体和社会舆论的关注与监督，促进社会名流、明星艺人、网络大 V 等公众人物主动践行低碳行为,以形成低碳生活的社会榜样示范效应,带动其追随者的生活方式低碳化。在当前网络媒体蓬勃发展、自媒体"百花齐放"的时代,社会名流、明星艺人等是很多年轻人和未成年人理解"成功人生"的重要参照群体,网络大 V 成为很多民众理解社会问题的意见领袖,这些公众人物的言行举止和传递的低碳价值观对其追随者具有强大的感召力与示范效应。因此,发挥这些公众人物的榜样示范作用,对于整个社会形成低碳生活方式既重要又关键。

第三,探索建立企业高层管理者低碳行动榜样机制或公示制度,引导企业的高层管理者以身垂范,主动践行低碳行为,对企业员工形成榜样示范效应。除政府部门及社会名流外,企业作为大部分公众日常工作聚集的场所,其高层管理者的言行举止往往是员工进行社会学习的参照,也是体现企业文化最直接的窗口。如果企业的高层管理者重视低碳行动,并能率先垂范,将会对工作场所的低碳化产生直接的贡献,也能让员工更主动地接受并践行以低碳为荣的价值观。当工作场所的低碳行为受到认可和鼓励,更容易带动生活方式的低碳转型。

二、约束机制

(一)社会规范约束

本书第四章的扎根研究和第九章的实验研究都证实了,社会规范是影响公众低碳行为的重要因素,其通过群体压力与社会认同心理对个体行为产生约束作用。在中国具有高情境文化的社会背景下,个体的行为决策更容易受到所处的社会环境和他人评价的影响,因此,需要重视发挥社会规范的作用。为此,可以从以下几个方面着力:

第一,通过描述性规范向个体传达与之处在同一个消费层次或年龄段的其他人的低碳行为践行情况,让他们感受到自己所在群体已经具有低碳的社会规范,出于与规范保持一致或者从众的心理而主动实施低碳行为。

第二,发挥群体规范的作用,促进年轻群体的低碳行动。例如:可以通过校园宿舍规范、班级规范的建设,强化学生群体的低碳规范意识,促进学生群体践行低碳行动;还可以通过名人的榜样示范作用,引导其追随者形成低碳规范,从而对追随者的消费行为形成规范约束。

第三,在需要快速推进的低碳行动上,发挥指令性规范的作用。例如,对于垃圾分类、废旧家电和电子产品回收等,可以通过指令性规范来进行约束。

(二)个人信誉约束

信誉约束主要是通过签订协议、公开目标、发出倡议等公开承诺的方式,借助群体压力以及个体对自身社会声誉和信用的追求,促使个体做出与承诺相符的行为。第六章的元分析结果表明,公开承诺作为具有明显社会互动性的社会心理干预方式,能够显著促进公众践行低碳节能行为。

通过公开承诺形成的信誉约束促进低碳行动可以在不同的社会情境下推进。例如:在学校,可以在组织开展的低碳活动结束时,鼓励学生们签署"个人节能减碳承诺书",营造互相监督、共同进步的低碳氛围。在社区,可以鼓励居民共同参与制定社区居民低碳行为规范,如垃圾投放行为规则、废物回收规则等,并进行公开承诺签字活动。个人出于对自身信用的维护,往往会更愿意遵守自己参与制定或公开承诺的规则。在工作场所,除将个人环保目标纳入绩效考核之外,管理者可以考虑以部门或项目团队为单位制定团体低碳协议,部门或团体成员签字以示承诺,借助群体间对比的压力及群体内成员维护集体荣誉的内在动力,促进落实低碳行动。此外,对于社会名流和公众人物,也可以引导其公开承诺参与减碳计划,通过信誉约束促进其践行低碳行动,并带动其追随者的低碳行动。

(三)消费端的碳税

本书第三章的研究表明,经济政策对于低碳行为仍然具有促进作用,因此,探索适合国情的碳税政策,也是促进低碳消费的一个有效机制。

目前,很多欧洲国家已经开始实施碳税政策,根据征税环节主要有三种模式:生产环节征税、消费环节征税和两者兼顾。其中,生产环节碳税的纳税义务人主要是化石能源的生产商或经销商,这种模式的征税对象集中,征税更为便利,也能够减少社会阻力,但是,碳税导致的能源成本增加难以有效传导给消费者,限制了碳税的调节作用。消费环节碳税的纳税义务人是化石能源的消费者,这种模式有利于唤起消费者节能减排的意识,但纳税人分散,不利于管控。因此,大部分国家的碳税是在生产环节征收。挪威、瑞典、丹麦、芬兰等北欧国家选择在消费环节征收碳税,荷兰则在生产环节和消费环节同时进行征税。

我国可以借鉴国外的碳税经验,探索适合中国国情的碳税政策。考虑到碳税的目标不是获得财政收益,而是促进消费者增强低碳意识和践行低碳行动,起始税率可以设置得低一点,主要起到提醒消费者注意的作用。此外,中国地域广阔,各省份的经济社会发展水平差异较大,各地的能源资源

条件、产业结构和节能减排的压力也不一样,因此,可以考虑在能源资源约
束较强、节能减排压力较大的地区先行试点,随着碳税在公众低碳意识向低
碳行动的有效转化中发挥的作用有所显示,再逐步推广。同时,也可以参考
芬兰的做法,采取累进税制,对于能源消费较少的中低收入群体几乎不征碳
税,而对能源消费量大、碳排放量大的个人,提高相应的税率,从而促进碳排
放与责任承担的相对公平。

第四节　家庭层面生活方式低碳化的促进机制建议

家庭作为一种社会生活的基础单位,既是社会的组成部分,也是个体成
员生活的主要场所之一,因此,家庭生活低碳化是公众生活方式低碳化的重
要组成部分。依据前面关于公众生活方式低碳化的社会心理机制的研究结
论,家庭层面可以从宣传教育、信息反馈、"家庭碳交易"等方面设计激励机
制,从差别化的能源价格机制、强制性标准与规范等方面设计约束机制,以
期为相关决策提供参考。

一、激励机制

(一)宣传教育机制

第三章的扎根分析结果显示,宣传教育是促进公众生活方式低碳化的
有效驱动因素。第六章对于高碳消费诱发机制的研究结果也表明,宣传教
育有利于帮助公众树立正确的消费观念。家庭是孩子健康成长最主要的场
所,以教育为主的社会心理驱动因素对家庭生活方式趋向低碳化起着重要
作用。

家长以衣、食、住、行等生活化教育在无形中影响子女的思想和行为(杜
昌建,2016)。社会认知理论(social cognition theory)认为人们在被给予正
向激励时,才会继续实施习得的行为。根据这一理论,为了促进低碳家庭的
可持续发展,家长应有意识地对子女进行践行相应低碳行动的鼓励与奖励,
形成"家长—孩子"的家庭内部代际低碳激励机制,促进子女从小养成低碳
节能、绿色、环保的生活习惯。

社会网络理论(social network theory)认为,社会情景下的人们由于彼
此间的纽带关系而以相似的方式思考和行事,个体在社会交往过程中会受
到来自亲人、朋友、同事、上司、名人等参照群体的影响。当社会网络中的个
体或群体选择低碳生活方式时,其参照群体很有可能会受到他们的影响而

选择低碳的生活方式。我们也可以通过学校对孩子进行教育和宣传,向家长发放带有节能目标和承诺的宣传册并要求回收,以加强家庭与学校的联系;每月对不同年级各个班级的家庭低碳建设成果进行评比,并颁布流动奖章等,形成"孩子带动家长"的低碳教育反哺新路径。

(二)信息反馈机制

本书第四章、第八章、第九章的研究都显示,反馈对公众践行低碳行为具有显著的促进作用,社会对比反馈的节能效果尤其突出。毕凌云等(2020)关于不同信息框架对城市家庭节电行为干预效果的实验研究显示,在事前提供社会规范信息的同时,向城市家庭提供其节能的成本收益或环境贡献的反馈信息能带来显著且持久的节能效果。因此,对于促进家庭低碳节能而言,可以从以下几个方面建立信息反馈机制:

第一,重视并发挥社会对比反馈在激励家庭节能领域的作用,发挥邻居等参照群体在激励家庭节能中的积极作用。重点开展以居民小区或公寓楼为基本执行单位的居民节能活动,充分发挥邻里效应对居民节能的促进作用。目前,中国大部分普通城市居民收到的家庭能耗账单都只包括当期能源消费量和成本费用,即使移动 APP 等即时查询软件,也只提供自我对比的反馈信息。因此,发挥邻居等参照群体在激励家庭节能中的积极作用应该引起管理部门的重视。消费水平、距离相近的居民更容易成为居民日常能源消费中的参照群体,参照群体的节能规范对个体节能行为具有激励和约束的双重功效。而且,以居住小区或公寓楼为基本单位进行节能管理和信息干预,也比对单个家庭进行节能管理更易于执行。

第二,在反馈家庭用能的成本收益的基础上,增加家庭节能的环境贡献信息。能源供应商在反馈住户用能信息的时候,在传统反馈用量和费用等经济成本的基础上,建议增加体现环境贡献的信息反馈,将家庭电力、天然气等当期消费增加或减少的数量换算成相应的环境影响,例如这些电量相当于减少或增加了多少 CO_2 的排放,相当于种了或砍了多少棵树、增加或减少了多少森林"碳汇"等,让居民可以通过这些反馈信息更加直观地感知到自家能耗的变化与环保贡献的直接关联,从而使得信息反馈真正起到促进居民低碳节能的作用。当然,这些信息反馈的优化改进在技术的实现上并不复杂,更多地依赖于政策制定者和电力供应商对激励居民节能的执行意愿。考虑到电力供应商是营利性企业,激励住户节能的动机有限,因此,需要政府部门制定相应的规制,督促电力供应商承担起优化信息反馈机制的社会责任,以推动能源消费侧的节能减排。

(三)"家庭碳交易"机制

居民在使用燃气、家用电器等方面的不合理操作和浪费行为会增加家庭碳排放。不当行为主要指居民在日常使用习惯,尤其是居民未意识到的某些习惯性用能行为产生的碳排放。因此,可以探索建立符合中国国情的"家庭碳交易"机制,培养居民的低碳行为习惯。

"家庭碳交易"机制是建立在碳配额的基础上的,可以根据当地的节能减碳目标,在居民消费侧由政府管理平台为每个家庭设置一个"家庭碳账户",每月分配给每个家庭一定数额的免费"碳币"。"碳币"是用于衡量家庭碳排放权的一种虚拟单位。家庭在每月缴纳水电费、燃气费等的时候,不仅需要支付真实的货币费用,还需要根据家庭缴费账单上能源消费量产生的CO_2排放,支付对应数额的"碳币",月底结余的"碳币"可以自动保存到下个月继续使用,也可以通过交易平台,卖给当月额定"碳币"不够用的家庭或个人。如果家庭当月的能源消费量超出了免费"碳币"的额度,就需要花费额外的钱通过交易平台去购买"碳币",这样家庭能源消费的成本就会上升,以此来达到激励家庭节能减碳的目的。这种机制通过量化和可交易化家庭碳排放,使家庭成员在行为决策时对自身用能行为的环境后果有了更清晰的感知,起到对家庭消费习惯低碳化的提醒作用,也是对日常用能行为导致的碳排放后果的提前反馈。

当然,家庭碳排放交易机制的难点是初始碳配额的确定和交易价格机制。一开始,每月给每个家庭提供多少免费"碳币"合适,"碳币"以什么价格进行买卖,都需要根据各地区的社会经济发展水平和公众的认知与接受程度来确定。因此,需要循序渐进,采取先试点、再推广的方式进行探索和完善。

二、约束机制

(一)差别化的能源价格机制

能源价格政策是政府通过对能源价格的调整来抑制公众高碳化的生活方式。政府对居民用能实行不同的价格政策,一方面可以满足居民基本生活用能量;另一方面能够改变居民的不良用电习惯,帮助居民形成节约用电的意识。

本书第六章的实证研究结果表明,在社会心理诱发高碳行为的五个维度中,物质享乐主义的作用最显著,对公众的习惯型高碳消费行为和购买型高碳消费行为都有显著的正向驱动作用,物质享乐主义是公众当前高碳消费行为的主要原因。为约束家庭的物质享乐态度和攀比心理,从外部约束的角度促进节能减排,政府应该完善阶梯电价、分时电价、阶梯气价等能源消费端的差别化价格机制。

能源消费端差别化价格机制主要包括阶梯电价、分时电价、季节电价等形式。例如,日本提供多种电价套餐,主要有分时电价套餐、阶梯电价套餐、周末优惠套餐等(王美艳等,2021),以满足不同类型用户的用电需求,引导居民合理用电并实现了节能目标。我国也可借鉴差别化电价套餐的做法,将阶梯电价、分时电价和季节电价等做法组合起来使用。

第一,结合各地的经济社会发展水平制定阶梯电价的各阶电价标准。阶梯电价是根据居民每月用电量所属的分阶档次,按照对应的价格收费,而且价格随着用电量逐阶递增。然而,Mi et al.(2021)发现,对于徐州市这种经济发展水平处于中等的普通地级城市而言,大部分居民的实际月用电量在阶梯电价的最低阶内,这导致阶梯电价政策并不能差别化地促进家庭主动节约用电。因此,在制定阶梯电价标准时,应根据各地自身的发展水平,对阶梯电价中月用电量所属阶层范围和价格标准进行调整,在基本用量范围内实施低价格,随着电量所属阶层增高,电价与上一阶层之间差距也越大,以价格刺激来引导居民节约用电。

第二,促进分时电价的推广,在节能的同时增强电力系统的稳定性。分时电价指的是根据用电时段来设计电价。在用电高峰期可能会出现电量供应不足的情况,为此,相关部门需要承担更高的成本去紧急调动电力,高峰期电价比低峰期电价高。政府制定分时电价,有助于引导居民错峰用电,帮助公众养成良好的用电习惯,也能保证电力系统运行的稳定性,起到均衡用电的作用。

第三,对不同电价套餐进行整合,比如,阶梯分时电价套餐或者分时电价与季节套餐等组合,其中:阶梯分时电价套餐是将阶梯电价和分时电价组合优化在一起,既能以价格信号刺激居民的节约用电和合理用电行为,又能保障电力系统稳定运行;分时电价和季节套餐组合能够改善居民高峰用电的行为,同时降低发电企业削峰填谷的成本。差别化的电价政策可以引导居民节约用电,减少过度的能源消耗,还有助于减少碳排放。

(二)强制性标准与规范

在家庭消费领域,可以通过建立强制性标准和规范,对高碳行为和不利于环保的行为进行约束。例如,在家庭垃圾分类上可以探索建立强制性标准与规范。

近年来，我国在北京、上海等城市试点家庭垃圾分类，并采用罚款等财务约束机制，取得了一定成效。但由于措施不够成熟，居民在垃圾分类上花费了大量人力与物力，效果还有待改善。

第一，可以简化垃圾分类标准，规定生产企业在产品包装盒上印上垃圾类别识别信息，鼓励居民先对垃圾进行粗略分类，再交给专门的垃圾处理机构进行专业分拣，既可以提高效率，也可以使垃圾分拣更专业、更精确。

第二，可以将垃圾袋容量分为多种类型，如 5 升、10 升、20 升、30 升、50 升等，并规定每类垃圾袋的价格及后续处理的费用，实行计量收费等约束机制。生活垃圾收费可以探索建立政府和居民按比例分摊的机制。为了强化公众的认知和理解，减少推行阻力，实施初期可以政府多负担一些，居民少负担一些。同时，可以考虑设置一定区间的浮动比例，用于奖励和惩罚。

第三，可以利用互联网和大数据技术，采集和记录每个家庭的垃圾分类与处理数据，对坚持按标准和规范进行垃圾分类的家庭实施缴费比例下调，对屡次违规的家庭，提高其付费比例。

第五节　社区层面生活方式低碳化的促进机制建议

社区是居民日常生活的聚集地，也是我国基层社会治理的基本单元。因此，公众低碳生活方式的深入推动离不开低碳社区的建设。关于社区的低碳建设，激励机制上可采用荣誉与奖励机制、资源共享机制、资源循环与回收机制等，约束机制上则可采用低碳社区市场机制、"黑名单"制度等管理方法。

一、激励机制

（一）荣誉与奖励机制

社区作为基层社会治理最基础的单元，是推进公众生活方式低碳化的重要场所。根据规范激活理论和强化理论，当人们意识到实施某项行为会带来某种积极结果时，会激活其个人规范，产生实施行为的责任感，同时好的结果也会进一步强化人们继续实施该行为的动机。因此，在社区层面给予主动低碳节能的居民以一定的荣誉或奖励就成为其积极行为的强化剂，这种奖励也可以通过替代强化和社会学习效应，激励周围的人向他们学习，带来周围人的低碳行为。

一般而言,经济水平相近、社会阶层相似、居住距离相近的人群,更容易成为居民日常消费中的参照群体。参照群体的节能规范对个体是否节能的行为决策具有激励和约束的双重功效。因此,为了节能减排、发展低碳经济,可以发挥社区邻居等参照群体在激励家庭节能中的积极作用,特别是重视以居民小区或单一公寓楼为基础执行单元的家庭低碳节能活动。例如:一是可以在小区内举办以家庭为单位的"低碳家庭""低碳达人"等评选活动,给予一定的经济奖励和荣誉称号。二是可以根据本书第八章的研究结果,为家庭设置节能目标,并在一段时间后,集中展示家庭的节能目标完成情况,以促进家庭成员为争取家庭荣誉而积极投入低碳实践。三是在条件成熟的社区可以依托电子平台,根据居民家庭的电力、燃气等能源消费量在本社区、本楼、本单元的排名情况,或根据家庭节能减碳量在社区、楼栋、单元排名的不同,给予不同等级的低碳荣誉奖励,奖励可以是以低碳津贴的方式获得物业费用上的折扣,也可以通过认领社区内树木的方式进行兑付。

(二)资源共享机制

根据社会交换理论,人们会在可能获得回报的预期下,更愿意参与或保持与他人的交换关系。因此,在社区层面,可以探索建立资源共享机制,推动社区内外基础设施的合理布局与规划,提高低碳消费的便利性,通过资源回收、置换与合作平台的建设,有效提高社区资源利用效率。例如:通过合理规划和布局社区内与社区间的日常消费等基础设施,使得居民日常生活圈更加便利,减少私家车的出行需求;通过社区充电设置的完善,促进新能源汽车的推广使用,减少燃油车的购买;通过对社区内外电力、燃气、供水、排污、通信等管网的协同规划和建设,探索共享通道建设模式,避免各单位分头建设自己的管道导致建筑能耗和资源浪费的增加;推动社区之间的资源共享,鼓励不同社区开展低碳生态社区群的建设,在社区生态群建立共享型综合能源服务站。

(三)资源循环与回收机制

完善资源循环与回收机制,能够推动低碳社区更好地发展。具体做法如:通过建立和完善社区的家庭垃圾分类、利用和管理系统,改善社区的居住环境,减少垃圾处理过程中的能耗;鼓励在家庭厨房安装厨房垃圾粉碎处理机,将食物垃圾粉碎后排入管道,减少填埋的垃圾量和垃圾袋的使用量;根据社区的实际情况,用垃圾车或者封闭式真空垃圾收集系统将垃圾运到集中处理站,有机垃圾可送到沼气工厂生产沼气,可燃烧处理的垃圾经过焚烧转化为热能或电能,废纸等垃圾则可以被回收加工并循环使用(毕金鹏等,2019)。资源循环与回收机制的完善可参考德国沃邦社区的建设经验,其立足于合作和共享的理念,构建了一套完善的社区生态治理体系,将清洁能源的使用、建筑节能、低碳交通、水资源循环使用等进行有效结合,实现了更好的低碳发展。

二、约束机制

(一)低碳社区市场机制

建立和完善财务型市场机制以有效约束社区的高碳行为。完善的财务型环保市场机制需要更多的社区生态公共产品和公共服务。为此,可以根据"环保受益者付费"这一理念,吸引社会资本参与其中,可以探索建立政府主导、企业投资、受益业主付费的模式,在解决低碳社区建设中环保项目的资金筹措问题的同时,促进可持续的规范化管理。

低碳社区建设和改造的市场机制可以采取新老社区差别化的推进方式。对于老旧社区,重点加强其低碳化改造,如推动加装住宅隔热层,推广智能电表,改造公共和商业建筑的节能设施,利用分布式能源方式为社区供电供热,促进社区集中供热项目的运营优化等。对于新建社区,重点在前期的规划设计。可以将资源循环和处理技术、清洁能源生产和利用技术、节能建筑技术等各种低碳技术应用在社区的规划、设计和开发阶段,嵌入到社区系统中,使其形成互补的低碳系统。

总之,低碳社区的建设需要政府管理部门探索出台供需双方都可接受的服务收费机制和管理规范,通过市场机制规范各方的权责边界,促进低碳社区改造,保障其建设的可持续性发展。

(二)"黑名单"制度

在推进低碳社区建设的过程中,对于违反社区低碳管理规定且屡教不改的居民或家庭,探索建立"黑名单"制度。本书第五章关于高碳行为的社会心理诱因证实,面子意识是中国人消费行为决策的一个重要社会心理。社区高碳行为的"黑名单"制度旨在借助公众爱面子的心理约束,引导居民践行低碳行为准则。例如:依托社区公共服务信息平台,将社区内多次违反低碳环保规范且不听劝告的居民纳入社区"黑名单",限制其对社区内环保公共产品和共享资源系统的使用,情节恶劣者在社区公共信息平台上进行公示。通过社会压力和舆论压力形成对违规者的行为约束,促进高碳行为向低碳行为转化。

第六节　社会层面生活方式低碳化的促进机制建议

社会在家庭和社区之上，作为公众生活的一个重要情境，对公众生活方式低碳化的心理和行为都有着显著的影响。社会层面的促进机制是在个体、家庭和社区三个层面的促进机制的基础上，进一步进行拓展和延伸。激励机制方面，主要包括社会化的宣传教育机制和碳标签促进机制；约束机制上则可采用社会环保负面清单与"黑名单"制度、餐饮浪费立法与处罚制度。

一、激励机制

（一）社会化的宣传教育机制

通过宣传教育机制开展社会化的低碳知识教育，可以有效塑造社会低碳价值观，促进低碳为荣的社会规范的形成。这是促进公众生活方式实现低碳转型的重要社会心理路径。为此，需要在宣传教育的传播形式上不断创新，充分发挥微信、微博、QQ、抖音等新媒体社交平台的优势，提升低碳宣传教育的公众参与度。支付宝平台的蚂蚁森林项目取得了巨大的成功，表明在网络的推动下，全民种树带来的参与感和成就感能够极大地激发消费者的行动热情，这样的文化引领有助于增强参与者的环保意识。

本书第五章的研究结果表明，信息性影响对公众低碳意愿的强化作用会由于人口统计特征的不同而存在显著差异。因此，在社会性的低碳宣传教育机制的优化中，需要借助大数据分析技术，根据受众的性别、年龄、受教育程度、婚姻状况等差异，采取有针对性的低碳宣传与教育推动。无论是信息载体、信息渠道，还是信息表达方式的选择，都需要考虑不同受众人群的特征差异，从而提高宣传教育信息的到达度和接受度。

（二）碳标签促进机制

探索建立和完善产品消费市场的碳标签制度，有助于促进低碳产品的消费。社会认知理论认为，人既是环境的塑造者，也是环境作用的产物。在社会的大环境下，为居民创造低碳消费环境，能够促进居民践行低碳消费行为。为此，需要不断建立健全碳标签制度。2018年，《中国电器电子产品碳足迹评价通则》出台，旨在促进电器电子产品的绿色消费。在此基础上，建议参考欧洲国家实施碳标签制度的有益经验,再结合我国国情,在更多的消费领域建立和推广碳标签制度。通过透明、规范的产品碳标签的提示和引导,公众可以更加轻松便捷地了解自己日常消费产品的碳足迹,从而更加有意识地践行消费低碳化。

二、约束机制

(一)社会环保负面清单与"黑名单"制度

探索建立社会环保负面清单与"黑名单"制度,遏制高碳行为的增长。政府相关管理部门可以根据《全民节能减排手册》和《公众生态环境行为调查报告》,从公众日常生活的衣、食、住、行、游方面发布环保行为的负面清单,并通过宣传教育机制广而告之,让公众知道并能甄别哪些行为和做法是属于有损低碳目标的负面清单行为,以此来规范自己的日常行为。对于实施了负面清单上典型高碳、不环保行为的个体,实施教育和诫勉,情节严重且不悔改的则纳入社会环保信用"黑名单",形成环保负面评价,限制其享受绿色产品相关的各类优惠和补贴等。特别严重的,可以纳入个人征信体系。

(二)餐饮浪费立法与处罚制度

餐饮场所是中国人各类社交活动的主要载体,不论是日常的人际交往活动(如朋友小聚、同事互动、工作交流、客户招待等),还是各种正式的礼仪活动(如婚礼、大型会议、企业年会等),都离不开餐饮消费。面子意识导致的过度点餐司空见惯,由此引发的餐饮浪费成为高碳消费和资源浪费的典型现象。2021年,《反食品浪费法》正式颁布实施,但是,要真正遏制餐饮浪费,既要加大执法力度,还需要建立社会惩罚机制。

为此,一方面,可以从供给侧建立餐饮企业在社会信誉上的惩罚机制。通过法规要求餐饮企业在提供服务的时候,提示客户适度点餐,不得引导客户过度点餐。对不履行节约提示义务,故意引导消费者过度消费以获得更多利益的餐饮企业,进行社会信誉降级惩罚。另一方面,可以从消费侧建立消费者浪费惩罚机制。对于不听劝阻、铺张浪费的消费者,进行公开曝光和个人信誉惩罚。通过餐饮浪费惩罚机制的建立,推动"节约粮食、反对浪费"的社会风气的形成,进而缩小公众低碳消费意识与实际行为之间的缺口,促进知行合一。

第七节 研究局限和未来研究展望

一、研究局限

本书尚存在一些研究局限,具体表现在如下两个方面。

(一)调查样本的局限

本书从正向促进和反向遏制两个相反的视角分别开展了公众生活方式低碳化的群体参照心理作用机制与公众高碳消费的社会心理诱发机制的实证研究。在实证调查的样本选择过程中,选取典型城市徐州市的公众作为被调查对象。受研究条件和研究经费等方面的制约,未能进行全国范围内的大样本问卷调查,因此无法开展分区域的多群组对比分析。此外,调查问卷中的变量测量题项均采取的是自我报告式。尽管自我报告式的问卷测试方法是目前学术界和实践部门的通行做法,但是不可否认的是,被调查者自我报告的行为可能会与其实际生活中的真实行为之间存在偏差,或多或少地存在主观报告的片面性。

(二)研究对象的局限

本书从行为后效的视角开展了两项随机对照现场实验,分别针对的是私人领域的居民家庭和公共领域的高校大学生,没有关注工作场所的组织内员工。在居民家庭和大学生群体之外,工作场所中的员工也是不可忽略的一个公众群体。工作场所由于组织结构和非正式组织的存在,人与人之间具有更为复杂的领导与下属、同事之间的正式和非正式的人际关系,这些人际关系产生的社会心理也会对员工生活方式的选择产生深刻影响。

二、未来研究展望

针对本书中的不足之处,结合在研究过程中的一些想法,未来的研究可以从以下几个方面来进行进一步的丰富与拓展:

第一,开展跨区域的大样本公众调查和纵向动态追踪研究。在已有研究的基础上,通过扩大样本调查范围,开展跨区域大样本调查,进一步扩大调查公众的数量与范围,开展分区域的多群组对比研究,有利于进一步探索和发掘不同地域文化下,公众生活方式低碳化的社会心理因素的作用机制是否存在区域差异,以便因地制宜进行管理干预。此外,未来还可以在条件具备的情况下开展纵向动态跟踪调查,通过多次跟踪调查,降低单次调查中自我报告态度的不稳定性,减少主观性偏差。

第二,探索工作场所的人际关系对员工生活方式低碳化的作用机制。工作场所的人际关系产生的社会心理对个体的消费观念会产生深远影响,进而会投射到私人领域的生活方式选择上。未来研究可以借助社会网络分析技术对工作场所的人际关系进行剖析,探索工作场所人际关系对员工生活方式低碳化的影响,以及这种影响的行为溢出效应。

第三,从宏观层面探索能源制度和环境规制对公众低碳生活方式的影响。一个地区的能源制度、环境约束等会影响消费侧 CO_2 减排的动力和压力,也会传导到消费终端,影响消费者的能源消费的成本与收益,进而对低碳生活方式产生影响。因此,宏观层面的能源制度与环境规制是如何影响公众低碳生活方式的,也是一个值得深入探究的问题,可以与微观层面的社会心理研究形成互补。

参考文献

[1] ABRAHAMSE W，STEG L，VLEK C，et al．A review of intervention studies aimed at household energy conservation[J]．Journal of Environmental Psychology，2005，25(3)：273-291．

[2] ABRAHAMSE W，STEG L，VLEK C，et al．The effect of tailored information，goal setting，and tailored feedback on household energy use，energy-related behaviors，and behavioral antecedents[J]．Journal of Environmental Psychology，2007，27(4)：265-276．

[3] AJZEN I，MADDEN T J．Prediction of goal-directed behavior：Attitudes，intentions，and perceived behavioral control[J]．Journal of Experimental Social Psychology，1986，22(5)：453-474．

[4] AJZEN I．The theory of planned behavior[J]．Organizational Behavior and Human Decision Processes，1991，4(50)：179-211．

[5] AKERS R L，JENNINGS W G．Social Learning Theory[M]．Oxford：England John Wiley & Sons，Ltd，2015．

[6] ALLCOTT H．Social norms and energy conservation[J]．Journal of Public Economics，2011，95(9-10)：1082-1095．

[7] ALLEN D，JANDA K．The effects of household characteristics and energy use consciousness on the effectiveness of real-time energy use feedback：A pilot study[C]//Proceedings of the ACEEE Summer Study on Energy Efficiency in Buildings，2006：1-12．

[8] ANDERSON K，LEE S H．An empirically grounded model for simulating normative energy use feedback interventions[J]．Applied Energy，2016，173：272-282．

[9] ANKEM K．Approaches to meta-analysis：A guide for LIS researchers[J]．Library & Information Science Research，2005，27(2)：164-176．

[10] ARNOCKY S，STROINK M．Gender differences in environmentalism：The mediating role of emotional empathy[J]．Current Research in

Social Psychology, 2010,16(9): 1-14.

[11] ASENSIO O I, DELMAS M A. Nonprice incentives and energy conservation[J]. Proceedings of the National Academy of Sciences, 2015,112(6): E510-E515.

[12] ASPINWALL L G, TAYLOR S E. Effects of social comparison direction, threat, and self-esteem on affect, self-evaluation, and expected success[J]. Journal of Personality and Social Psychology, 1993,64(5): 708.

[13] BABUTSIDZE Z, CHAI A. Look at me saving the planet! The imitation of visible green behavior and its impact on the climate value-action gap[J]. Ecological Economics, 2018, 146: 290-303.

[14] BAMBERG S, MÖSER G. Twenty years after Hines, Hungerford, and Tomera: A new meta-analysis of psycho-social determinants of pro-environmental behaviour[J]. Journal of Environmental Psychology, 2007,27(1): 14-25.

[15] BANDURA A, WALTERS R H. Social Learning Theory[M]. New Jersey: Prentice Hall, 1977.

[16] BANDURA A. Social learning theory of aggression[J]. Journal of Communication, 1978,28(3): 12-29.

[17] BANDURA A. Social Foundations of Thought and Action [M]. Englewood Cliffs: Prentice Hall, 1986.

[18] BAO Y, ZHOU K, SU C. Face consciousness and risk aversion: Do they affect consumer decision-making? [J]. Psychology & Marketing, 2003,20(8): 733-755.

[19] BARR S, GILG A W, FORD N. The household energy gap: Examining the divide between habitual- and purchase-related conservation behaviours [J]. Energy Policy, 2005, 33 (11): 1425-1444.

[20] BARR S. Household waste management: Social psychological paradigm in social-psychological context[J]. Environment and Behavior, 1995,27 (6): 723-743.

[21] BATOR R J, TABANICO J J, WALTON M L, et al. Promoting energy conservation with implied norms and explicit messages[J].

Social Influence，2014,9(1)：69-82.

[22] BEAMAN A L. An empirical comparison of meta-analytic and traditional reviews[J]. Personality and Social Psychology Bulletin，1991,17(3)：252-257.

[23] BEARDEN W O，ETZEL M J. Reference group influence on product and brand purchase decisions[J]. Journal of Consumer Research，1982,9(2)：183-194.

[24] BECKER L J. Joint effect of feedback and goal setting on performance：A field study of residential energy conservation[J]. Journal of Applied Psychology，1978,63(4)：428-433.

[25] BELAID F，GARCIA T. Understanding the spectrum of residential energy-saving behaviours：French evidence using disaggregated data [J]. Energy Economics，2016,57：204-214.

[26] BELAID F. Understanding the spectrum of domestic energy consumption：Empirical evidence from France[J]. Energy Policy，2016,92：220-233.

[27] BENN J. Consumer education between "consumership" and citizenship：Experiences from studies of young people [J]. International Journal of Consumer Studies，2004,28(2)：108-116.

[28] BENTLER P M，CHOU C. Practical issues in structural modeling [J]. Sociological Methods Research，1987,16(1)：78-117.

[29] BERGQUIST M，NILSSON A. I saw the sign：Promoting energy conservation via normative prompts[J]. Journal of Environmental Psychology，2016,46：23-31.

[30] BLANTON H. Evaluating the self in the context of another：The three-selves model of social comparison assimilation and contrast [M]//Cognitive Social Psychology. New York：Psychology Press，2013：79-91.

[31] BOLLEN K A. Structural Equations with Latent Variables[M]. New York：Wiley Inter Science,1989.

[32] BRANDON G，LEWIS A. Reducing household energy consumption：A qualitative and quantitative field study [J]. Journal of Environmental Psychology，1999,19(1)：75-85.

［33］BRITISH PETROLEUM. Statistical review of world energy［R/OL］.（2021-07-08）［2023-05-26］. https：//www. bp. com/content/dam/bp/business-sites/en/global/corporate/pdfs/energy-economics/statistical-review/bp-stats-review-2021-full-report. pdf.

［34］BUCHANAN K，RUSSO R，ANDERSON B. The question of energy reduction：The problem(s) with feedback［J］. Energy Policy，2015,77：89-96.

［35］BULLOCK R J. A meta-analysis method for OD case studies［J］. Group & Organization Studies，1986,11(1-2)：33-48.

［36］CABEZA L F，URGE-VORSATZ D，MCNEIL M A，et al. Investigating greenhouse challenge from growing trends of electricity consumption through home appliances in buildings［J］. Renewable and Sustainable Energy Reviews，2014,36：188-193.

［37］CARRICO A R，RIEMER M. Motivating energy conservation in the workplace：An evaluation of the use of group-level feedback and peer education［J］. Journal of Environmental Psychology，2011,31(1)：1-13.

［38］CASADO F，HIDALGO M C，GARCÍA-LEIVA P. Energy efficiency in households：The effectiveness of different types of messages in advertising campaigns［J］. Journal of Environmental Psychology，2017,53：198-205.

［39］CASALÓ L V，ESCARIO J J. Heterogeneity in the association between environmental attitudes and pro-environmental behavior：A multilevel regression approach［J］. Journal of Cleaner Production，2018,175：155-163.

［40］CHAN C，BERGER J，VAN BOVEN L. Identifiable but not identical：Combining social identity and uniqueness motives in choice［J］. Journal of Consumer Research，2012,39(3)：561-573.

［41］CHAN R Y K. Determinants of Chinese consumers' green purchase behavior［J］. Psychology & Marketing，2001,18(4)：389-413.

［42］CHANKRAJANG T，MUTTARAK R. Green returns to education：Does schooling contribute to pro-environmental behaviours? Evidence from Thailand［J］. Ecological Economics，2017,131：434-448.

[43] CHEKIMA B, WAFA S A W S K, IGAU O A, et al. Examining green consumerism motivational drivers: Does premium price and demographics matter to green purchasing? [J]. Journal of Cleaner Production, 2016,112: 3436-3450.

[44] CHEN F, CHEN H, GUO D, et al. Analysis of undesired environmental behavior among Chinese undergraduates[J]. Journal of Cleaner Production, 2017,162: 1239-1251.

[45] CHIANG T, MEVLEVIOGLU G, NATARAJAN S, et al. Inducing [sub]conscious energy behaviour through visually displayed energy information: A case study in university accommodation[J]. Energy & Buildings, 2014,70(70): 507-515.

[46] CHUNG S S, POON C S. A comparison of waste-reduction practices and new environmental paradigm of rural and urban Chinese citizens [J]. Journal of Environmental Management, 2001,62(1): 3-19.

[47] CIALDINI R B, GOLDSTEIN N J. Social influence: Compliance and conformity [J]. Annual Review of Psychology, 2004, 55 (1): 591-621.

[48] CIALDINI R B, KALLGREN C A, RENO R R. A focus theory of normative conduct: A theoretical refinement and reevaluation of the role of norms in human behavior[J]. Advances in Experimental Social Psychology, 1991,24: 201-234.

[49] CIALDINI R B, RENO R R, KALLGREN C A. A focus theory of normative conduct: Recycling the concept of norms to reduce littering in public places[J]. Journal of Personality & Social Psychology, 1990,58(6): 1015-1026.

[50] CIALDINI R B, TROST M R. Social Influence: Social Norms, Conformity and Compliance[M]. New York: McGraw-Hill, 1998.

[51] COHEN J. A power primer[J]. Psychological Bulletin, 1992,112 (1): 155.

[52] COLLADO S, STAATS H, SANCHO P. Normative Influences on Adolescents' self-reported pro-environmental behaviors: The role of parents and friends[J]. Environment and Behavior, 2019,51(3): 288-314.

[53] COLLINS R L. For better or worse: The impact of upward social comparison on self-evaluations[J]. Psychological Bulletin, 1996,119 (119): 51-69.

[54] COOLS M, MOONS E, JANSSENS B, et al. Shifting towards environment-friendly modes: Profiling travelers using Q-methodology[J]. Transportation, 2009,36(4): 437-453.

[55] CRAIG C A. Energy consumption, energy efficiency, and consumer perceptions: A case study for the Southeast United States[J]. Applied Energy, 2016,165: 660-669.

[56] CRANEY T A, SURLES J G. Model-dependent variance inflation factor cutoff values[J]. Quality Engineering, 2002,14(3): 391-403.

[57] DELMAS M A, FISCHLEIN M, ASENSIO O I. Information strategies and energy conservation behavior: A meta-analysis of experimental studies from 1975 to 2012[J]. Energy Policy, 2013,61 (8): 729-739.

[58] DELMAS M A, LESSEM N. Saving power to conserve your reputation? The effectiveness of private versus public information [J]. Journal of Environmental Economics and Management, 2014,67 (3): 353-370.

[59] DING Z, WANG G, LIU Z, et al. Research on differences in the factors influencing the energy-saving behavior of urban and rural residents in China: A case study of Jiangsu Province[J]. Energy Policy, 2017,100: 252-259.

[60] DIXON G N, DELINE M B, MCCOMAS K, et al. Using comparative feedback to influence workplace energy conservation: A case study of a university campaign[J]. Environment and Behavior, 2015,47(6): 667-693.

[61] DOLAN P, METCALFE R. Neighbors, knowledge, and nuggets: Two natural field experiments on the role of incentives on energy conservation[J]. SSRN Electronic Journal, 2015: 16-18.

[62] DUAN H, LI J, LIU G. Developing countries: Growing threat of urban waste dumps[J]. Nature, 2017,546(7660): 599.

[63] EKINS P. A Sustainable consumer society: A contradiction in terms?

[J]. International Environmental Affairs, 1991,3(4): 243-258.

[64] ELLEMERS N, KORTEKAAS P, OUWERKERK J W. Self-categorization, commitment to the group and group self-esteem as related but distinct aspects of social identity[J]. European Journal of Social Psychology, 1999,29(2-3): 371-389.

[65] EMBERGER-KLEIN A, MENRAD K. The effect of information provision on supermarket consumers' use of and preferences for carbon labels in Germany[J]. Journal of Cleaner Production, 2018, 172: 253-263.

[66] EREZ M, EARLEY P C. Comparative analysis of goal-setting strategies across cultures[J]. Journal of Applied Psychology, 1987, 72(4): 658-665.

[67] FAN W, XU M, DONG X, et al. Considerable environmental impact of the rapid development of China's express delivery industry [J]. Resources, Conservation and Recycling, 2017,126: 174-176.

[68] FENG Z H, ZOU L L, WEI Y M. The impact of household consumption on energy use and CO_2 emissions in China[J]. Energy, 2011,36(1):656-670.

[69] FESTINGER L. A theory of social comparison processes [J]. Human Relations, 1954,7(7): 117-140.

[70] FISCHER A, PETERS V, VÁVRA J, et al. Energy use, climate change and folk psychology: Does sustainability have a chance? Results from a qualitative study in five European countries [J]. Global Environmental Change, 2011,21(3): 1025-1034.

[71] FISCHER C. Feedback on household electricity consumption: A tool for saving energy? [J]. Energy Efficiency, 2008,1(1): 79-104.

[72] GAO L, WANG S, LI J, et al. Application of the extended theory of planned behavior to understand individual's energy saving behavior in workplaces[J]. Resources, Conservation and Recycling, 2017, 127: 107-113.

[73] GLASS G V. Primary, secondary, and meta-analysis of research[J]. Educational Researcher, 1976,5(10): 3-8.

[74] GLASS G V, MCGAW B, SMITH M L. Meta-analysis in Social

Research[M]. London: Sage, 1981.

[75] GOLDSTEIN N J, CIALDINI R B, GRISKEVICIUS V. A room with a viewpoint: Using social norms to motivate environmental conservation in hotels[J]. Journal of Consumer Research, 2008,35 (3): 472-482.

[76] GRACIA D B, ARIÑO L V C, BLASCO M G. The effect of culture in forming e-loyalty intentions: A cross-cultural analysis between Argentina and Spain[J]. BRQ Business Research Quarterly, 2015,18 (4): 275-292.

[77] GRUSEC J E. Social learning theory and developmental psychology: The legacies of Robert Sears and Albert Bandura[J]. Developmental Psychology, 1992,28(5): 776.

[78] GULBINAS R, TAYLOR J E. Effects of real-time eco-feedback and organizational network dynamics on energy efficient behavior in commercial buildings [J]. Energy & Buildings, 2014, 84 (84): 493-500.

[79] GUSTAVSSON J, CEDERBERG C, SONESSON U, et al. Global Food Losses and Food Waste[M]. Rome: FAO, 2011.

[80] HAIR J F, BLACK W C, BABIN B J, et al. Multivariate Data Analysis[M]. New Jersey: Prentice Hall, 1998.

[81] HAMMERL M, DORNER F, FOSCHT T, et al. Attribution of symbolic brand meaning: The interplay of consumers, brands and reference groups[J]. Journal of Consumer Marketing, 2016,33(1): 32-40.

[82] HAN L, XU X, HAN L. Applying quantile regression and Shapley decomposition to analyzing the determinants of household embedded carbon emissions: Evidence from urban China[J]. Journal of Cleaner Production, 2015,103: 219-230.

[83] HANDGRAAF M J J, JEUDE M A V L D, APPELT K C. Public praise vs. private pay: Effects of rewards on energy conservation in the workplace[J]. Ecological Economics, 2013,86(2): 86-92.

[84] HARDING M, HSIAW A. Goal setting and energy conservation [J]. Journal of Economic Behavior & Organization, 2014, 107:

209-227.

[85] HAYNES S N, RICHARD D C S, KUBANY E S. Content validity in psychological assessment: A functional approach to concepts and methods[J]. Psychological Assessment, 1995,7(3): 238-247.

[86] HE A, CAI T, DENG T, et al. Factors affecting non-green consumer behaviour: An exploratory study among Chinese consumers[J]. International Journal of Consumer Studies, 2016,40(3): 345-356.

[87] HE H Z, KUA H W. Lessons for integrated household energy conservation policy from Singapore's Southwest Eco-living Program [J]. Energy Policy, 2013,55(55): 105-116.

[88] HEDGES L V, OLKIN I. Statistical Methods for Meta-analysis [M]. Cambridge: Academic Press, 2014.

[89] HENSON R K, KOGAN L R, VACHA-HAASE T. A reliability generalization study of the teacher efficacy scale and related instruments[J]. Educational and Psychological Measurement, 2001, 61(3): 404-420.

[90] HERMSEN S, FROST J, RENES R J, et al. Using feedback through digital technology to disrupt and change habitual behavior: A critical review of current literature[J]. Computers in Human Behavior, 2016,57: 61-74.

[91] HORI S, KONDO K, NOGATA D, et al. The determinants of household energy-saving behavior: Survey and comparison in five major Asian cities[J]. Energy Policy, 2013,52: 354-362.

[92] HORNE C, KENNEDY E H. The power of social norms for reducing and shifting electricity use[J]. Energy Policy, 2017,107: 43-52.

[93] HOWELL R A. It's not (just) "the environment, stupid!" values, motivations, and routes to engagement of people adopting lower-carbon lifestyles[J]. Global Environmental Change, 2013,23(1): 281-290.

[94] HUEBNER G, SHIPWORTH D, HAMILTON I, et al. Understanding electricity consumption: A comparative contribution of building factors, socio-demographics, appliances, behaviours and attitudes

[J]. Applied Energy, 2016,177: 692-702.

[95] HUNTER J E, SCHMIDT F L. Methods of meta-analysis corrected error and bias in research findings[J]. Journal of the American Statistical Association, 2004,20(7): 241-244.

[96] HUO T, REN H, ZHANG X, et al. China's energy consumption in the building sector: A Statistical Yearbook-Energy Balance Sheet based splitting method[J]. Journal of Cleaner Production, 2018,185: 665-679.

[97] HURTH V. Creating sustainable identities: The significance of the financially affluent self[J]. Sustainable Development, 2010,18(3): 123-134.

[98] HWANG K. Face and favor: The Chinese power game [J]. American Journal of Sociology, 1987,92(4): 944-974.

[99] HYMAN H H. The psychology of status archives of psychology [M]//Readings in Reference Group Theory and Research, New York: Free Press; London: Collier-Macmillan Limited, 1942: 147-165.

[100] IPCC. Global warming of 1.5℃ [EB/OL]. (2023-01-23)[2023-05-25]. https://www.ipcc.ch/sr15/.

[101] JAEGER C M, SCHULTZ P W. Coupling social norms and commitments: Testing the underdetected nature of social influence [J]. Journal of Environmental Psychology, 2017,51: 199-208.

[102] JENSEN A K, OLSEN S B. Childhood nature experiences and adulthood environmental preferences[J]. Ecological Economics, 2019,156: 48-56.

[103] JIA J J, XU J H, FAN Y. Public acceptance of household energy-saving measures in Beijing: Heterogeneous preferences and policy implications[J]. Energy Policy, 2018,113: 487-499.

[104] JIANG L, SHAN J. Counterfeits or shanzhai? The role of face and brand consciousness in luxury copycat consumption [J]. Psychological Reports, 2016,119(1): 181.

[105] JUDGE M, WARREN-MYERS G, PALADINO A. Using the theory of planned behaviour to predict intentions to purchase

sustainable housing[J]. Journal of Cleaner Production, 2019,215: 259-267.

[106] KAGAWA F. Dissonance in students' perceptions of sustainable development and sustainability: Implications for curriculum change [J]. International Journal of Sustainability in Higher Education, 2007,49(3): 317 338.

[107] KAMILARIS A, NEOVINO J, KONDEPUDI S, et al. A case study on the individual energy use of personal computers in an office setting and assessment of various feedback types toward energy savings[J]. Energy and Buildings, 2015,104(1): 73-86.

[108] KARLIN B, ZINGER J F, FORD R. The effects of feedback on energy conservation: A meta-analysis[J]. Psychological Bulletin, 2015,141(6): 1205-1227.

[109] KELMAN H C. Processes of opinion change[J]. Public Opinion Quarterly, 1961,25(1): 57-78.

[110] KHANNA N Z, GUO J, ZHENG X. Effects of demand side management on Chinese household electricity consumption: Empirical findings from Chinese household survey[J]. Energy Policy, 2016,95: 113-125.

[111] KIM M, QU H. The moderating effects of three reference groups on Asian pleasure travelers' destination value[J]. Journal of Travel & Tourism Marketing, 2017,34(7): 892-904.

[112] KLINE R B, SANTOR D A. Principles & practice of structural equation modelling[J]. Canadian Psychology, 1999,40(4): 381.

[113] KOIVUPURO H K, HARTIKAINEN H, SILVENNOINEN K, et al. Influence of socio-demographical, behavioural and attitudinal factors on the amount of avoidable food waste generated in Finnish households[J]. International Journal of Consumer Studies, 2012,36 (2): 183-191.

[114] KOMATSU H, NISHIO K I. An experimental study on motivational change for electricity conservation by normative messages[J]. Applied Energy, 2015,158: 35-43.

[115] KULIK C T, AMBROSE M L. Personal and situational determinants of

referent choice[J]. Academy of Management Review，1992，17（2）：212-237.

[116] LANGE I，MORO M，TRAYNOR L. Green hypocrisy？Environmental attitudes and residential space heating expenditure [J]. Ecological Economics，2014，107：76-83.

[117] LAUREN N，SMITH L D G，LOUIS W R，et al. Promoting spillover：How past behaviors increase environmental intentions by cueing self-perceptions[J]. Environment and Behavior，2019，51 （3）：235-258.

[118] LI J，ZHANG X A，SUN G. Effects of "face" consciousness on status consumption among Chinese consumers：Perceived social value as a mediator[J]. Psychological Reports，2015，116（1）：280-291.

[119] LI J J，SU C T. How face influences consumption：A comparative study of American and Chinese consumers[J]. International Journal of Market Research，2007，49（2）：237-256.

[120] LI Q，LONG R，CHEN H. Empirical study of the willingness of consumers to purchase low-carbon products by considering carbon labels：A case study[J]. Journal of Cleaner Production，2017，161：1237-1250.

[121] LIND H B，NORDFJÆRN T，JØRGENSEN S H，et al. The value-belief-norm theory，personal norms and sustainable travel mode choice in urban areas [J]. Journal of Environmental Psychology，2015，44：119-125.

[122] LINDÉN A L，KLINTMAN M. The formation of green identities-consumers and providers [M]//Individual and Structural Determinants of Environmental Practice. Surreg：Ashgate，2003：66-99.

[123] LIU L，CHEN C，ZHAO Y，et al. China's carbon-emissions trading：Overview，challenges and future[J]. Renewable and Sustainable Energy Reviews，2015，49：254-266.

[124] LIU W，SPAARGAREN G，HEERINK N，et al. Energy consumption practices of rural households in North China：Basic

characteristics and potential for low carbon development[J]. Energy Policy, 2013,55: 128-138.

[125] LIU X, JIN Z. Visualisation approach and economic incentives toward low carbon practices in households: A survey study in Hyogo, Japan[J]. Journal of Cleaner Production, 2019, 220: 298-312.

[126] LIU Y, VERÍSSIMO D, FARHIDI F. Using social norm to promote energy conservation in a public building[J]. Energy & Buildings, 2016,133: 32-36.

[127] LOCKE E A, LATHAM G P. Building a practically useful theory of goal setting and task motivation. A 35-year odyssey [J]. American Psychologist, 2002,57(9): 705-717.

[128] LOCKE E A, LATHAM G P. New directions in goal-setting theory[J]. Current Directions in Psychological Science, 2006,15 (5): 265-268.

[129] LÓPEZ-MOSQUERA N, SÁNCHEZ M. Theory of planned behavior and the value-belief-norm theory explaining willingness to pay for a suburban park[J]. Journal of Environmental Management, 2012,113: 251-262.

[130] LOUGHRAN DOMMER S, SWAMINATHAN V, AHLUWALIA R. Using differentiated brands to deflect exclusion and protect inclusion: The moderating role of self-esteem on attachment to differentiated brands[J]. Journal of Consumer Research, 2013,40 (4): 657-675.

[131] LYU P, NGAI E W T, WU P. Scientific data-driven evaluation on academic articles of low-carbon economy[J]. Energy Policy, 2019, 125: 358-367.

[132] MA G, LIN J, LI N, et al. Cross-cultural assessment of the effectiveness of eco-feedback in building energy conservation[J]. Energy and Buildings, 2017,134: 329-338.

[133] MAHMOODI J, PRASANNA A, HILLE S, et al. Combining "carrot and stick" to incentivize sustainability in households[J]. Energy Policy, 2018,123: 31-40.

[134] MAINWARING L. Environmental values and the frame of reference[J]. Ecological Economics, 2001,38(3): 391-402.

[135] MARCOUX, JEAN-SÉBASTIEN, FILIATRAULT P, et al. The attitudes underlying preferences of young urban educated Polish consumers towards products made in western countries[J]. Journal of International Consumer Marketing, 1997,9(4): 5-29.

[136] MARDIA K V. Measures of multivariate skewness and kurtosis with applications[J]. Biometrika, 1970,57(3): 519-530.

[137] MARDIA K V, FOSTER K. Omnibus tests of multinormality based on skewness and kurtosis[J]. Communications in Statistics: Theory and Methods, 1983,12(2): 207-221.

[138] MCCALLEY L T, MIDDEN C J H. Energy conservation through product-integrated feedback: The roles of goal-setting and social orientation[J]. Journal of Economic Psychology, 2002, 23 (5): 589-603.

[139] MI L, QIAO L, XU T, et al. Promoting sustainable development: The impact of differences in cultural values on residents' pro-environmental behaviors[J]. Sustainable Development, 2020a, 28 (6): 1539-1553.

[140] MI L, SUN Y, GAN X, et al. Promoting employee green behavior through the person-organization fit: The moderating effect of psychological distance [J]. Frontiers in Psychology, 2020b (11): 2280.

[141] MI L, XU T, SUN Y, et al. Promoting differentiated energy savings: Analysis of the psychological motivation of households with different energy consumption levels[J]. Energy, 2021,218: 119563.

[142] MI L, YU X, YANG J, et al. Influence of conspicuous consumption motivation on high-carbon consumption behavior of residents: An empirical case study of Jiangsu province, China[J]. Journal of Cleaner Production, 2018,191: 167-178.

[143] MILLS B, SCHLEICH J. Residential energy-efficient technology adoption, energy conservation, knowledge, and attitudes: An analysis of European countries [J]. Energy Policy, 2012, 49:

616-628.

[144] MIZOBUCHI K，TAKEUCHI K. The influences of financial and non-financial factors on energy-saving behaviour：A field experiment in Japan[J]. Energy Policy，2013,63(3)：775-787.

[145] MUELLER R O. Structural equation modeling：Back to basics[J]. Structural Equation Modeling：A Multidisciplinary Journal，1997,4 (4)：353-369.

[146] National Oceanic and Atmospheric Administration. 2018 was 4th hottest year on record for the globe[EB/OL]. (2019-02-06)[2023-05-25]. https：//www. noaa. gov/news/2018-was-4th-hottest-year-on-record-for-globe.

[147] NEENAN B，ROBINSON J，BOISVERT R N. Residential electricity use feedback：A research synthesis and economic framework [J]. Electric Power Research Institute，2009,3：123-129.

[148] NEWSTED P R，HUFF S L，MUNRO M C. Survey instruments in information systems[J]. MIS Quarterly，1998,22(4)：553-554.

[149] NIKOLAUS C J，NICKOLS-RICHARDSON S M，ELLISON B. Wasted food：A qualitative study of US young adults' perceptions, beliefs and behaviors[J]. Appetite，2018,130：70-78.

[150] NILSSON A，ANDERSSON K，BERGSTAD C J. Energy behaviors at the office：An intervention study on the use of equipment[J]. Applied Energy，2015,146：434-441.

[151] NOLAN J M，SCHULTZ P W，CIALDINI R B，et al. Normative social influence is underdetected [J]. Personality &. Social Psychology Bulletin，2008,34(7)：913.

[152] O'CASS A，MCEWEN H. Exploring consumer status and conspicuous consumption [J]. Journal of Consumer Behaviour，2004,4(1)：25-39.

[153] OUYANG J，HOKAO K. Energy-saving potential by improving occupants' behavior in urban residential sector in Hangzhou City，China[J]. Energy &. Buildings，2009,41(7)：711-720.

[154] PAGLIARO S，ELLEMERS N，BARRETO M，et al. Individual vs. collective identity management strategies：The role of group

norms and personal gain[J]. Psicologia Sociale, 2010(3): 387-402.

[155] PARK C W, LESSIG V P. Students and housewives: Differences in susceptibility to reference group influence [J]. Journal of Consumer Research, 1977,4(2): 102-110.

[156] PANDIT N R. Pandit. The creation of theory: A recent application of the grounded theory method[J]. Qualitative Report, 1996,2(4): 1-13.

[157] PESCHIERA G, TAYLOR J E. The impact of peer network position on electricity consumption in building occupant networks utilizing energy feedback systems[J]. Energy and Buildings, 2012, 49: 584-590.

[158] PESCHIERA G, TAYLOR J E, SIEGEL J A. Response-relapse patterns of building occupant electricity consumption following exposure to personal, contextualized and occupant peer network utilization data[J]. Energy and Buildings, 2010,42(8): 1329-1336.

[159] PETERSEN J E, FRANTZ C M, SHAMMIN M R, et al. Electricity and water conservation on college and university campuses in response to national competitions among dormitories: Quantifying relationships between behavior, conservation strategies and psychological metrics[J]. PLOS One, 2015.10(12): e0144070.

[160] PETERSEN J E, SHUNTUROV V, JANDA K, et al. Dormitory residents reduce electricity consumption when exposed to real-time visual feedback and incentives. [J] International Journal of Sustainability in Higher Education, 2007,8(1): 16-33.

[161] PIETERS R G M. Changing garbage disposal patterns of consumers: Motivation, ability, and performance[J]. Journal of Public Policy & Marketing, 1991,10(2): 59-76.

[162] PILLUTLA M M, CHEN X P. Social norms and cooperation in social dilemmas: The effects of context and feedback [J]. Organizational Behavior and Human Decision Processes, 1999, 78 (2): 81-103.

[163] POPE C A Ⅲ, RICHARDT B, MICHAELJ T, et al. Lung cancer, cardiopulmonary mortality, and long-term exposure to fine

particulate air pollution[J]. Journal of the American Medical Association, 2002,287(9):1132-1141.

[164] POPP D. Altruism and the demand for environmental quality[J]. Land Economics, 2001,77(3): 339-349.

[165] POTHITOU M, HANNA R F, CHALVATZIS K J. ICT entertainment appliances' impact on domestic electricity consumption[J]. Renewable and Sustainable Energy Reviews, 2017,69: 843-853.

[166] RAND D G, BRESCOLL V L, EVERETT J A C, et al. Social heuristics and social roles: Intuition favors altruism for women but not for men[J]. Journal of Experimental Psychology: General, 2016,145(4): 389.

[167] SARDIANOU E. Estimating energy conservation patterns of Greek households[J]. Energy Policy, 2007,35(7): 3778-3791.

[168] SARDIANOU E, GENOUDI P. Which factors affect the willingness of consumers to adopt renewable energies? [J] Renewable Energy, 2013, 57: 1-4.

[169] SCHELLY C, CROSS J E, FRANZEN W S, et al. Reducing energy consumption and creating a conservation culture in organizations: A case study of one public school district[J]. Environment and Behavior, 2011, 43(3): 316-343.

[170] SCHUHWERK M E, LEFKOFF-HAGIUS R. Green or non-green? Does type of appeal matter when advertising a green product? [J]. Journal of Advertising, 1995,24(2): 45-54.

[171] SCHULTZ P W. The structure of environmental concern: Concern for self, other people, and the biosphere [J]. Journal of Environmental Psychology, 2001,21: 327-339.

[172] SCHULTZ P W, ESTRADA M, SCHMITT J, et al. Using in-home displays to provide smart meter feedback about household electricity consumption: A randomized control trial comparing kilowatts, cost, and social norms[J]. Energy, 2015,90: 351-358.

[173] SCHULTZ P W, KHAZIAN A M, ZALESKI A C. Using normative social influence to promote conservation among hotel guests[J]. Social Influence, 2008,3(3): 4-23.

[174] SCHULTZ P W，MESSINA A，TRONU G，et al. Personalized normative feedback and the moderating role of personal norms：A field experiment to reduce residential water consumption［J］. Environment and Behavior，2016,48(5)：686-710.

[175] SCHULTZ P W，NOLAN J M，CIALDINI R B，et al. The constructive，destructive，and reconstructive power of social norms ［J］. Psychological Science，2007,18(5)：429.

[176] SCHWAB D P. Construct validity in organizational behavior［J］. Research in Organizational Behavior，1980,2：3-43.

[177] SCHWARTZ S H. Normative explanations of helping behavior：A critique，proposal，and empirical test［J］. Journal of Experimental Social Psychology，1973,9(4)：349-364.

[178] SCHWARTZ S H. Normative influences on altruism［J］. Advances in Experimental Social Psychology，1977,10：221-279.

[179] SCOTT M G，MCCARTHY A，FORD R，et al. Evaluating the impact of energy interventions：Home audits vs. community events ［J］. Energy Efficiency，2016,9：1221-1240.

[180] SELVEFORS A，KARLSSON I，RAHE U. Conflicts in everyday life：The influence of competing goals on domestic energy conservation［J］. Sustainability，2015,7(5)：5963-5980.

[181] SEN S，GÜRHAN-CANLI Z，MORWITZ V. Withholding consumption：A social dilemma perspective on consumer boycotts ［J］. Journal of Consumer Research，2001,28(3)：399-417.

[182] SETTI M，FALASCONI L，SEGRÈ A，et al. Italian consumers' income and food waste behavior［J］. British Food Journal，2016,118 (7)：1731-1746.

[183] SHARP M，VOCI A，HEWSTONE M. Individual difference variables as moderators of the effect of extended cross-group friendship on prejudice：Testing the effects of public self-consciousness and social comparison ［J］. Group Processes & Intergroup Relations，2011,14(2)：207-221.

[184] SHEN J，SAIJO T. Reexamining the relations between socio-demographic characteristics and individual environmental concern：

Evidence from Shanghai data [J]. Journal of Environmental Psychology, 2008,28(1): 42-50.

[185] SHEN M, YOUNG R, CUI Q. The normative feedback approach for energy conservation behavior in the military community[J]. Energy Policy, 2016,98: 19-32.

[186] SHI D, WANG L, WANG Z. What affects individual energy conservation behavior: Personal habits, external conditions or values? An empirical study based on a survey of college students [J]. Energy Policy, 2019,128: 150-161.

[187] SIDIRAS D K, KOUKIOS E G. Solar systems diffusion in local markets[J]. Energy Policy, 2004,32(18): 2007-2018.

[188] STANCU V, HAUGAARD P, LÄHTEENMÄKI L. Determinants of consumer food waste behaviour: Two routes to food waste[J]. Appetite, 2016,96: 7-17.

[189] STEG L, VLEK C. Encouraging pro-environmental behaviour: An integrative review and research agenda [J]. Journal of Environmental Psychology, 2009,29(3): 309-317.

[190] STERN P C. Toward a coherent theory of environmentally significant behavior[J]. Journal of Social Issues, 2000, 50(3): 407-424.

[191] STERN P C, DIETZ T. The value basis of environmental concern [J]. Journal of Social Issues, 1994,50(3): 65-84.

[192] STERN P C, DIETZ T, ABEL T, et al. A value-belief-norm theory of support for social movements: The case of environmentalism[J]. Human Ecology Review, 1999,6(2): 81-97.

[193] STETS J E, BURKE P J. Identity theory and social identity theory [J]. Social Psychology Quarterly, 2000,63(3): 224-237.

[194] STRAUSS A L. Qualitative Analysis for Social Scientists [M]. Cambridge: Cambridge University Press, 1987.

[195] SULS J M, WHEELER L. Handbook of Social Comparison: Theory and Research[M]. New York: Springer, 2000.

[196] SUN G, CHEN J, LI J. Need for uniqueness as a mediator of the relationship between face consciousness and status consumption in

China[J]. International Journal of Psychology，2017，52(5)：349.

[197] TAJFEL H. Differentiation Between Social Groups：Studies in the Social Psychology of Intergroup Relations [M]. New York： Academic Press，1978.

[198] TAJFEL H. Human Groups and Social Categories：Studies in Social Psychology[M]. Cambridge：Cambridge University Press Archive，1981.

[199] TAJFEL H. Social psychology of intergroup relations[J]. Annual Review of Psychology，1982，33(1)：1-39.

[200] TERRIER L，MARFAING B. Using social norms and commitment to promote pro-environmental behavior among hotel guests[J]. Journal of Environmental Psychology，2015，44：10-15.

[201] THONDHLANA G，KUA H W. Promoting household energy conservation in low-income households through tailored interventions in Grahamstown，South Africa[J]. Journal of Cleaner Production，2016，131：327-340.

[202] TONER K，GAN M，LEARY M R. The impact of individual and group feedback on environmental intentions and self-beliefs[J]. Environment and Behavior，2014，46(1)：24-45.

[203] UK Parliament House of Commons Environmental Audit Committee. Our Energy Future：Creating A Low Carbon Economy [M]. London：TSO(The Stationery Office)，2003.

[204] ÜNAL A B，STEG L，GORSIRA M. Values versus environmental knowledge as triggers of a process of activation of personal norms for eco-driving[J]. Environment and behavior，2018，50(10)：1092-1118.

[205] VERPLANKEN B，WOOD W. Interventions to break and create consumer habits[J]. Journal of Public Policy & Marketing，2006，25(1)：90-103.

[206] VICENTE-MOLINA M A，FERNÁNDEZ-SAINZ A，IZAGIRRE-OLAIZOLA J. Does gender make a difference in pro-environmental behavior? The case of the Basque Country University students[J]. Journal of Cleaner Production，2018，176：89-98.

[207] VIECHTBAUER W. Publication bias in meta-analysis: Prevention, assessment and adjustments[J]. Psychometrika, 2007,72(2): 269-271.

[208] VINING J, EBREO A. Emerging theoretical and methodological perspectives on conservation behavior [J]. Handbook of Environmental Psychology, 2002,2: 541-558.

[209] VISSCHERS V H M, WICKLI N, SIEGRIST M. Sorting out food waste behaviour: A survey on the motivators and barriers of self-reported amounts of food waste in households [J]. Journal of Environmental Psychology, 2016,45: 66-78.

[210] WALLACE J C, EDWARDS B D, ARNOLD T, et al. Work stressors, role-based performance, and the moderating influence of organizational support[J]. Journal of Applied Psychology, 2009,91(1): 254.

[211] WAMPLER K S. Bringing the review of literature into the age of quantification: Meta-analysis as a strategy for integrating research findings in family studies[J]. Journal of Marriage and the Family, 1982,44(4): 1009-1023.

[212] WANG C, ZHOU K, YANG S. A review of residential tiered electricity pricing in China[J]. Renewable and Sustainable Energy Reviews, 2017,79: 533-543.

[213] WANG Z, LU M, WANG J C. Direct rebound effect on urban residential electricity use: An empirical study in China [J]. Renewable and Sustainable Energy Reviews, 2014,30(2): 124-132.

[214] WEI J, CHEN H, CUI X, et al. Carbon capability of urban residents and its structure: Evidence from a survey of Jiangsu Province in China[J]. Applied Energy, 2016,173: 635-649.

[215] WEI Y, YU C. How do reference groups influence self-brand connections among Chinese Consumers? [J]. Journal of Advertising, 2012,41(2): 39-54.

[216] WEINSTEIN J E, CROCKER B K, GRAY A D. From macroplastic to microplastic: Degradation of high-density polyethylene, polypropylene, and polystyrene in a salt marsh habitat[J]. Environmental Toxicology & Chemistry, 2016,35(7): 1632-1640.

[217] WELSCH H，KÜHLING J. Determinants of pro-environmental consumption：The role of reference groups and routine behavior[J]. Ecological Economics，2009，69(1)：166-176.

[218] WIEDENHOFER D，GUAN D，LIU Z，et al. Unequal household carbon footprints in China[J]. Nature Climate Change，2016，7(1)：75-80.

[219] WILHITE H，LING R. Measured energy savings from a more informative energy bill[J]. Energy & Buildings，1995，22(2)：145-155.

[220] WILSON C，DOWLATABADI H. Models of decision making and residential energy use[J]. Annual Review of Environment and Resources，2007，32(1)：169-203.

[221] WINETT R A，LECKLITER I N，CHINN D E，et al. Effects of television modeling on residential energy conservation[J]. Journal of Applied Behavior Analysis，1985，18(1)：33-44.

[222] YANG J，HE X，LEE H. Social reference group influence on mobile phone purchasing behaviour：A cross-nation comparative study[J]. International Journal of Mobile Communications，2007，5(3)：319-338.

[223] YANG L，LI Z. Technology advance and the carbon dioxide emission in China-Empirical research based on the rebound effect [J]. Energy Policy，2017，101：150-161.

[224] YANG S，ZHANG Y，ZHAO D. Who exhibits more energy-saving behavior in direct and indirect ways in China？ The role of psychological factors and socio-demographics[J]. Energy Policy，2016，93：196-205.

[225] YEOMANS M，HERBERICH D. An experimental test of the effect of negative social norms on energy-efficient investments[J]. Journal of Economic Behavior and Organization，2014，108：187-197.

[226] YOUNG W，HWANG K，MCDONALD S，et al. Sustainable consumption：Green consumer behaviour when purchasing products [J]. Sustainable Development，2010，18(1)：20-31.

[227] YU M，WANG C，LIU Y，et al. Water and related electrical energy use in urban households：Influence of individual attributes in Beijing，China[J]. Resources，Conservation and Recycling，2018，130：190-199.

[228] YUAN C，LIU S，FANG Z，et al. Research on the energy-saving effect of energy policies in China：1982-2006[J]. Energy Policy，2009,37(7)：2475-2480.

[229] ZAJONC R B. Social facilitation[J]. Science，1965,149（3681）：269-274.

[230] ZELEZNY L C，CHUA P P，ALDRICH C. New ways of thinking about environmentalism：Elaborating on gender differences in environmentalism[J]. Journal of Social Issues，2000，56（3）：443-457.

[231] ZHANG C，ZHOU K，YANG S，et al. On electricity consumption and economic growth in China[J]. Renewable and Sustainable Energy Reviews，2017,76：353-368.

[232] ZHANG X，LUO L，Skitmore M. Household carbon emission research：an analytical review of measurement，influencing factors and mitigation prospects[J]. Journal of Cleaner Production，2015，103：873-883.

[233] ZHANG Y J，BIAN X J，TAN W，et al. The indirect energy consumption and CO_2 emission caused by household consumption in China：An analysis based on the Input-Output method[J]. Journal of Cleaner Production，2017,163;69-83.

[234] 班杜拉. 社会学习理论[M]. 陈欣银，李伯黍，译. 北京：中国人民大学出版社，2015：168-174.

[235] 毕金鹏，吕月霞，许兆霞. 低碳示范社区建设路径探索[J]. 中外能源，2019,24(7)：8-13.

[236] 曹孜，陈洪波. 城市化和能源消费的门槛效应分析与预测[J]. 中国人口资源与环境，2015,25(11)：59-68.

[237] 陈凯，梁皓凯. 居民绿色出行的差异来源与表现：以北京市为例[J]. 软科学，2016,30(11)：109-113.

[238] 陈凯，彭茜. 参照群体对绿色消费态度-行为差距的影响分析[J]. 中

国人口·资源与环境，2014,24(S2)：458-461.

[239] 陈向明. 扎根理论的思路和方法[J]. 教育研究与实验，1999,4：58-63.

[240] 陈向明. 质的研究方法与社会科学研究[M]. 北京：教育科学出版社，2000.

[241] 德鲁克. 管理的实践[M]. 齐若兰,译. 北京：机械工业出版社出版社，2009.

[242] 邓可斌，何问陶. 个体理性、风险偏好、社会地位与我国消费增长：基于跨期替代资产选择理论模型的研究[J]. 财经研究，2005,31(5)：5-16.

[243] 第一财经商业数据中心，阿里巴巴钉钉. 中国智能移动办公行业趋势报告[EB/OL]. (2018-05-25)[2023-05-26]. https://wenku.baidu.com/view/02f9a945dbef5ef7ba0d4a7302768e9951e76eb0.html?_wkts_=1685096062781&bdQuery=2018.

[244] 董峰余，方孝飞. 网络订餐中的白色污染问题研究：环境立法及法律适用[J]. 改革与开放，2017,(15)：66-67,73.

[245] 杜昌建. 绿色发展理念下的家庭生态文明教育[J]. 中共山西省委党校学报，2016,39(3)：96-98.

[246] 樊琦，刘梦芸，李霜. 湖北大学食堂粮食浪费影响因素实证研究[J]. 粮油食品科技，2016,24(6)：109-113.

[247] 范明林，吴军. 质性研究[M]. 上海：格致出版社，2009.

[248] 费孝通. 乡土中国：生育制度[M]. 北京：北京大学出版社，1998.

[249] 冯周卓，袁宝龙. 城市生活方式低碳化的困境与政策引领[J]. 上海城市管理，2010,19(3)：4-8.

[250] 福勒. 调查问卷的设计与评估[M]. 蒋逸民,译. 重庆：重庆大学出版社，2010.

[251] 格雷维特尔. 行为科学研究方法[M]. 邓铸,译. 西安：陕西师范大学出版社，2005.

[252] 宫秀双，徐磊，李志兰，等. 参照群体影响类型与居民消费意愿的关系研究[J]. 管理学报，2017,14(12)：1829-1839.

[253] 光明网. 2015中国城市居民环保态度行为调查报告发布[N/OL]. (2015-07-28)[2023-05-26]. http://epaper.gmw.cn/gmrb/html/2015-07/28/nw.D110000gmrb_20150728_11-08.htm.

[254] 广东省发展和改革委员会. 广东省发展改革委关于印发省级碳普惠方法学(第三批)备案清单的通知[EB/OL]. (2017-09-12)[2023-05-25]. http://drc.gd.gov.cn/zxgk5595/content/post_848925.html

[255] 何军. 研究设计与论文写作: 经济管理类大学生科研训练指导[M]. 北京: 科学出版社, 2011.

[256] 何凌云, 仇泸毅. 消费者环保意识与政府环境规制的关系与边界[J]. 环境经济研究, 2018,3(4): 10-22.

[257] 和占琼, 姜玉婷, 何明卫. 城市通勤者低碳出行选择研究: 基于 TPB 与 VBN 整合模型[J]. 干旱区资源与环境, 2019,33(4): 89-95.

[258] 黄晓治, 孔庆民. 管理学的实证研究方法入门[M]. 北京: 机械工业出版社, 2014: 129.

[259] 极光网. 低碳出行让生活更美好: 共享电单车社会价值报告[EB/OL]. (2021-05-28)[2023-05-26]. https://www.jiguang.cn/reports/536,2021. https://www.moonfox.cn/insight/report/944.

[260] 纪陈飞, 吴群. 基于政策量化的城市土地集约利用政策效率评价研究: 以南京市为例[J]. 资源科学, 2015,37(11): 2193-2201.

[261] 贾鹤, 王永贵, 刘佳媛, 等. 参照群体对消费决策影响研究述评[J]. 外国经济与管理, 2008,30(6): 51-58.

[262] 贾旭东, 谭新辉. 经典扎根理论及其精神对中国管理研究的现实价值[J]. 管理学报, 2010,7(5): 656-665.

[263] 贾真, 葛察忠, 李晓亮. 推动生活方式绿色的政策措施及完善建议[J]. 环境保护科学, 2015,(5): 26-30.

[264] 姜彩芬. 面子与消费[M]. 北京: 社会科学文献出版社, 2009.

[265] 京东大数据研究院. 2019 绿色消费趋势发展报告[EB/OL]. (2022-03-28).[2023-09-19]. https://www.sohu.com/a/363240287_694904.

[266] 瞿瑶, 李旭东. 贵阳市城市居民低碳能源使用群体细分与行为特征研究[J]. 科技管理研究, 2018,38(17): 237-242.

[267] 卡麦兹. 构建扎根理论: 质性研究实践指南[M]边国英, 译. 重庆: 重庆大学出版社, 2009.

[268] 科学技术部社会发展科技司. 全民节能减排实用手册[M]. 北京: 社会科学文献出版社, 2007.

[269] 科兹比, 贝茨. 心理与行为科学研究方法[M]. 张彤, 译. 北京: 机械工业出版社, 2014.

[270] 李国志.城镇居民生活能源碳排放的省域差异及影响因素[J].北京交通大学学报(社会科学版),2018,17(3):32-40.

[271] 李鹏举,黄沛.物质主义构面分析及其对主观幸福感的影响:基于"80后"的实证研究[J].华东经济管理,2010,24(2):50-54.

[272] 李先国,杨晶,刘雪敬.时间压力和参照群体对消费者网络团购意愿的影响[J].中国软科学,2012,4:117-124.

[273] 李研,金慧贞,李东进.社交网络情境下消费者口碑生成的影响因素模型:基于真实口碑文本的扎根研究[J].南开管理评论,2018,21(6):83-94.

[274] 李艳梅,张红丽.城市化对家庭CO_2排放影响的区域差异:基于中国省级面板数据的分析[J].资源科学,2016,38(3):545-556.

[275] 林丽霞.从餐桌文化看中西文化的面子观差异[J].盐城工学院学报(社会科学版),2017,30(4):41-44.

[276] 蔺国伟,白凯,刘晓慧.参照群体对中国消费者海外旅游购物趋同行为的影响[J].资源科学,2015,37(11):2151-2161.

[277] 刘兰剑.中国汽车节能减排政策与美、日比较研究[J].中国科技论坛,2010,(6):155-160.

[278] 刘敏.低碳经济背景下构建湖南低碳消费生活方式研究[J].消费经济,2009,5:60-63.

[279] 刘文兴,汪兴东,陈昭玖.农村居民生态消费意识与行为的一致性研究:基于江西生态文明先行示范区的调查[J].农业经济问题,2017,38(9):37-49,110-111.

[280] 自敏,李兴.阶梯电价、回弹效应与居民能源消费:基于CFPS数据的分析[J].软科学,2018,32(8):4-8.

[281] 刘尊礼,余明阳,郝鸿.品牌熟悉度与炫耀性倾向对消费者购买意向的影响研究[J].软科学,2014,28(11):98-102.

[282] 罗宾斯,贾奇.组织行为学[M].14版.贾奇,李原,孙健敏,译.北京:中国人民大学出版社,2016.

[283] 罗杰,冷卫东.系统评价/Meta分析理论与实践[M].北京:军事医学科学出版社,2013.

[284] 马戎."差序格局":中国传统社会结构和中国人行为的解读[J].北京大学学报(哲学社会科学版),2007,(2):131-142.

[285] 马思思.论扎根理论在幼儿教师质性研究中的应用[D].青海:青海

师范大学，2013.

[286] 孟祥轶，杨大勇，于婧. 中国城市炫耀性消费的特征及决定因素：基于北京市家庭数据的实证分析[J]. 经济研究，2010，(S1)：118-128.

[287] 芈凌云. 城市居民低碳化能源消费行为及政策引导研究[D]. 徐州：中国矿业大学，2011.

[288] 芈凌云. 城市居民能源消费行为低碳化的政策工具选择与优化[M]. 北京：科学出版社，2018.

[289] 芈凌云，丛金秋，丁超琼，等. 城市居民低碳行为认知失调的成因："知识—行为"的双中介模型[J]. 资源科学，2019，41(5)：908-918.

[290] 芈凌云，丁超琼，俞学燕，等. 不同信息框架对城市家庭节电行为干预效果的纵向实验研究[J]. 管理评论，2020，32(5)：292-304.

[291] 芈凌云，顾曼，杨洁，等. 城市居民能源消费行为低碳化的心理动因：以江苏省徐州市为例[J]. 资源科学，2016a，38(4)：609-621.

[292] 芈凌云，芦金文. 文化取向，环境信念与生态消费行为：基于人口特征差异的比较分析[J]. 南京工业大学学报（社会科学版），2018，17(4)：54-66，87.

[293] 芈凌云，杨洁，俞学燕，等. 信息型策略对居民节能行为的干预效果研究：基于 Meta 分析[J]. 软科学，2016b，30(4)：89-92.

[294] 芈凌云，杨洁. 中国居民生活节能引导政策的效力与效果评估：基于中国 1996-2015 年政策文本的量化分析[J]. 资源科学，2017，39(4)：651-663.

[295] 芈凌云，俞学燕，杨洁. 社会影响方式对公众节能行为的干预效果：基于 26 项现场实验的元分析[J]. 北京理工大学学报（社会科学版），2017，19(4)：8-17.

[296] 芈凌云，俞学燕，杨洁. 知识型消费者新能源汽车购买行为影响因素研究：基于扎根理论的探索[J]. 企业经济，2018，(4)：19-26.

[297] 潘小川，李国星，高婷. 危险的呼吸：PM2.5 的健康危害和经济损失评估研究[M]. 北京：中国环境科学出版社，2012.

[298] 彭皓玥，赵国浩. 能源终端消费行为选择：环境关心的柔性驱动[J]. 资源科学，2019，41(1)：132-141.

[299] 彭纪生，仲为国，孙文祥. 政策测量、政策协同演变与经济绩效：基于创新政策的实证研究[J]. 管理世界，2008，(9)：25-36.

[300] 乔丽洁. 群体节电行为的心理动因及非财务信息干预效果研究[D].

徐州：中国矿业大学，2021.

[301] 人民网. 习近平同法国德国领导人举行视频峰会[EB/OL].（2021-04-17）［2023-05-25］. http://cpc. people. com. cn/n1/2021/0417/c64094-32080415. html.

[302] 人民网. 中国每年浪费 35% 粮食 餐桌外一年浪费 700 亿斤[EB/OL].（2014-10-20）［2023-05-26］. http://shipin. people. com. cn/n/2014/1020/c85914-25865670. html

[303] 申嫦娥，田悦，魏荣桓，等. 财税政策对居民低碳消费行为的影响：基于北京市居民抽样问卷调查的实证研究. 税务研究，2016,（2）：98-104.

[304] 生态环境部环境与经济政策研究中心. 互联网平台背景下公众低碳生活方式研究报告[J]. 环境与可持续发展，2019,44(6)：34,48.

[305] 生态环境部环境与经济政策研究中心课题组. 公民生态环境行为调查报告（2019 年）[J]. 环境与可持续发展，2019,44(3)：5-12.

[306] 盛光华，葛万达，汤立. 消费者环境责任感对绿色产品购买行为的影响：以节能家电产品为例[J]. 统计与信息论坛，2018,33(5)：114-120.

[307] 施建刚，司红运，吴光东，等. 可持续发展视角下城市交通共享产品使用行为意愿研究[J]. 中国人口资源与环境，2018,28(6)：63-72.

[308] 施卓敏，郑婉怡，邝灶英. 中国人面子观在 RM 和 FM 模型中的测量差异及其对绿色产品偏好的影响研究[J]. 管理学报，2017,14(8)：1208-1218.

[309] 施卓敏，郑婉怡. 面子文化中消费者生态产品偏好的眼动研究[J]. 管理世界，2017,（9）：129-140，169.

[310] 石洪景. 低碳政策对城市居民节能行为的影响[J]. 北京理工大学学报（社会科学版），2016,18(5)：42-51.

[311] 石洪景. 基于 Logistic 模型的城市居民低碳消费意愿研究. 北京理工大学学报（社会科学版），2015,17(5)：25-35.

[312] 石洪景. 基于"意愿—行为"缺口修复视角的低碳消费促进策略[J]. 资源开发与市场，2018,34(9)：1304-1309.

[313] 史琴琴，鲁丰先，陈海，等. 中原经济区城镇居民消费间接碳排放时空格局及其影响因素[J]. 资源科学，2018,40(6)：1297-1306.

[314] 帅传敏，张钰坤. 中国消费者低碳产品支付意愿的差异分析：基于碳

标签的情景实验数据[J]. 中国软科学，2013，(7)：61-70.

[315] 孙锌，刘晶茹. 家庭消费的反弹效应研究进展[J]. 中国人口·资源与环境，2013，23(S1)：6-10.

[316] 孙岩. 家庭异质性因素对城市居民能源使用行为的影响[J]. 北京理工大学学报(社会科学版)，2013，15(5)：23-28.

[317] 孙怡，鲁耀斌，魏国基. 社交氛围对朋友群组成员的购买意愿和行为的影响. 管理学报，2016，13(9)：1392-1399.

[318] 童泉格，孙涵，成金华，等. 居民能源消费行为对居民建筑能耗的影响：以悉尼典型居民家庭为例[J]. 北京理工大学学报(社会科学版)，2017，19(1)：9-19.

[319] 王春晓，朱虹. 地位焦虑、物质主义与炫耀性消费：中国人物质主义倾向的现状、前因及后果[J]. 北京社会科学，2016，(5)：31-40.

[320] 王迪，刘雪. 江苏省生态文明政策效力解构及其异质性政策工具评价[J]. 中国矿业大学学报(社会科学版)，2020，22(6)：44-53.

[321] 王会娟，夏炎. 中国居民消费碳排放的影响因素及发展路径分析[J]. 中国管理科学，2017，25(8)：1-10.

[322] 王济川，王小倩，姜宝法. 结构方程模型：方法与应用[M]. 北京：高等教育出版社，2011.

[323] 王建明. 公众低碳消费行为影响机制和干预路径整合模型[M]. 北京：中国社会科学出版社，2012.

[324] 王建明. 环境情感的维度结构及其对消费碳减排行为的影响：情感-行为的双因素理论假说及其验证[J]. 管理世界，2015，(12)：82-95.

[325] 王建明，王俊豪. 公众低碳消费模式的影响因素模型与政府管制政策：基于扎根理论的一个探索性研究[J]. 管理世界，2011，(4)：58-68.

[326] 王建明. 消费者资源节约与环境保护行为及其影响机理[M]. 北京：中国社会科学出版社，2010.

[327] 王建明. 资源节约意识对资源节约行为的影响：中国文化背景下一个交互效应和调节效应模型[J]. 管理世界，2013，(8)：77-90，100.

[328] 王蕾，魏后凯. 中国城镇化对能源消费影响的实证研究[J]. 资源科学，2014，36(6)：1235-1243.

[329] 王美艳，何永秀，陆野. 日本电力市场零售电价套餐体系设计的经验及启示[J]. 华北电力大学学报(社会科学版)，2021，(1)：48-55.

［330］王善勇,李军,范进,等. 个人碳交易视角下消费者能源消费与福利变化研究［J］. 系统工程理论与实践,2017,37(6):1512-1524.

［331］王兆华,卢密林. 基于省际面板数据的中国城镇居民用电直接回弹效应研究［J］. 系统工程理论与实践,2014,34(7):1678-1686.

［332］魏佳,陈红,龙如银. 生态人格及其对城市居民低碳消费行为的影响［J］. 北京理工大学学报(社会科学版),2017,19(2):45-54.

［333］魏佳. 城市居民碳能力及其驱动机理研究［D］. 徐州:中国矿业大学,2017.

［334］魏江,赵立龙,冯军政. 管理学领域中 Meta 分析研究现状评述及实施过程［J］. 浙江大学学报(人文社会科学版),2012,42(5):144-156.

［335］吴明隆. 结构方程模型:AMOS 的操作与应用［M］. 重庆:重庆大学出版社,2009.

［336］吴明隆. 问卷统计分析实务:SPSS 操作与应用［M］. 重庆:重庆大学出版社,2010.

［337］夏西强. 基于政府不同策略普通/低碳产品制造商竞争机理研究［J］. 软科学,2017,31(4):139-144.

［338］谢锐,王振国,张彬彬.中国碳排放增长驱动因素及其关键路径研究［J］.中国管理科学,2017,25(10):119-129.

［339］新华网. 2020 年中央经济工作会议公报全文解读［EB/OL］. (2021a-09-09)［2021-12-30］. http://www.china-cer.com.cn/zhongdian/2021090914638.html.

［340］新华网. 习近平:决胜全面建成小康社会 夺取新时代中国特色社会主义伟大胜利——在中国共产党第十九次全国代表大会上的报告［R/OL］. (2017-10-27)［2023-05-25］. http://www.xinhuanet.com/politics/19cpcnc/2017-10/27/c_1121867529.htm.

［341］新华网. 习近平:支持有条件的地方和重点行业、重点企业率先达峰［EB/OL］. (2021b-04-22)［2021-12-30］. http://www.xinhuanet.com/2021-04/22/c_1127363021.htm.

［342］邢淑芬,俞国良. 社会比较:对比效应还是同化效应?［J］. 心理科学进展,2006,14(6):944-949.

［343］薛立强,杨书文. 论政策执行的"断裂带"及其作用机制:以"节能家电补贴推广政策"为例［J］. 公共管理学报,2016,3(1):55-64.

[344] 杨志. 推开低碳经济之窗[M]. 北京：经济管理出版社，2010.

[345] 尹龙，杨亚男，章刘成. 中国居民消费碳排放峰值预测与分析[J]. 新疆社会科学，2021，(4)：42-50，168.

[346] 尹政平，曹小勇. 购买低碳商品的影响因素实证分析：基于绿色牛奶消费的调研数据[J]. 中央财经大学学报，2012，(9)：54-59.

[347] 袁少锋，高英，郑玉香. 面子意识、地位消费倾向与炫耀性消费行为：理论关系模型及实证检验[J]. 财经论丛，2009，(5)：81-86.

[348] 袁晓玲，李浩，杨万平. 机动车限行政策能否有效改善西安市的空气质量？[J]. 统计与信息论坛，2018，33(6)：107-114.

[349] 岳婷. 城市居民节能行为影响因素及引导政策研究[D]. 徐州：中国矿业大学，2014.

[350] 查冬兰，周德群，孙元. 为什么能源效率与碳排放同步增长：基于回弹效应的解释[J]. 系统工程，2013，31(10)：105-111.

[351] 张桂琴. 低碳生活与生态文明[J]. 消费导刊，2010，(1)：50.

[352] 张国兴，高秀林，汪应洛，等. 中国节能减排政策的测量、协同与演变：基于 1978—2013 年政策数据的研究[J]. 中国人口·资源与环境，2014，24(12)：62-73.

[353] 张红兵，贾来喜，李潞. SPSS 宝典[M]. 北京：电子工业出版社，2007.

[354] 张徽燕，李端凤，姚秦. 中国情境下高绩效工作系统与企业绩效关系的元分析[J]. 南开管理评论，2012，15(3)：139-149.

[355] 张盼盼，王灵恩，白军飞，等. 旅游城市餐饮消费者食物浪费行为研究[J]. 资源科学，2018，40(6)：1186-1195.

[356] 张琼晶，田聿申，马晓明. 基于结构路径分析的中国居民消费对碳排放的拉动作用研究[J]. 北京大学学报(自然科学版)，2019，55(2)：377-386.

[357] 张新安. 中国消费者的顾客价值形成机制：以手机为对象的实证研究[J]. 管理世界，2010，(1)：107-121，188.

[358] 张馨，牛叔文，赵春升，等. 中国城市化进程中的居民家庭能源消费及碳排放研究[J]. 中国软科学，2011，(9)：65-75.

[359] 张学民. 实验心理学概论[M]. 北京：首都经济贸易大学出版社，2010.

[360] 张一鹏. 低碳经济与低碳生活[J]. 中外能源，2009，14(4)：12-15.

[361] 张莹瑞，佐斌. 社会认同理论及其发展[J]. 心理科学进展，2006，14(3)：475-480.

[362] 赵玉焕，李玮伦，王淞. 北京市居民消费间接碳排放测算及影响因素[J]. 北京理工大学学报(社会科学版)，2018，20(3)：33-44.

[363] 郑玉香，范秀成. 炫耀性购买行为的社会心理动因与管理启示：基于中国文化背景的多角度解析[J]. 北京工商大学学报(社会科学版)，2011，26(3)：7-11.

[364] 郑玉香，袁少锋. 中国消费者炫耀性购买行为的特征与形成机理：基于参照群体视角的探索性实证研究[J]. 经济经纬，2009，2：115-119.

[365] 中国电力企业联合会. 中电联发布 2019—2020 年度全国电力供需形势分析预测报告[EB/OL]. (2020-01-21) [2021-12-30]. https://cec. org. cn/detail/index. html? 3-277104.

[366] 中国环境文化促进会. 公民环保行为调查报告[EB/OL]. (2020-03-06)[2021-12-30]. http://www. tt65. net/xwzx_23730/.

[367] 中国经济网. 国家统计局住户调查办公室主任方晓丹：全国居民收入比 2010 年增加一倍居民消费支出稳步恢复[EB/OL]. (2021-01-19)[2023-05-25]. http://m. ce. cn/bwzg/202101/19/t20210119_36237232. shtml.

[368] 中国科技网. 居民消费排碳量占总量 53%，数字化助力公众践行低碳生活[EB/OL]. (2021-08-26) [2021-12-30] http://stdaily. com/index/kejixinwen/2021-08-26/content_1215574. shtml.

[369] 中华人民共和国国家发展和改革委员会. 全国碳排放权交易市场建设方案(电力行业)[EB/OL]. (2017-12-18)[2023-05-25]. https://www. ndrc. gov. cn/xxgk/zcfb/ghxwj/201712/t20171220_960930. html? code=&state=123.

[370] 中华人民共和国国家统计局. 中国能源统计年鉴 2020[M]. 北京：中国统计出版社，2020.

[371] 中华人民共和国国家统计局. 中国统计年鉴—2018.[M] 北京：中国统计出版社，2018.

[372] 中华人民共和国国家统计局. 中华人民共和国 2020 年国民经济和社会发展统计公报[EB/OL]. (2021-02-28)[2023-05-25]. http://www. stats. gov. cn/sj/zxfb/202302/t20230203_1901004. html.

[373] 中华人民共和国教育部. 2016 年全国教育事业发展统计公报[EB/OL]. (2017-07-10)[2023-05-26]. http://www.moe.gov.cn/jyb_sjzl/sjzl_fztjgb/201707/t20170710_309042.html.

[374] 中华人民共和国教育部. 2009 年全国教育事业发展统计公报[EB/OL]. (2010-08-03)[2023-05-26]. http://www.moe.gov.cn/srcsite/A03/s180/moe_633/201008/t20100803_93763.html.

[375] 中华人民共和国生态环境部.公民生态环境行为调查报告(2020 年)发布[EB/OL]. (2020-07-14)[2023-05-26]. http://www.mee.gov.cn/ywgz/xcjy/gzcy_27007/202007/t20200714_789277.shtml.

[376] 中华人民共和国生态环境部.关于开展"美丽中国,我是行动者"主题实践活动的通知[EB/OL]. (2018-06-05)[2023-05-26] https://www.mee.gov.cn/gkml/sthjbgw/stbgth/201806/t20180605_442495.htm.

[377] 中华人民共和国生态环境部. 中国机动车环境管理年报(2018)[EB/OL]. (2018-06-01)[2023-05-25]. https://www.mee.gov.cn/xxgk2018/xxgk/xxgk15/201806/t20180601_630215.html.

[378] 中华人民共和国生态环境部. 2020 中国生态环境状况公报[R/OL]. (2021-05-24)[2023-05-25]. https://www.mee.gov.cn/hjzl/sthjzk/zghjzkgb/202105/P020210526572756184785.pdf.

[379] 中华人民共和国中央人民政府.CNNIC 发布第 47 次《中国互联网络发展状况统计报告》[EB/OL]. (2021-02-03)[2023-05-26]. https://www.gov.cn/xinwen/2021-02/03/content_5584518.htm

[380] 中华人民共和国中央人民政府. 国务院办公厅关于严格执行公共建筑空调温度控制标准的通知[EB/OL]. (2007-06-01)[2023-05-26]. https://www.gov.cn/gongbao/content/2007/content_678925.htm.

[381] 中华人民共和国中央人民政府. 解振华:中国应对气候变化行动目标对解决雾霾有协同效应[EB/OL]. (2015-12-23)[2023-05-25]. http://www.gov.cn/xinwen/2015-12/23/content_5027049.htm.

[382] 中华人民共和国中央人民政府.我国碳排放 2030 年达峰值[N/OL]. (2016-03-08)[2023-05-25]. http://www.gov.cn/xinwen/2016-03/08/content_5050594.htm.

[383] 中华人民共和国中央人民政府. 中共中央 国务院关于全面加强生态环境保护 坚决打好污染防治攻坚战的意见[EB/OL]. (2018-06-24)[2023-05-26]. http://www.gov.cn/zhengce/2018-06/24/content_

5300953. htm.

[384] 中华人民共和国中央人民政府. 中华人民共和国环境保护税法[EB/OL].（2016-12-26）[2023-05-25］. http://www. gov. cn/xinwen/2016-12/26/content_5152775. htm.

[385] 中华人民共和国住房和城乡建设部. 节能风吹"绿"校园：住房和城乡建设部、教育部推进高校节约型校园建设相关政策解读[EB/OL].（2008-05-20）[2023-05-26]. https://www. mohurd. gov. cn/xinwen/gzdt/200805/20080520_168966. html.

[386] 仲云云，汪滋润，张赫. 行为主体低碳生产和消费的影响因素：基于江苏省的调查[J]. 统计与决策，2018,24：147-150.

附录 1 我国政府发布的主要命令控制型政策工具

发布年份	政策文件
1996	《中华人民共和国电力法》 《民用建筑节能设计标准(采暖居住建筑部分)》
1998	《中华人民共和国节约能源法》 《建设部科技司关于开展建筑节能试点示范工程(小区)工作的通知》
2000	《城市生活垃圾处理及污染防治技术政策》 《民用建筑节能管理规定》
2001	《夏热冬冷地区居住建筑节能设计标准》
2002	《建设部建筑节能"十五"计划纲要》
2003	《中国 21 世纪初可持续发展行动纲要》
2004	《节能中长期专项规划》 《建设部建筑节能试点示范工程(小区)管理办法》 《建设部关于加强民用建筑工程项目建筑节能审查工作的通知》
2005	《关于新建居住建筑严格执行节能设计标准的通知》 《关于进一步加强建筑节能标准实施监管工作的通知》 《国务院关于做好建设节约型社会近期重点工作的通知》
2006	《中华人民共和国可再生能源法》 《民用建筑节能管理规定》 《国家环境保护总局公告 2006 年第 1 号——关于发布〈环境标志产品技术要求 节能灯〉等 10 项国家环境保护行业标准的公告》 《建设部关于贯彻〈国务院关于加强节能工作的决定〉的实施意见》 《国务院关于加强节能工作的决定》
2007	《中国应对气候变化国家方案》 《节能减排综合性工作方案》
2008	《国务院关于进一步加强节油节电工作的通知》 《关于推进北方采暖地区既有居住建筑供热计量及节能改造工作的实施意见》 《2008 年节能减排工作安排》
2009	《中华人民共和国循环经济促进法》 《2009 年节能减排工作安排》

发布年份	政策文件
2011	《国务院批转住房城乡建设部等部门关于进一步加强城市生活垃圾处理工作意见的通知》 《"十二五"节能减排综合性工作方案》
2013	《国务院关于加快发展节能环保产业的意见》 《关于深化限制生产销售使用塑料购物袋实施工作的通知》
2014	《2014—2015 年节能减排低碳发展行动方案》
2015	《国务院办公厅关于加强节能标准化工作的意见》 《国务院关于积极发挥新消费引领作用加快培育形成新供给新动力的指导意见》 《节能低碳产品认证管理办法》
2016	《"十三五"节能减排综合工作方案》 《"十三五"控制温室气体排放工作方案》 《关于建立统一的绿色产品标准、认证、标识体系的意见》
2017	《关于全面深入推进绿色交通发展的意见》 《关于全面加强长江流域生态文明建设与绿色发展司法保障的意见》 《公共机构节能条例(修订)》
2018	《关于全面加强生态环境保护 坚决打好污染防治攻坚战的意见》 《商务部办公厅关于做好 2018 年绿色循环消费有关工作的通知》 《农业农村部关于支持长江经济带农业农村绿色发展的实施意见》
2019	《交通运输部办公厅 公安部办公厅 商务部办公厅关于加强城市绿色货运 《配送示范工程动态管理工作的通知》 《绿色生活创建行动总体方案》
2020	《关于加快建立绿色生产和消费法规政策体系的意见》 《关于加快推进快递包装绿色转型意见的通知》

附录 2 我国政府发布的主要经济激励型政策工具

发布年份	政策文件
1998	《中华人民共和国节约能源法》
2000	《节约用电管理办法》
2005	《国务院关于做好建设节约型社会近期重点工作的通知》
2006	《中华人民共和国可再生能源法》 《"十一五"十大重点节能工程实施意见》
2007	《高效照明产品推广财政补贴资金管理暂行办法》 《中国应对气候变化国家方案》
2008	《北方采暖地区既有居住建筑供热计量及节能改造奖励资金管理暂行办法》 《民用建筑节能信息公示办法》 《2008 年节能减排工作安排》 《国家发展改革委关于提高电力价格有关问题的通知》
2009	《高效节能产品推广财政补助资金管理暂行办法》 《2009 年节能减排工作安排》 《节能产品惠民工程高效节能房间空调器推广实施细则》
2012	《关于节约能源 使用新能源车船车船税政策的通知》
2013	《关于光伏发电增值税政策的通知》
2014	《国家发展改革委关于建立健全居民生活用气阶梯价格制度的指导意见》
2015	《国家发展改革委关于降低燃煤发电上网电价和一般工商业用电价格的通知》 《关于对电池、涂料征收消费税的通知》
2016	《"十三五"节能减排综合工作方案》 《关于对超豪华小汽车加征消费税有关事项的通知》 《关于继续执行光伏发电增值税政策的通知》 《关于"十三五"新能源汽车充电基础设施奖励政策及加强新能源汽车推广应用的通知》
2017	《关于印发北方地区清洁供暖价格政策意见的通知》 《关于加快浅层地热能开发利用促进北方采暖地区燃煤减量替代的通知》

续表

发布年份	政策文件
2018	《关于成品油消费税征收管理有关问题的公告》 《关于节能 新能源车船享受车船税优惠政策的通知》 《关于调整完善新能源汽车推广应用财政补贴政策的通知》
2019	《进一步优化供给推动消费平稳增长 促进形成强大国内市场的实施方案（2019 年）》
2020	《新能源汽车产业发展规划(2021—2035 年)》 《关于完善新能源汽车推广应用财政补贴政策的通知》 《关于进一步完善新能源汽车推广应用财政补贴政策的通知》 《关于新能源汽车免征车辆购置税有关政策的公告》

附录3　我国政府发布的主要信息型政策工具

发布年份	政策文件
1996	《民用建筑节能设计标准(采暖居住建筑部分)》
1998	《中华人民共和国节约能源法》 《建设部科技司关于开展建筑节能试点示范工程(小区)工作的通知》
2004	《建设部关于加强民用建筑工程项目建筑节能审查工作的通知》
2006	《建筑门窗节能性能标识试点工作管理办法》
2007	《节能减排全民科技行动方案》 《节能减排全民行动实施方案》 《中国应对气候变化国家方案》 《关于印发节能降耗电子信息技术、产品与应用方案推荐目录的通知》
2008	《关于推进北方采暖地区既有居住建筑供热计量及节能改造工作的实施意见》 《2008年节能减排工作安排》 《民用建筑节能条例》
2009	《中华人民共和国循环经济促进法》 《北方采暖地区既有居住建筑供热计量及节能改造项目验收办法》 《2009年节能减排工作安排》
2010	《国务院关于进一步加大工作力度确保实现"十一五"节能减排目标的通知》
2011	《住房城乡建设部关于进一步深入开展北方采暖区既有居住建筑供热计量及节能改造工作的通知》 《国务院批转住房城乡建设等部门关于进一步加强城市生活垃圾处理工作意见的通知》 《"十二五"节能减排综合性工作方案》
2012	《关于认真做好节能家电推广工作的通知》
2013	《关于深化限制生产销售使用塑料购物袋实施工作的通知》
2014	《2014—2015年节能减排低碳发展行动方案》
2015	《国务院关于积极发挥新消费引领作用加快培育形成新供给新动力的指导意见》 《节能低碳产品认证管理办法》 《家用电冰箱能效"领跑者"制度实施细则》 《平板电视能效"领跑者"制度实施细则》 《转速可控型房间空气调节器能效"领跑者"制度实施细则》 《关于进一步加强环境保护科学技术普及工作的意见》 《关于加快推进国家低碳城(镇)试点工作的通知》 《中国生态文明奖评选表彰办法(暂行)》

续表

发布年份	政策文件
2016	《"十三五"节能减排综合工作方案》 《颁发长期从事环保工作纪念章实施办法》 《"十三五"生态环境保护规划》
2017	《云南省人民政府关于印发云南省"十三五"节能减排综合工作方案的通知》
2018	《陕西省人民政府关于印发"十三五"节能减排综合工作方案的通知》 《清洁能源消纳行动计划(2018—2020 年)》
2019	《绿色出行行动计划(2019—2022 年)》 《关于在中小学落实习近平生态文明思想、增强生态环境意识的通知》
2020	《关于修改〈乘用车企业平均燃料消耗量与新能源汽车积分并行管理办法〉的决定》

附录 4 我国政府发布的主要自愿参与型政策工具

发布年份	政策文件
2002	《建设部建筑节能"十五"计划纲要》 《关于 2002 年全国节能宣传周活动安排意见的通知》
2004	《国务院办公厅关于开展资源节约活动的通知》
2006	《关于 2006 年全国节能宣传周活动安排意见的通知》 《建设部关于贯彻〈国务院关于加强节能工作的决定〉的实施意见》
2007	《关于 2007 年全国节能宣传周活动安排意见的通知》 《教育部关于开展节能减排学校行动的通知 中国应对气候变化国家方案》
2008	《国务院办公厅关于深入开展全民节能行动的通知》 《国务院关于进一步加强节油节电工作的通知》 《关于推进高等学校节约型校园建设进一步加强高等学校节能节水工作的意见》 《关于 2008 年全国节能宣传周活动安排意见的通知》
2010	《关于 2010 年全国节能宣传周活动安排意见的通知》
2011	《关于 2011 年全国节能宣传周活动安排意见的通知》
2012	《"十二五"节能减排全民行动实施方案》
2016	《关于 2016 年全国节能宣传周和全国低碳日活动的通知》 《"十三五"节能减排综合工作方案》
2017	《关于开展 2017 年环保公众开放活动的通知》 《关于 2017 年全国节能宣传周和全国低碳日活动的通知》
2018	《关于开展"美丽中国，我是行动者"主题实践活动的通知》 《关于 2018 年全国节能宣传周和全国低碳日活动的通知》
2019	《关于 2019 年全国节能宣传周和全国低碳日活动的通知》 《四川省支持节能环保产业发展政策措施》 《北京市商务局关于实施节能减排促消费政策的通知》 《水利部、教育部、国家机关事务管理局关于深入推进高校节约用水工作的通知》 《国家节水行动方案》
2020	《关于 2020 年全国节能宣传周和全国低碳日活动的通知》

附录 5 纳入元分析的文献特征

序号	文献	国家	实验对象	样本量	目标行为	实验特征
1	Pallak(1976)	美国	居民	207	节气节电	事前,公开承诺,2 个月,总体 1 次
2	Seaver(1976)	美国	居民	122	节油	事后,社会对比反馈,4 个月,每周 1 次
3	Hayes(1977)	美国	居民	80	节电	事后,社会对比反馈,14 天,每天 1 次
4	Shippee(1982)	美国	企业	24	节电节气	事前,公开承诺,2 个月,总体 1 次
5	Winett(1982)	美国	家庭	137	节电	事前,榜样示范、社会规范,8 周,每周各 1 次
6	Katzev(1984)	美国	居民	90	节电	事前,公开承诺、公开承诺＋问卷、公开承诺＋问卷＋奖励,15 天,各 1 次
7	Winett(1985)	美国	居民	133	节电	事前,榜样示范,5 周,每周 1 次
8	Jensen(1986)	美国	居民	122	节气	事后,社会对比反馈,4 周,每周 1 次
9	Siero(1996)	荷兰	企业员工	185	节能	事后,社会对比反馈,20 周,每周 1 次
10	Brandon(1999)	英国	居民	120	节气节电	事后,社会对比反馈,9 个月,每月 1 次
11	Schultz(2007)	美国	居民	287	节电	事前,描述性规范,3 周,每周 1 次;描述性规范＋指令性规范,3 周,每周 1 次
12	Abrahamse (2007)	荷兰	居民	189	节电节气	事后,社会对比反馈,5 个月,每月 1 次;事前,社会对比反馈＋目标设定,5 个月,每月 1 次
13	Peschiera (2010)	美国	大学生	83	节电	事后,社会对比反馈,1 个月,每周 1 次
14	Schweiker (2011)	日本	大学生	66	冷却或加热设备节能	事后,社会对比反馈,夏天、冬天,4 个月,每天 1 次

续表

序号	文献	国家	实验对象	样本量	目标行为	实验特征
15	Carrico(2011)	美国	企业员工	352	节电	事前,榜样示范,总体1次; 事后,社会对比反馈,4个月,每月1次
16	Peschiera(2012)	美国	大学生	88	节电	事后,社会对比反馈、社会规范,3个月,每周1次
17	Hall(2013)	澳大利亚	居民	139	节能活动	事后,社会对比反馈,5个月,每月1次
18	Mizobuchi(2013)	日本	家庭	236	节电	事后,社会对比反馈,8周,每周1次
19	Handgraaf(2013)	荷兰	企业员工	83	节电	事后,社会比较反馈,13周,每周1次
20	Ham(2014)	荷兰	大学生	153	节电	事后,社会对比反馈,30分钟,每周1次
21	Delmas(2014)	美国	大学生	66	节电	事前,社会规范,7周,每周1次
22	Gulbinas(2014)	美国	企业员工	98	节电	事后,社会对比反馈,9周,每3天1次
23	Kamilaris(2015)	新加坡	企业员工	18	节电	事后,社会对比反馈,5周,每周1次
24	Nilsson(2015)	瑞典	企业员工	93	节电	事前,社会规范,4周,每周1次
25	Dolan(2015)	英国	居民	569	节电	事前,社会规范、社会规范+信息,18个月,每月1次; 事前,社会规范+奖励,2个月,每月各1次
26	Schultz(2015)	美国	居民	431	节电	事前,社会规范,3个月,每天